EDUCAÇÃO FAMILIAR
PRESENTE E FUTURO

IçamiTIBA

EDUCAÇÃO FAMILIAR
PRESENTE E FUTURO

INTEGRARE
EDITORA

2014

Copyright © 2014 Içami Tiba
Copyright © 2014 Integrare Editora e Livraria Ltda.

Publisher
Luciana M. Tiba

Editor
André Luiz M. Tiba

Coordenação e produção editorial
Miró Editorial

Capa, projeto gráfico e diagramação
Crayon Editorial

Preparação de texto
Márcia Lígia Guidin
Adir de Lima

Revisão
Claudia Gomes
Michelle A. Silva

Foto de capa
André Luiz M. Tiba

Dados Internacionais de Catalogação na Publicação (CIP)
(Câmara Brasileira do Livro, SP, Brasil)

Tiba, Içami
    Educação familiar : presente e futuro / Içami Tiba. -- São Paulo :
Integrare Editora, 2014.

    Bibliografia.
    ISBN 978-85-8211-052-2

    1. Crianças - Criação 2. Educação - Finalidades e objetivos 3.
Educação de crianças 4. Família 5. Pais e filhos 6. Papel dos pais I.
Título.

14-01617	CDD-649.1

Índices para catálogo sistemático
1. Pais e filhos : Educação familiar 649.1:

Todos os direitos reservados à INTEGRARE EDITORA E LIVRARIA LTDA.
Av. Nove de Julho, 5.519, conj. 22
CEP 01407-200 - São Paulo - SP - Brasil
Tel. (55) (11) 3562-8590
Visite nosso site: www.integrareeditora.com.br

AGRADECIMENTOS

Quanto mais experiente eu me torno, mais percebo as intenções e os significados das ações feitas pelos meus pais. Eles emigraram do Japão para o Brasil sem falar a nossa língua nem conhecer os nossos costumes, portanto somente com "a cara e a coragem". Aqui superaram doenças tropicais, "escravidão-amarela" nas grandes fazendas, lutaram pela sobrevivência e conseguiram dar estudos a todos nós, seis filhos.

No mesmo ideograma que escreve Içami, lê-se também coragem. Esse ideograma, meus pais tiraram de Yuki, o nome do meu pai. Eu soube que carrego no meu nome a *semente* do meu pai somente quando meu filho André Luiz, ainda menino, quis aprender a escrever japonês. Papai, que foi monge budista e formou-se em Direito com 70 anos de idade, nunca me cobrou nada.

O dom artístico da mamãe foi reconhecido pelo prêmio de melhor calígrafa de ideogramas fora do Japão – outorgado pela Imprensa Japonesa. Tão batalhadora quanto meu pai, sempre esteve presente nas conquistas dele.

Quanto mais aniversários eu comemoro, mais parecido vou ficando com meu pai. Sou profundamente grato a meus pais, pois eu simplesmente não existiria não fossem eles...

Sou profundamente grato também à minha esposa, Maria Natércia, minha *Benzoan*, com quem, há quase meio século – caminhando juntos, lado a lado –, a minha vida vem sendo construída. Este livro nada mais é do que um exemplo desse amor, dedicação, companheirismo, generosidade, cuidado e carinho, pois as ideias aqui contidas foram debatidas atentamente com ela – conhecedora que é da importância que a educação brasileira dá às minhas orientações. Ela é como sempre foi – e é – com nossos três lindos filhos e dois netos. Com ela continuo crescendo, avançando na ciência e na vida, nacional e internacionalmente, pois seu perfeccionismo se alia à minha criatividade, e a cada desafio empreendemos um passo além.

Agradeço aos meus filhos o empenho, a seriedade, a competência e a ética com que abraçaram a produção e publicação deste livro pela Integrare Editora – a Luciana como Publisher e o André Luiz como Editor – desde a sua semente até a distribuição aos leitores.

Agradeço aos meus professores, que sempre me instigaram a estudar mais do que eles me ensinavam em suas aulas e também aos autores, particularmente aos citados na bibliografia deste livro, que me elucidaram algumas dúvidas e deram-me bases que preencheram algumas lacunas que havia.

Agradeço aos pais que me procuraram para que eu ajudasse os seus filhos "com problemas", – com os quais combinei de trabalhar *como* eles próprios poderiam educar melhor os seus filhos, sem que eu intervisse diretamente com os filhos.

Agradeço aos meus particulares amigos palestrantes – Chaparral – com quem as convivências festivas, juvenis e muito prazerosas foram verdadeiras aulas de relacionamentos humanos sustentáveis.

Agradeço aos telespectadores do meu programa *Quem ama, Educa!* – que está no ar semanalmente por mais de nove anos – para o qual, atendendo a perguntas e questões vindas de um público que não conheço pessoalmente, do Brasil e do Exterior, me obriguei a encontrar algumas respostas que pudesse ajudá-los.

IÇAMI TIBA

DEDICATÓRIA

Dedico este legado a você, prezado(a) leitor(a), pois acredito piamente que, após a leitura deste livro, você será uma pessoa melhor com as pessoas que ama: filhos, parentes, amigos – até com estranhos, que são sempre mais numerosos...

SUMÁRIO

Sustentar para não esvair! – Mario Sergio Cortella 19

Apresentação do autor 23

CAPÍTULO 1 **EDUCAÇÃO SUSTENTÁVEL**

Introdução à Educação Sustentável 28

Definição da Educação Sustentável. 28

Educação: "batata quente" 29

Educação e internet. 31

Valores intangíveis 31

Os conhecimentos que nos circundam 32

Os pilares da Educação Sustentável 34

Quem ouve esquece. 34

Quem vê imita 34

Quem justifica não faz 35

Quem faz aprende 35

Quem aprende produz 35

Quem produz inova 35

Quem inova sustenta 36
... e quem sustenta é feliz 36

Valores sustentáveis tangíveis e intangíveis 36
Valores intangíveis da Educação Sustentável 38
Meritocracia 38
Custo-benefício 39
Aprender a aprender 40
Ética 40
Religiosidade 41
Cidadania 42
Gratidão 43
Pragmatismo 44
Disciplina 44
Responsabilidade 45

Objetivos da Educação Sustentável 47
Ético 47
Feliz 47
Progressivo 47
Competência relacional 48
Independência financeira 48
Autonomia comportamental 48
Civilidade 49

Família, organização sustentável e vencedora 49
"Modo de fazer" a Educação Sustentável 51
Ser amorosa sempre 51
Não julgar o filho pelo erro 52
Usar o nome apropriado 53
Problemas do casal não são dos filhos 53
Falar baixo com as crianças 54
Nunca bater nos seus filhos 55

Filhos não são lixeiras 56

Família é despoluente. 57

Herança insustentável 58

    Pais e avós senis. 58

    Filho folgado 59

    Filho deficiente 60

    Herança a filhos briguentos 62

Boas maneiras sustentam o bem 62

Importantes informações para inovar conhecimentos 65

Um prover sustentável 66

Por amor, não faça! 67

Ensinar o filho a cuidar de si mesmo 68

Ensinar o filho a cuidar do que e de quem ele gosta 70

Delegar a educação dos filhos para a Escola 71

O governo presta educação insustentável 73

Desejar é diferente de precisar 74

É sábio aprender a pedir 76

A roupa é um cartão de visitas 77

Ensinar o filho a esperar 79

Importância da priorização. 80

Desvio de verbas começa em casa 82

"Filho, não conte para ninguém..." 83

Alienação parental 84

O abraço une a humanidade .85

Mundo virtual e os bebês 87

Adolescentes e internet. 88

    Relacionamentos horizontais: sem hierarquias 89

    Segurança é o antivírus 89

    Quer ser reconhecido a qualquer custo. 90

    Onipotência juvenil. 90

    Apaixonante e viciável 91

Mídia social: Facebook 91

Mulher emancipada e "mãe boazinha" 93

Mãe não é tão culpada 94

Culpa de mãe por trabalhar fora .96

Culpa de mãe por não trabalhar fora 98

Homem emancipado do machismo 99

Pai na Educação Sustentável 101

Pai é pai e amigo é amigo 103

Os avós ficaram para valer 105

Educação em tempos de internet. 107

    Educação vem de berço 108

    Clima relacional mãe-filho 109

    Clima familiar 110

    Nuvem regional 111

    Atmosfera global 113

Em busca de solução da culpa da mulher 114

CAPÍTULO 2 **SABEDORIA DE MÃE E DE PAI**

Preparo do papel de mãe 119

Preparo do papel de pai 120

Brincando de ser mãe 122

Ocitocina: hormônio da mulher 123

Brincando de ser pai 125

Filha: espelho da mãe 126

Filho: espelho do pai 127

Filhinho caiu? Culpa da mãe! 128

Culpa do tamanho da onipotência materna 130

Ciclo vital do ser humano 132

Infância 134

Recém-nascido (RN) 134

    Sono natural no RN 134

    Viciando o RN a dormir no colo 136

    Como resolver e prevenir o vício de dormir no colo 140

Bebê 143

Infância 145

Formação de valores intangíveis 146

Saciedade sustentável 147

Felicidade sustentável 148

Resiliência 150

Empatia sustentável 151

Simpatia sustentável 153

Civilidade 154

Cuidar dos outros 155

Cuidar do ambiente que ocupa 157

Relacionar-se com pessoas com bons valores 159

Ter fé 160

Valores intangíveis no Japão e no Brasil 162

Enurese noturna ou fazer xixi na cama 164

Fazer xixi na cama é diferente de enurese noturna 165

Educação e xixi na cama 166

Como superar o costume de fazer xixi na cama 168

Puberdade 170

Crises naturais no desenvolvimento pubertário 172

Etapas de desenvolvimento da puberdade 173

Confusão pubertária (comportamentos atrapalhados) 173

Oposição pubertária 174

Timidez pubertária 174

Estirão pubertário 174

Estirão desastrado e timidez masculina 175

Mutação masculina e pênis 176

Volumoso e vergonhoso estirão feminino 177

Menarca sem gogó 178

Como lidar com os púberes? 179

Amigos e medo das imaginações 180

Medo pubertário masculino 181

Oposição pubertária 182

Adolescência 184

Adolescência: sonho de liberdade 184

Liberdade com responsabilidade 185

Adolescência: um processo psicossocial 187

      Rebelde 187

      Sozinho em casa 188

      Turma 188

      Matérias escolares chatas 188

      Meu território 188

      Lição de moral 189

      Decoreba 189

      Não aguento 189

      Internet 189

      Maconha 190

      Ponta-cabeça 190

      Apaixonada 191

      Não pagar mico 191

      Velozes e furiosos 191

      Fazer sexo 192

Quando termina a adolescência? 193

CAPÍTULO 3 **AMOR DE MÃE E DE PAI**

Tsunami de ocitocina 198

Mães são uniformemente únicas 200

Mãe nunca desiste dos filhos 201

Mais mãe que mulher 203

Imagem da mãe boazinha 204

Como começou a existir a mãe boazinha? 206

Conflito entre mulher emancipada e mãe machista 207

Completando a emancipação da mulher 209

Emancipação do homem 211

Homem e sua paternagem 212

Casal: sustentabilidade da espécie 214

Testosterona e ocitocina se complementam 216

CAPÍTULO 4 **DESENVOLVIMENTO DA PERSONALIDADE NA INTEGRAÇÃO RELACIONAL**

Ajudando o filho a ser ético e feliz 220

Uma vida inteira para aprender 222

Tudo começa no clima relacional 224

Pai criando clima relacional com seu filho nenê 226

Educação vem de berço 229

Clima relacional: base da autoestima 232

Matriz de identidade: base da personalidade 234

... E como se forma o papel de mãe? 236

Formação do papel de filho 238

Tal pai, tal filho 240

Pai grosseiro ensina o filho a ser grosseiro 240

Mãe submissa não é somente vítima, é educadora! 241

Pais educam filhos para o futuro 242

Filhos com talentos não nascem prontos 244

Amadurecimento relacional do filho 245

Relacionamento em Corredor Eu-Tu 246

Tu(mãe) ajudando o nenê 247

Desenvolvendo um Tu(pai) junto com o filho 249

Triangulação Relacional: Eu-Tu-Ele 251

Manobras rudimentares com o foco em Tu (mãe) 252

Manobras médias com o foco em Tu (mãe) e Ele (pai) . . . 253

Manobras sofisticadas envolvendo outras
variáveis além do Tu (mãe) e Ele (pai) 253

Manobras para o resto da vida 253

Circularização Relacional: nós 254

Relacionamento Eu-Isso 257

Além do clima relacional 258

Papel de ingeridor 258

Papel de defecador 260

Papel de urinador 261

Nascimento de um irmão. 264

Ocitocina ganha irmã(o) menor 264

Testosterona ganha irmã(o) menor 265

CAPÍTULO 5 **MACONHA FAZ MAL**

Melhor que o pior 270

Drogas psicotrópicas 271

A maconha vicia 274

Principais alterações produzidas pela maconha 276

Relacionamento usuário-maconha 280

A dificuldade de perceber se o filho experimentou maconha . . 283

Principais argumentos e recursos dos pró-maconha 283

Informações que ajudam os pais a contra-argumentar 285

Difícil não perceber que um filho esteja usando maconha . . . 290

Sinais que permanecem após o uso da maconha 293

Por que o canabista não contabiliza os seus prejuízos? 296

Fatores de risco ao abuso da maconha 299

Antecedentes familiares 299

Características pessoais não controláveis 299

Características de má educação 300

Pessoas de baixa autoestima 300

Pessoas viciáveis 301

Canabisar não é uma atitude sustentável 301

Bibliografia 303

Glossário remissivo 309

Saiba mais sobre Içami Tiba 315

SUSTENTAR PARA NÃO ESVAIR!

Mario Sergio Cortella

> *"O homem moderno é o que esqueceu*
> *o que no bicho é instinto,*
> *o caminho de casa."*
> (Luis Fernando Veríssimo, *Comédias da vida pública*.)

Içami Tiba não é incontroverso! Provoca, acolhe, reage, reflete, fustiga, afaga, repreende, aconselha, ensina, aprende; parece não temer muita coisa, exceto a complacência com aquilo que considera equivocado: aceitar, de forma cúmplice ou resignada (o que dá no mesmo), que a Família, enquanto comunidade de sustentação primária da Vida, se esfacele.

Contudo, nipodescendente como é, e dando mais substância ao sentido do ideograma com o qual se anota "Içami", neste também cabe ler (tal como nos conta) *coragem*.

Içami-Coragem é assim! Mexe com determinação e afetividade, sem aguardar concordância unânime, com temas que, no cotidiano, recolhem desvios, embaraços, valores, virtudes, vícios, saberes, asneiras, polêmicas e impertinências.

Içami-Coragem tem humor na fala e escrita, honrando uma formação científica sólida (fez Medicina na melhor universidade do Brasil!) e, exemplo raro, não confunde seriedade com tristeza. Vai tecendo leveza nos temas pesados e não deixa de fazer pesar o que nos distraía por parecer leve; vez ou outra toca em assuntos que irritam porque queríamos deixá-los no "canto escuro da casa" ou achar que já estavam resolvidos.

Neste livro nos convoca para pugnar em um território ameaçado: a boa Educação das novas gerações para que estas eduquem bem as gerações sobre as quais terão responsabilidade, de modo a não reverenciar a degradação da convivência sadia e da fertilidade da Vida, tão necessária ao agora e ao depois de agora.

Por isso, retoma conceito tão premente, Sustentabilidade, para nele assentar condições estruturantes de uma Educação (familiar, escolar, midiática, religiosa, etc.) que consiga nutrir (aleitar mesmo) Valores saudáveis com maior perenidade, intensidade e extensidade.

Para Içami-Coragem a fonte principal de tais valores, o seio (em dupla acepção) para suprir essa salvaguarda contra a autodestruição, é a Família, nas várias configurações que tem em nossa época. Não é a Família fonte exclusiva e nem suficiente, mas é a principal, está no princípio e é a de maior potência para não aviltarmos aquilo que deve ser sabedoria em vez de conhecimento presumido ou arrogância depreciante.

O livro tem um caráter educativo, em muitos trechos é didático (para nos bem ensinar), não deixa de oferecer sugestões concretas (para nos animar a prática), fala sobre Amor sem adoçar artificialmente os lábios (para nos emocionar).

Içami-Coragem investe ao final, em capítulo inteiro, em alta voz, contra o uso de drogas ilegais, mais diretamente ao bradar: Maconha faz mal! Ele quer que ilegais continuem, mesmo que haja outras concepções em debate na sociedade nacional e mundial, e, para dar valor aos próprios pontos de vista, no lugar de desprezar, registra os argumentos mais fortes daqueles que sugerem a legalização.

Içami Tiba, ao nos lembrar e relembrar tantas alternativas, quer, mais uma vez, dificultar que esqueçamos "o caminho de casa"...

APRESENTAÇÃO DO AUTOR

Prezado(a) leitor(a), apresento-lhe este livro por acreditar que ele pode estimulá-lo a dar um passo além na educação das suas crianças, adolescentes e adultos jovens.

A família está perdendo a sua *sustentabilidade* e os filhos não estão se formando como cidadãos sustentáveis.

Mas o que é *sustentabilidade*, palavra tão usada hoje em dia? Sustentabilidade é um conceito ligado à continuidade dos aspectos econômicos, socioculturais e ambientais adequados às sociedades de nosso planeta. É um meio importante de organizar a atividade humana de tal maneira que todos possam preencher necessidades e ter o maior potencial de vida plena no presente. Ao mesmo tempo, a sustentabilidade pensa em preservar a biodiversidade e os ecossistemas, planejando, assim, a manutenção indefinida, duradoura, desses ideais.

O menor agrupamento humano *sustentável,* como se sabe, é formado por um casal que, tendo filhos, vira uma família. São os pais que ensinam os filhos a sobreviver, a conviver em grupos, a se relacionar com seu gênero complementar e ser *cidadãos sustentáveis.*

A família atual tem novos desenhos e novos papéis como: padrasto e madrasta de filhos não órfãos, enteados, noras, genros, avós, "avós-drastos", irmãos, meio-irmãos, irmãos postiços, vários tipos de "filhos únicos", etc. Mas onde há crianças, adolescentes e adultos jovens, tem de haver educação.

A educação tradicional que os bisavós ensinaram aos avós tornou-se obsoleta quando eles tiveram menos filhos que irmãos. Os pais de hoje, que já têm mais uniões estáveis do que filhos, adotaram o sistema do *Seja feliz, meu filho!* e, por isso, não estão sabendo como educar seus filhos.

O resultado está em todos os lugares, quando se percebe que pais desconhecem a realidade que os filhos vivem fora de casa e são surpreendidos com violências sociais, abuso de drogas, gravidez precoce, repetência e abandono escolar envolvendo os seus próprios queridos e amados filhos...

Atualmente, quando sou procurado para "tratar os filhos problemáticos", percebo que quem mais precisa de ajuda e orientação são os próprios pais. Quando os pais aprendem a *Educação Sustentável*, seus filhos melhoram não só em casa mas em todos os lugares que eles frequentam.

Minha proposta neste novo livro, **Educação Familiar: Presente e Futuro**, é fornecer informações aos pais para que – pela prática de conhecimentos prévios – estes encontrem caminhos próprios para transformar os filhos que são (apenas) "príncipes herdeiros" em (eficientes) "sucessores empreendedores".

São cinco os capítulos que compõem este livro.

No primeiro capítulo, falo diretamente sobre *a Educação Familiar* focando a *Educação Sustentável*, suas bases teórico-práticas, numa leitura de fácil acesso e entendimento, ilustradas por situações do cotidiano familiar. Os pais têm de aprender novos parâmetros educativos (estão no uso da internet, na vida digital), que dirigem o mundo da criança no presente – mas já pensando no futuro (que é desconhecido). Todo o aprendizado tem que ter uma aplicação futura. Dica principal: É fazendo (praticando) que se aprende!

No segundo capítulo, *Sabedoria de mãe e de pai*, falo sobre os conhecimentos sociais, culturais, padrões comportamentais hormonais ou adquiridos, herdados, bem como sobre o desconhecimento de como funcionam a puberdade e a adolescência – o que costuma tumultuar a família. Se esclarecidos os problemas, evitam-se sofrimentos de todos os lados e se aproveita o tempo para usufruir de uma *felicidade sustentável*.

Hoje, mesmo com muito amor, a mãe pode viciar o seu recém-nascido a dormir no colo e, assim, tumultuar toda a família. Dica principal: formação de valores intangíveis.

No terceiro capítulo, *Amor de mãe e de pai,* falo do amor dedicação. Esse sentimento atávico, absoluto, dadivoso que é necessário ao filho – SOMENTE QUANDO RECÉM-NASCIDO. Assim que o filho começar a aprender, já tem de praticar o que aprendeu para se tornar independente e responsável. Quanto mais *sustentável* for o filho, menos necessária é a mãe e mais a família pode curtir a *happy hour*. Dicas principais: Mães empreendedoras lidam melhor com a fatídica culpa, mas criam filhos machistas. Pai tem que se emancipar do seu machismo.

No quarto capítulo, *Desenvolvimento da Personalidade na Integração Relacional*, analiso desde a formação do papel de filho até esse filho ser um líder-educador *sustentável*. Com os conhecimentos, a construção de uma personalidade saudável e sustentável é natural. Os pais são as pessoas mais importantes e responsáveis pela personalidade do filho. Dica principal: Fornecer a melhor "vitamina sustentável" para cada etapa pela qual um filho passa.

No último capítulo, insisto: *Maconha faz Mal*. Uma *Educação Sustentável* tem de ser proativa contra o que possa fazer mal à saúde integral dos filhos. A questão não é se a maconha é legalizada ou não, mas analisar o conhecimento científico que comprova o quanto a maconha faz mal para a saúde. Dica principal: O uso da maconha não é sustentável.

Espero que você tire bom proveito da leitura deste livro. Se gostar, indique-o para pessoas que possam também dar um passo além na educação dos filhos deles. Seus filhos podem ser amigos, neste mundo que se transformou numa vila...

Com grande abraço
Içami Tiba

Capítulo

1

Educação Sustentável

▼

INTRODUÇÃO À EDUCAÇÃO SUSTENTÁVEL

Os humanos criam, inventam, descobrem, atualizam e inovam equipamentos. Os equipamentos evoluem. Os próprios humanos aprendem a lidar com os equipamentos. Mas quem lida com os humanos?

DEFINIÇÃO DA EDUCAÇÃO SUSTENTÁVEL

É tudo o que uma pessoa *aprende ao longo de sua existência material – que seja dinâmico, evoluível, reproduzível, renovável, que dê origem a novos aprendizados; que seja acrescentável a todos os outros valores do bem, podendo ser multiplicável, reavaliado a todo instante pela própria pessoa. Enfim, é algo que não vem a ser simplesmente consumido, roubado, gasto, esquecido por desuso ou desprezado.*

Educação Sustentável é como aprender os números: uma vez aprendidos, jamais os esquecemos e sempre os usamos; quanto mais usamos, mais práticos nos tornamos; é assim que conseguimos aprender as quatro operações matemáticas, e, por esse caminho, conseguimos chegar até a astronomia ou à física quântica.

O que acontece com as pessoas que não conhecem números? Ou as letras do alfabeto? Ou as sete notas musicais? Vivem num mundo diferente, adaptando-se como podem à sua ignorância. Nem sentem falta desses conhecimentos, pois ninguém sente falta do que não conhece – nem dos valores de base, sustentáveis, promovidos pela Educação Sustentável.

Educação Sustentável é um projeto racional que leva em consideração as emoções, os sentimentos, os afetos, a vontade, os desejos, os sonhos, os relacionamentos humanos e também as estratégias de ação para melhores resultados. E aí que entra a *sustentabilidade,* com as recentes preocupações mundiais com preservação e recuperação das condições da vida humana no planeta Terra.

Nada é mais sustentável que a educação de valores, pois uma vez aprendidos e praticados, passam a fazer parte da vida do aprendiz pelo resto de sua vida. Nada há que custe tão pouco como o aprendizado e sua prática; que dure tanto e seja tão útil e tão sustentável do que a excelência de um valor sustentável.

EDUCAÇÃO: "BATATA QUENTE"

Os seres humanos estão presentes em todas as ações e suas criações. Os equipamentos (ferramentas, instrumentos, brinquedos, máquinas, armas, serviços, etc.) evoluem, e os homens atualizam seus conhecimentos. Não existe equipamento totalmente autônomo. Por trás de qualquer equipamento, há sempre um ser humano responsável por ele, que o manipula.

Os equipamentos são criados pelo homem, resultado dos seus conhecimentos, sua inteligência, criatividade, empreendedorismo e poder de realização. Portanto, são criados, inovados e reinventados, já que o homem sempre dá um passo além. Esses avanços tecnológicos obrigam os humanos a adquirir mais conhecimentos para poder operá-los. Trata-se da evolução tecnológica.

> # Por trás de qualquer equipamento, há sempre um ser humano responsável por ele, que o manipula.

O humano é diferente de todos os outros seres vivos. A evolução tecnológica é somente uma parte da mente humana que é muito poderosa e determina que cada pessoa tenha a sua própria personalidade. O ser humano não nasce pronto. Toda sua sabedoria consciente é construída ao longo da vida. Entretanto, ele precisa de ajuda externa para poder se adequar ao mundo à sua volta. Graças a não nascer pronto, ele pode absorver qualquer idioma e cultura na sua formação.

A base fundamental da formação dessa personalidade é a educação. Assim, desde recém-nascido, o filho recebe passiva e depois ativamente os fundamentos educativos passados pelos seus pais, aos quais se juntarão outros advindos do seu meio social.

A educação pode ser dividida em duas fontes: a escolar e a familiar.

A educação familiar não está dando conta das suas funções por uma série de motivos que explico ao longo deste livro. A família acaba delegando ativa ou passivamente à escola, que não tem preparo, essa função. A família, hoje, reclama que a escola não faz a sua parte, pois acha que, se o filho está na escola, a responsabilidade da educação deve ser dela. A escola retruca, pois não consta do currículo escolar a "educação familiar" e devolve o aluno mal-educado aos seus pais.

Assim, a criança e o adolescente passam a ser uma "batata quente" que a família passa para a escola e a escola devolve para a família. Para tornar essa educação, escolar e familiar, mais compreensível e aplicável para qualquer pessoa, chamei-a de *Educação Sustentável*. Vamos falar mais sobre isso.

EDUCAÇÃO E INTERNET

É por causa desse conflito que a criança e o adolescente ficam praticamente sem educadores – e a consequência direta é ficar sem educação. Nem sustentável nem qualquer outra.

Sem educação, porém, não significa ficar sem atividades. Adolescentes têm muitas atividades: relacionamentos, conversas, são curiosos, testam e pesquisam, participam de aventuras (de risco ou não). Respeitar horários e regras não é muito do seu estilo, mas adoram novidades, adoram estar a par do que acontece no mundo. Assim, não ficam paradinhos em casa sem fazer nada. Não é próprio deles.

Quando descobrem a internet, num instante ficam familiarizados, passando a acessá-la a qualquer momento. Frequentemente ficam muito tempo navegando e é difícil se afastarem do mundo virtual. Jovens deixam de se ver pessoalmente para conversar entre si o tempo todo, pelo *Facebook*, por exemplo.

VALORES INTANGÍVEIS

Os valores intangíveis formados dentro de uma pessoa fornecem-lhe a base de segurança suficiente para não se deixar influenciar facilmente. Uma pessoa com valores formados não se deixa influenciar a ponto de mudar seu comportamento. Mesmo que os amigos de convivência queiram interferir. Mas para uma pessoa que ainda não formou esses valores, é muito fácil ser influenciada pelo que os outros falam ou fazem.

A internet não pode ser considerada educadora, pois é apenas um instrumento nas mãos de quem a utiliza. Ela não tem ética das relações (ética relacional) e fornece a quem procura qualquer material que outro usuário posta – seja para o bem ou para o mal. Funciona 24 horas por dia, é incansável, repete a mesma informação quantas vezes for solicitada. É extremamente solícita, sem escolher usuários nem idioma, nem cultura, idade, gênero, localização, profissão, credo, ou tipo de consumidor. Basta, nas redes, ser aceito por quem postou, às vezes à custa de identificação e senha.

A internet é uma rede virtual de informação e conteúdo espalhada por todos os cantos do mundo. Para se ter acesso a esse universo, basta um aparelho com acesso a ela. O mundo da internet estará onde houver conexão digital: em casa, na escola, na rua, no ar que nos circunda através do clima familiar, nuvem regional e atmosfera global. Não é a internet que invade e submete os nossos filhos. São as pessoas, inclusive eles próprios, que se submetem e a acessam de qualquer lugar do mundo.

OS CONHECIMENTOS QUE NOS CIRCUNDAM

Clima relacional é o campo energético no relacionamento que a mãe estabelece com o seu filho recém-nascido. Nunca antes houve tal relacionamento para os dois, mãe e recém-nascido. A mãe pode ter já estabelecido esse clima relacional com outros filhos, mas com este recém-nascido é a primeira vez e, mesmo sem terem consciência, isto lhes é essencial. Quando ambos se miram pela primeira vez, o recém-nascido pode nem estar enxergando direito, mas recebe todo o amor da mãe sentido por ele no abraço, no colo, no tom de voz, na meiguice, no carinho, no calor humano, no cheiro: é cuidado num banho do hormônio ocitocina. Essa é a primeira base sobre a qual vão se formar as sensações de apego e de pertencimento, bases fundamentais para se formar a futura autoestima do filho. (Leia mais detalhes no capítulo 4, Desenvolvimento da Personalidade na Integração Relacional).

Clima familiar é o ar que circunda o filho desde que ele nasce até sair de casa para a creche, escola, clube, playground do condomínio, etc. Esse clima inclui o saber, o sentir, o ser e o ter da mãe, do pai e de outras pessoas conviventes nesse lar. Ao sair de casa, as regras são outras, com muitas pessoas estranhas, o clima é diferente, menos protegido (mais rico, por isso o chamo de nuvem regional). Mais distante, mais rico ainda e menos protegido que a nuvem, está a atmosfera global, onde cada pessoa pode acessar os conhecimentos que a civilização acumulou, aprender um novo idioma, comprar um produto no país onde ele é fabricado, etc. E uma das maiores presenças em todos esses locais é a internet.

A internet não procura ninguém, como eu disse, mas oferece *feedbacks* imediatos, seja para o que for: pesquisa científica; diversão; relacionamentos virtuais; jogos, curiosidades das mais variadas possíveis. Ela é uma gigante fonte de dados, de informações, de curiosidades, de jogos, de relacionamentos humanos. Torna-se difícil um usuário não conseguir o que quer ou o que precisa. Muitas pessoas podem dominar a maneira de usá-la, mas é praticamente impossível alguém deter mais informações que ela. Os filhos, então, procuram e acham nela o que querem.

Mas, como disse, *o mundo virtual não é educador*. Caso a Escola e a Família não recuperem a força educativa, nossos filhos estarão expostos ao que der e vier...

Por isso, penso que não há nada mais sustentável que educação familiar, pois o que um filho aprende de verdade, ele leva dentro de si para onde for e lhe servirá para o resto de sua vida. Caso o filho ensine o que aprendeu, então o conhecimento, ou o valor, vai ultrapassar o individual e atingir o social. A sustentabilidade do planeta agora depende muito mais do *cidadão sustentável* do que de leis impostas verticalmente, que tentam comandar todos os indivíduos do planeta.

Se queremos um planeta com sustentabilidade é importante que cada um de nós se torne sustentável. Isso está muito nos pais e professores de hoje, pois nossos filhos já vivem o nosso futuro. O futuro deles não sabemos qual será. Mas com Educação Sustentável, os filhos terão muito mais condições de *vencer*, seja qual for o cenário do futuro.

O que um aluno aprende de verdade na escola, transforma-se numa competência profissional do bem viver. Este é um aprendizado tangível, isto é, pode ser medido, calculado, classificado, seriado.

O que um filho aprende de verdade na família transforma-se em valores que qualificam o bem viver. É um aprendizado intangível, abstrato, mas que pode ser sentido no amor, gratidão, empatia, simpatia, religião, etc.

Qualquer profissional com muita competência escolar, mas sem os valores *intangíveis,* torna-se uma máquina, substituível por outra máquina ou outros equipamentos. Entretanto, uma pessoa sem competência escolar, mas com muitos valores intangíveis, pode se tornar um *guru* e multiplicar seus valores. É claro que conseguirá ser muito mais sustentável se tiver também uma educação escolar suficiente para poder transmitir seus valores para além da sua presença física no tempo e no espaço.

> O que um filho aprende de verdade na família transforma-se em valores que qualificam o bem viver.

OS PILARES DA EDUCAÇÃO SUSTENTÁVEL

QUEM OUVE ESQUECE

Todos os ruídos e sons atingem o cérebro, pois não há barreiras no ouvido, e o tímpano vibra com tudo o que entra. Esquecer é um mecanismo mental natural para o cérebro eliminar o que não interessa. Se os alunos tivessem interesse e praticassem o ouvir consciente, isto é, compreendessem ativamente o que ouvem, eles não esqueceriam tanto.

QUEM VÊ IMITA

A criança aprende imitando. Imita a primeira vez, sem compreender. A segunda vez já não é imitação, é fazer sozinha. Se acabar o interesse, ela vai imitar outra nova ação. Quando se sente bem e recebe usufrutos dessa imitação, ela vai praticar tanto que acaba se apossando do que imitou; isto é, aprendeu.

QUEM JUSTIFICA NÃO FAZ

Quando a mãe pergunta: "Por que você não fez a lição?" e o filho responde "porque estava cansado", ela ouve a resposta, mas nada faz. O filho acha que não precisa mais fazer a tarefa, pois já justificou o não fazer. Seja qual for a resposta, em seguida a mãe teria de exigir: "Então, faça agora e só depois de terminar pode fazer outra atividade (dormir, jantar, televisão, internet, etc.)."

QUEM FAZ APRENDE

Ação executada é única, mesmo que se tenham usado mil componentes nela. Pode-se estudar à vontade, mas andar de bicicleta somente se aprende andando nela. A ação quando está sendo feita dá *feedbacks* para se corrigir imediatamente o erro, pois a realidade impõe limites à imaginação. Assim, quanto mais se faz mais se aprende.

QUEM APRENDE PRODUZ

Quem aprendeu sabe, e quem sabe faz. A globalização em tempo real exige conhecimentos que não existiam antes dos avanços da tecnologia em informática e comunicação. Quem não se atualizar está fora dos mercados atuais, isto é, se não aprender o que é necessário, sua produção torna-se obsoleta e insuficiente.

QUEM PRODUZ INOVA

Ninguém cria nada do nada. A invenção e a descoberta advêm de uma produção que não mais satisfaz, busca melhores resultados. Um *chef* cria um prato de improviso melhor que alguém que nem ovo sabe fritar. Avanços técnicos cirúrgicos vêm de bons cirurgiões.

Quem já fez faz melhor do que quem nunca fez. É produzindo que se descobrem novos caminhos do fazer.

QUEM INOVA SUSTENTA

O que mantém a vida sustentável é a inovação. Valores intangíveis e muitas competências tangíveis pessoais deixam de existir com a morte do indivíduo. O que os leva para além do seu espaço e do seu tempo é o sustentável, a caminho da eternidade, porque são valores inovados, reinventados, reaproveitados. O indivíduo acaba, mas a vida permanece.

... E QUEM SUSTENTA É FELIZ

Feliz, do latim *felix*, significa "fértil", "frutuoso". E a felicidade está de braços dados com a fertilidade. Como diz Mario Sergio Cortella, no livro *Não se desespere* (Vozes, p. 27). "...fertilidade não só para gerar outras pessoas, mas para não desertificar nossos sonhos, não esterilizar nosso futuro, nem cessar nossa vida".

Felicidade é a coroação eventual e gratuita de várias dimensões que eleva como numa onda a sensação à plenitude do prazer do viver saudável. Ser feliz é um estado duradouro ao gerar, gerir e nutrir, em equilíbrio dinâmico com a vida.

VALORES SUSTENTÁVEIS TANGÍVEIS E INTANGÍVEIS

Tangíveis, como já citei, são os valores mensuráveis, ponderáveis, lógicos, matemáticos, comparáveis – como produtos e serviços, resultados, preços, hierarquias, dinheiro, posses e recursos materiais, status e cargos, etc.

Intangíveis são os valores que não se veem, não se pegam, mas são sentidos – como honestidade, cidadania, ética, sinceridade, confiança, confiabilidade, responsabilidade, transparência, cultura, conhecimento, personalização, educação, preparo profissional, capacidade de inovação (descoberta, invenção, criação), empreendedorismo (progressividade), rede de influências, rede de contatos, força familiar e do time que a supre, suas fontes (de estudo, de modelos, de filosofia de vida, nutricionais), qualidade de vida, liderança, religiosidade, flexibilidade, competências múltiplas, disciplina, pragmatismo, experiência de vida, empatia, simpatia, força de integração relacional e sustentabilidade, disposição e disponibilidade para ensinar e aprender sempre (amar e ser amado, dar e receber, doar e ganhar, meritocracia, custo-benefício, delegar e cumprir o prometido, ser filho e ser pai, ser patrão e ser empregado), até sorte (intuição, inteligência emergencial, rapidez de raciocínio, tangível preparo do especialista), etc.

Valores tangíveis e intangíveis fazem com que suas somas ou subtrações determinem nossas escolhas. De dois profissionais que têm valores tangíveis idênticos por que o cliente escolhe um e não o outro? Quais foram os valores que pesaram na balança? Sem dúvida, de forma consciente ou não, foram os valores intangíveis.

Por que uma mãe retorna a um pediatra e não a outro, ambos de reconhecida competência profissional? Por que o filhinho chora nas mãos de um pediatra, mas não nas de outro? Crianças não avaliam os valores tangíveis, mas sentem os intangíveis. Por que não aceitamos conselhos de alguns pediatras, mas aceitamos de pessoas leigas ao nosso redor? Provavelmente pelos valores intangíveis desses leigos, mas também porque pediatras, mesmo com suas tangíveis qualificações, não nos inspiraram confiança pela falta dos valores intangíveis.

A Educação Sustentável conta com os dois valores: tangíveis e intangíveis. Esses valores podem ser encontrados em muitos pontos neste livro. Em linhas gerais: nas escolas, os alunos precisam aprender mais os valores tangíveis, e na família, devem receber os valores intangíveis.

VALORES INTANGÍVEIS DA EDUCAÇÃO SUSTENTÁVEL

Eles são: meritocracia; relação custo-benefício; aprender a aprender; ética; religiosidade; cidadania; gratidão; pragmatismo; disciplina e responsabilidade. É importante que os pais e educadores em geral conheçam esses princípios para poderem ensinar e aplicá-los em todos os seus relacionamentos, sobretudo com filhos e alunos.

MERITOCRACIA

Dois filhos nunca são iguais. Se um cumpre as suas obrigações, merece o repouso. O outro, que não cumpre, não merece enquanto não cumprir. Passa a merecer quando cumprir. Pais generosos podem estragar a meritocracia, perdoando o não cumpridor. Para que fazer um esforço se mesmo não fazendo recebe a mesma consideração? Tal generosidade acaba com o esforço pessoal. Um patrão não mantém funcionários que não mereçam seus salários. Há pais-patrões que pagam salários aos seus filhos, com registro na carteira de trabalho por serviços que não fazem. São benefícios que aleijam os filhos, portanto não trazem sustentabilidade.

Há pais que, no aniversário de um filho, compram presente também para o outro, pois "como vamos deixar o outro sem ganhar nada?" Sim, vão deixar, pois o presente é de aniversário, e não por serem filhos. Esses pais não estão sendo educadores sustentáveis. Quem não merece não tem! Não merece confiança o motorista que não sabe dirigir. Quem não cumpre suas obrigações de estudar não merece ter regalias em casa. Pais que mantêm as regalias ao filho que não merece alimentam o não estudar.

Quem sobrevive à custa de esmola precisa apresentar sofrimento ou carência que desperte suficiente piedade em alguém para receber algo. A carência mais comum é a pobreza. Se o pedinte sair da pobreza, ele deixa de ganhar a esmola. Para continuar a merecer a esmola, o pedinte não pode mostrar riqueza, ou que melhorou de vida. Por isso, muitos fazem da mendicância um emprego, pois quem é rico não precisa de esmola.

CUSTO-BENEFÍCIO

Filhos têm de aprender que todo o conforto, comida, regalias, brinquedos custam dinheiro que os pais trouxeram porque trabalham. Filho ficou bravo e quebrou um objeto? Vai ter que compensar a perda do objeto com serviços, já que o filho ainda não produz dinheiro. Se um filho ofende a mãe, esta não deveria atendê-lo. Se a mãe engole seco e procura atendê-lo, está reforçando a má educação. Se a mãe, sem ficar brava, disser claramente: "Se você me trata mal, eu saio de perto de você" (e se afasta), o filho vai aprender que se tratar mal as pessoas, elas se afastarão.

Não é interessante nem educativo a mãe se afastar em silêncio ou magoada. Tem de explicar que não aceitou como o filho a tratou. Não basta o filho vir e pedir algo outra vez. É preciso que antes peça desculpas pelo desrespeito. Este é o preço que o filho deve pagar por ter tratado mal a mãe. Se insistir com grosseria, ele que arque com outras consequências, que devem estar combinadas antes. Tudo o que é combinado tem de ser cumprido. Mesmo que a vontade dos pais seja perdoar, alimentam a má educação.

Dois filhos adolescentes tiram notas boas na escola, mas um é mal-educado e folgado. O outro é educado e está sempre procurando ajudar. Este merece ir para a balada, outro, não. Não é porque ambos tiraram notas boas que vão ter privilégios. Nota boa é obrigação dos filhos. Nota baixa é falha deles. Por isso, os pais têm de explicar para os dois adolescentes com clareza: "Você vai, pois este é o benefício do seu esforço". "Você não vai, mesmo que eu tenha di-

> Tudo o que é combinado
> tem de ser cumprido.

nheiro para você ir, pois este é custo por você ser folgado". Mas os pais devem dizer isso sem ofensa, sem gritos. E esta é uma lição de vida sustentável.

APRENDER A APRENDER

O que seria do mundo se escrevêssemos somente as palavras que aprendemos nos bancos escolares? Se repetíssemos somente as ações de nossos pais, e eles, somente as de nossos avós? Fazer somente o que se aprendeu é parar no tempo do aprendizado. Ninguém usaria o telefone celular se não aprendesse a manuseá-lo. Cantaríamos somente as músicas já existentes, que seriam as da Idade da Pedra.

Nosso cérebro tem neurônios-espelhos, que são aqueles que nos fazem repetir o que os outros fazem. Ao fazermos, podemos gostar ou não. Quando gostamos, repetimos e repetimos, até que simplesmente fazemos aquilo de que gostamos. Esta é uma forma de aprender.

Aprender deveria ser como comer: uma necessidade que, se não saciada, traria sofrimento físico como a fome. Parece que a mente se tranquiliza com o que conhece e não sente falta do que não conhece; mas o corpo, e também a mente, sofrem as consequências. Quando um filho não faz algo porque não sabe, em vez de os pais dizerem: "Vou lhe ensinar", poderiam dizer: "Você tem de aprender... porque assim você vai viver melhor". Quem pratica a aprendizagem, num instante *aprende a aprender*, e encontra seus prazeres e lucros...

ÉTICA

A ética tem de ser praticada mesmo antes de se compreender o significado da palavra. É um aprendizado natural de uma criança que, por imitação (neurônios-espelho), começa a imitar os pais. Quando os cônjuges tratam-se respeitosamente, com carinho, sem gritaria, com empatia e simpatia, as crianças imitam esse "jeito ético".

Mas não basta somente demonstrar. Os pais e educadores precisam ensinar que não se grita, que se deve ter calma, que se pode esperar um pouquinho, que devemos agradecer sempre, etc. Por isso, nunca se deve gritar com uma criança, porém sempre ser firme; isto é, se o pai falou "Não", não precisa berrar, mas não deve voltar atrás. Quem ensina filhos a não aceitarem um "não" é a própria mãe, ou pai, que verbalizam o *"não"*, e, diante da reação da filha ou filho, mudam para o *"sim"*. Se um "não" for sempre "não", a criança para de insistir ou de querer impor o "sim".

A criança tem de aprender a ter limites, a respeitar os sentimentos dos pais (para isso os pais têm de dizer que se sentem mal, que se sentem bem, do que gostam, do que não gostam, se querem mais, se não querem mais, etc.), aprender a se expressar (os outros não têm a obrigação de adivinhar o que ela quer), etc.

A ética, por ser tão importante, na família e fora dela, aparecerá várias vezes neste livro.

RELIGIOSIDADE

É um sentimento gregário que todos os seres humanos trazem dentro de si desde que nascem até morrer; há inclusive pessoas que "vão se encontrar com as queridas pessoas já falecidas". Podemos sobreviver sozinhos, somos suficientemente independentes para isso, mas não podemos ter filhos sozinhos. Os seres humanos somente sobreviveram por se juntarem uns aos outros. Um grupo fica muito mais forte do que um só indivíduo tanto para sobrevivência quanto para perpetuação da espécie.

Hoje sabemos que temos um hormônio, a ocitocina, que torna uma pessoa mais relacional, que desenvolve nela simpatia e empatia, solidariedade, companheirismo, cooperativismo, amor, paixão. Esses sentimentos a pessoa (até mesmo o maior egoísta e individualista do mundo) não tem como sentir por si mesma, pois tudo isso – que é, afinal, a religiosidade – deve ser dedicado a outras pessoas. Quanto mais cedo os filhos aprenderem esses sentimentos e o praticarem, melhor qualidade de vida terão eles e todas as pessoas que com eles conviverem.

CIDADANIA

Cada vez mais precisamos de cidadania, pois estamos aumentando o número de terrestres a viver no mesmo planeta Terra. Se não cuidarmos de nós nem ajudarmos a cuidar do outro, bem como do ambiente em que vivemos, o planeta virará um caos. Para nos inocentar dos problemas, costumamos acusar os outros. Temos de nos lembrar, porém, que, para os outros, os outros somos nós. Cidadania é ter direitos e obrigações para manter o equilíbrio da sociedade. Tem de começar em casa com a "cidadania familiar": "Não se pode fazer em casa o que não poderá ser feito na sociedade; e temos de praticar em casa o que a sociedade vai exigir de nós".

Quem tem de distribuir os direitos e as obrigações são os pais, respeitando-se as idades dos filhos. A violência não cabe em nenhum lugar, portanto a violência é um problema que todos têm que ajudar a resolver. Custo-benefício e meritocracia, quando aplicados desde a infância, formam adultos mais justos. Crianças que guardam os seus brinquedos e ajudam a deixar a cozinha em ordem não estão ajudando a mãe porque é sua obrigação, e sim, porque estão aprendendo a deixar em ordem o ambiente em que vivem.

> Não se pode fazer em casa o
> que não poderá ser feito na sociedade.

Cumprir os deveres de casa para o cidadão familiar deveria ser prazeroso pelo simples fato de morar num lugar mais limpo e em ordem. As pessoas habituadas à bagunça não percebem os benefícios de ter seus pertences em ordem. Há escolas em que os alunos e os professores fazem a limpeza geral da escola, e cada aluno tem sua lixeirinha na carteira. Há famílias que se alternam para manter a casa em ordem, sem empregadas domésticas. Tais escolas e famílias ajudam na sustentabilidade do país. Estas são práticas sustentáveis comuns no Japão – o terceiro país mais rico do mundo, com extensão territorial 22 vezes menor que o Brasil.

GRATIDÃO

A primeira frase do recém-nascido deveria ser: "Obrigado, mamãe!" E os pais merecem também ouvir: "Obrigado, papai!", mas ainda está muito longe de isso ser unanimidade, pois, há pais e "pais".

Gratidão todos sentem. É uma manifestação ativa de uma sensação de satisfação e um sentimento de apreciação em retorno de algo recebido, esperada ou inesperadamente. Algumas pessoas transformam essa satisfação em outros sentimentos, substituindo-a por vingança, cobrança, ciúme, inveja, inferioridade, desprezo, etc. Quem age assim acaba sofrendo as consequências em si mesmo. Quando surge o pensamento "não fez mais que a obrigação", a pessoa está cobrando, e quem é feliz não cobra; pelo contrário, quer agradar.

O invejoso sofre mais em si mesmo as sensações de inveja do que a pessoa invejada. O amargo, a bílis, o canto de boca abaixado revelam muito mais sofrimento do que satisfação. O reconhecimento por ter recebido algo de bom de outra pessoa, ou seja, a gratidão, ajuda muito essas pessoas a ser mais felizes.

Os pais que ensinam os filhos a agradecer com delicadeza, sem grito ou pressa, manifestando-se pelo olhar direto nos olhos, tornam-nos mais felizes e saudáveis. Os filhos têm de aprender a dizer "muito obrigado" não só com palavras mas com tempo para aflorar os bons sentimentos que coroam os gestos carinhosos que devem acompanhar essas palavras.

PRAGMATISMO

Pragmatismo é a capacidade mental de terminar uma ação dando--lhe significado, importância e utilidade. As pessoas que começam algo e não terminam não têm pragmatismo, isto é, perdem o que começaram. Por exemplo, decoreba para a prova é um processo de memorização até o término da prova, quando então o que foi decorado entra em desuso e é esquecido. Significa que só foi útil para fazer a prova e não um aprendizado que seria o objetivo final do ensinamento. Foi uma memorização forçada com prazo de validade. Diplomas assim conseguidos geralmente não comprovam que os alunos aprenderam de fato.

Esta é uma prática que não vinga onde exista preguiça, procrastinação, pouco caso. Os filhos têm de aprender que tudo o que começam devem terminar. Se não terminou, avisar para voltar e terminar para então começar outra atividade. Acabou de estudar? Deixe o local em ordem. Começou a explicar? Termine a explicação. Compromissos têm que ser cumpridos para merecer confiança. Se os filhos não podem contar com o pai ou com a mãe, suas vidas viram de ponta-cabeça. Isso gera uma insegurança que diminui tremendamente a indispensável sustentabilidade das ações.

É a ação prática que resulta de qualquer aprendizado, de troca de ideias, de conselhos e/ou de ações recebidas. Negar, esconder, procrastinar, menosprezar, desperdiçar, relaxar e desconsiderar não pertencem ao pragmatismo útil. Portanto, o bom empreendedor é o pragmático que consegue realizar (tornar real) sua ideia, seu sonho.

DISCIPLINA

Antigamente, há 50 anos, a pessoa disciplinada era quem seguia as regras sem transgredi-las. Hoje é também a capacidade de terminar o que se compromete a fazer. A disciplina ensina a não parar no meio, não abandonar o que começou e começar nova atividade.

Primeiro a criança termina o que começou e depois começa qualquer outra atividade que quiser.

A diferença que tem de ser estabelecida é para que a criança não seja metódica – mais comum nos mais velhos, que "todo dia fazem tudo sempre igual", como diz Chico Buarque na sua canção, "Cotidiano". Metódica é quando o método é mais forte que a pessoa e a aprisiona, enquanto a disciplina é uma competência que melhora e liberta a pessoa, tornando-a mais produtiva, portanto mais fértil, mais feliz.

Naturalmente, as crianças não nascem com a disciplina comportamental, mas elas podem facilmente ser mais disciplinadas se obedecerem a seu ritmo fisiológico como âncoras da programação diária. O sono e a alimentação podem rapidamente adquirir um ritmo saudável, com horários que respeitem o ciclo da fome e do sono. Crianças bem nutridas e bem dormidas são mais tranquilas e conseguem esperar mais para realizar suas vontades, significando que não são tão impulsivas, imediatistas e egoístas quanto as crianças que querem comer a qualquer hora e não dormir (ou dormir) na hora em que quiserem (e não quando for melhor para o organismo, para elas e para todos).

RESPONSABILIDADE

Muito cuidado quando se quer descobrir quem foi que "quebrou o vaso". Se os pais forem furiosos, o(a) filho(a) poderá ficar com medo e dizer que não sabe e não viu, para se safar. A extrema severidade dos pais pode levar os filhos a mentir por temerem violência se falarem a verdade.

Ninguém fica responsável ou irresponsável de repente; a pessoa vai se formando aos poucos a ponto de a irresponsabilidade ser a gota que transborda o copo. Ninguém subitamente falsifica a assinatura dos pais em um boletim. Antes disso já omitiu, mentiu, escondeu, rasurou e finalmente falsificou. Por que fez tudo isso?

Tudo começou porque o filho ficou com medo do castigo da mãe ou do pai. Então, tentou esconder o boletim. Quando perguntado, mentiu. E assim foi, até que não teve mais como impedir que os pais o recebessem, por isso tentou a última cartada: falsificar a assinatura. Ele não é um bandido, mas o medo foi aumentando até que, no desespero, encontrou-se sem saída.

Vale mais a pena os pais, junto com o filho, decifrarem o medo do que castigá-lo pela falsificação, pois esta foi uma complicação final das outras complicações. Quem mais sofreu essa complicação foi o próprio filho. Perguntem ao filho: Qual seria a melhor atitude para corrigir essa confusão? A melhor resposta: Estudar mais para não ter que mentir. Porque mentir foi uma complicação por não ter o boletim em ordem.

A pessoa responsável merece confiança, portanto é sustentável. A mentira não é sustentável e só complica a vida do mentiroso por acreditar que conseguirá enganar as pessoas. A grande verdade é que nada disso seria necessário se ele tivesse sido responsável com os próprios estudos.

Observação: Educação Sustentável, como processo racional, não é regida a ferro e fogo, mas sim com conhecimentos, esclarecimentos, descobertas, compreensões e na busca por soluções num bem-querer mútuo para que todos melhorem.(Leia mais sobre formação de valores intangíveis no Capítulo 2: Sabedoria de Mãe e de Pai).

> Ninguém fica responsável ou irresponsável de repente; a pessoa vai se formando aos poucos a ponto de a irresponsabilidade ser a gota que transborda o copo.

OBJETIVOS DA EDUCAÇÃO SUSTENTÁVEL

O objetivo da Educação Sustentável é integrar valores tangíveis com os intangíveis para desenvolver o ser humano capacitado a ser: ético, feliz e progressivo; e ter: *competência relacional; independência financeira; autonomia comportamental; e civilidade.*

ÉTICO

Ser ético é ser pessoa "do bem", simpática (*querer o bem de outra pessoa*) e empática (*perceber o sentimento da outra pessoa*), procurar ser sempre mais sábio e melhor pelos princípios da meritocracia, de "o que é bom para mim tem que ser bom também para os outros", é também priorizar sempre valores como honestidade, verdade, dignidade, justiça e honrar compromissos assumidos.

FELIZ

Ser feliz é um estado produtivo, fértil de realizações promovendo o bem-estar e a qualidade de vida própria e a dos outros (próximos e distantes), melhorando sempre o seu ambiente ou alhures, aprendendo com o passado, aplicando no presente, mirando no futuro. Ser feliz não é simplesmente fazer o que quer, mas saber superar o que não quer.

Ser feliz é como uma festa de casamento. Felicidade é o momento de máxima emoção de vida que, para o pai da noiva, pode ser o momento em que entrega a filha ao noivo; para a mãe, o momento da entrada da filha no corredor da Igreja; para a noiva, o momento em que ouve o noivo jurar eterno amor e, para o noivo, o momento de aliançar a noiva para sempre.

PROGRESSIVO

Ser progressivo é não se acostumar com o tédio da repetição que é o resultado do fazer automático, sem pensar, do "sempre foi assim", mas é dar um passo além, enfrentar desafios, ampliar a mente e ajudar a si mesmo, a família, o grupo, a sociedade e a civilização a se manter e progredir. O ser humano pode se adaptar a quase tudo e não sentir falta do que não conhece. O automático não usa a parte pensante do cérebro que então atrofia. A inovação alimenta e sustenta.

COMPETÊNCIA RELACIONAL

Ter competência relacional é a capacidade de se relacionar saudavelmente bem consigo próprio e com outras pessoas, sejam quais forem as diferenças como idade, cor, credo, raça, para que time torce, nível social, financeiro, cultural, etc. Ser egoísta e isolar-se é muito mais fácil do que conviver o cotidiano entre os humanos fortalecendo o grupo ao qual pertence e com ele sentir-se fortalecido.

INDEPENDÊNCIA FINANCEIRA

É ter a condição material básica e suficiente para criar e sustentar sua sobrevivência digna, a própria e da sua família, e realizar suas escolhas nas boas qualidades de vida. É o crescimento necessário de todo o indivíduo que começa sua vida pela dependência total dos seus pais ou equivalentes. Príncipes herdeiros dependem da herança e, como não desenvolvem competência financeira, quando saírem de casa o mundo não lhe dará gratuitamente um trono e uma coroa.

AUTONOMIA COMPORTAMENTAL

É ter a capacidade de escolher o que quer e o que não quer fazer, de não ter que depender de ninguém a ponto de não ter de se submeter e servir somente à vontade alheia, ferindo sua própria pessoa, autoestima e valores. Ninguém pode simplesmente fazer o que quiser na sociedade, pois ela tem suas regras e punições para quem as transgredir.

A vida material de uma pessoa começa quando ela nasce e acaba quando morre. Nessa vida, poderemos ter diversos tipos de autonomia, conforme nossa escolha. Mas os únicos responsáveis pelas nossas ações somos nós mesmos. Todos os humanos são obrigados a comer. O que, quando e como comemos depende de cada um de nós. Quem tiver autonomia para escolher onde, quando, o que e com quem comer, vive muito melhor do que quem tem de comer apenas o que encontrar.

CIVILIDADE

É a capacidade de viver dignamente em grupos, de cuidar e estar atento para atrapalhar o mínimo e ajudar ao máximo. É cumprir as normas da cortesia e boa educação em mútuo respeito e consideração. Usar o seletor de pensamentos com que a espécie humana nos dota para escolher qual pensamento elegeremos para reger nossos comportamentos e ações.

FAMÍLIA, ORGANIZAÇÃO SUSTENTÁVEL E VENCEDORA

A família, formada por pai, mãe e filhos ou seus equivalentes, é o agrupamento humano afetivo-social-econômico mais bem-sucedido e sustentável que já existiu em toda a humanidade. Existe e provavelmente existirá enquanto houver seres humanos. Entretanto, ela também pode ser parcialmente responsabilizada por uma série de sofrimentos e desgraças pessoais, familiares, profissionais e sociais que acompanhamos atualmente.

A família deveria ser o exemplo maior de relacionamentos integrais entre seus componentes. Daí a importância de os pais se prepararem para exercerem melhor suas funções de pais capacitando-se para educarem os filhos por meio de conhecimentos educativos. Do contrário, continuaremos às voltas com essa situação familiar caótica que observamos hoje.

> Os pais têm o dever de ajudar o
> filho a ser sustentável e de não serem o
> sustentáculo da vida dele.

De modo geral, a tendência da família é querer se livrar logo de um problema que incomoda, sem levar em conta uma visão estratégica para o futuro (isto é, sem sustentabilidade). Os pais precisam se preparar para a adolescência, quando grande parte dos conflitos estoura. É preciso transferir a visão do planejamento estratégico, tão difundida no mundo dos negócios para a educação, pensando em projetos de curto e longo prazos. Só assim será possível realizar uma Educação Sustentável que beneficie a pessoa, sua família e a sociedade.

Mas, atenção: a Educação Sustentável não se aplica exclusivamente ao bebê e à criança pequena. Mesmo que o filho esteja na adolescência e os pais se deparem com muitos desafios dentro de casa, ainda é possível aplicar essa noção. Qualquer momento é tempo para começar a Educação Sustentável. Aliás, o adolescente é capaz de entender muito melhor essa educação pela lógica que existe nela do que aquelas nas quais que ele pode fazer o que quiser, ou não pode fazer nada porque uma autoridade não deixa.

Os pais também podem corrigir suas ações educativas construindo novos conhecimentos a partir do que proponho com este livro. Os pais são afetivamente importantes para a vida toda dos filhos mas têm que se tornar materialmente inúteis a eles. Se o filho aprende que é ele mesmo que terá de fazer, logo ele se sentirá capaz de sustentar algumas ações. Ninguém nasce sustentável e a sustentabilidade deve ser construída por si dentro de si, para carregá-la pela vida toda, para onde for. Os pais têm o dever de ajudar o filho a ser sustentável e de não serem o sustentáculo da vida dele.

"MODO DE FAZER" A EDUCAÇÃO SUSTENTÁVEL

O "modo de fazer" é o como usar os ingredientes, e isso depende do educador. É quando surgem as diferenças individuais como: organização mental e ambiental; "timing" (tempo adequado) e falta de noção de tempo; mãos pesadas ou leves; delicadas ou firmes; afobadas ou tranquilas; pacientes ou impacientes; adorar ou não gente em volta; onipotente ou dependente; interrompe tudo porque não tem o que quer, ou cria soluções na hora e "termina o bolo..."

Quanto às opções acima, que cada pessoa cuide do que a incomoda. A vida é muito generosa e oferece mil oportunidades para quem quiser mudar. Só não muda quem se sente derrotado pelo sintoma. Então é um sintoma sustentável, pois cada vez que você nada faz quando ele aparece, você o reforça a ponto de não mais ver saída. Caso não consiga, busque ajuda. Quem não está no mesmo labirinto enxerga saídas que a própria pessoa não enxerga. Mas é preciso vontade de mudar e não se acomodar sob o domínio do sintoma.

Entretanto, algumas condições básicas são necessárias. Até para se fazer um bolo conta-se com um forno. Educação é muito mais complexa que um bolo, assim também são as suas condições básicas para consegui-la. Nada que o amor pelo filho não consiga ajudar para que ele possa construí-las.

SER AMOROSA SEMPRE

Um adolescente está se afogando e um salva-vidas chega para socorrê-lo. O adolescente está tão desesperado que atrapalha o salvamento. O salva-vidas pode até nocauteá-lo para conseguir executar sua missão. Ele aprendeu a nocautear, e o faz sem ódio, pois é pessoa do bem. Os pais têm de corrigir um erro do filho e tomar uma atitude. Os pais têm de saber que mais importante que o erro é a pessoa que o pratica, que é o filho. O filho é a pessoa amada. Não tem por que ficar com raiva dele.

Tomar atitude não é odiar o filho, é corrigir o erro. Portanto os pais não deveriam ficar bravos com o filho porque ele responde ou reage mal. Ao ficarem alterados, os pais cometem o mesmo erro que o filho. É a tranquilidade e amorosidade dos pais que desperta confiança no filho para mudar o erro. É bom lembrar que quem vai corrigir o erro é o próprio filho. Os pais podem no máximo estimular o filho a corrigi-lo com as atitudes de correção tomadas. Se os pais deixam o erro passar, estão alimentando o erro. É o erro que estará se tornando sustentável e não a sua correção.

NÃO JULGAR O FILHO PELO ERRO

Lembrar sempre que o que deve ser corrigido é o erro. Os pais temem tanto que o filho repita o erro que exageram e acabam chamando o filho de errado. Se o erro é mentir, chamam o filho de "mentiroso", como, com outros erros poderiam chamar de: "ladrão"; "drogado"; "burro"; "bagunceiro"; "vagabundo"; "feio"; "desastrado"; 'desgraçado"; "você é ruim"; "você não tem jeito mesmo"; "vai ser um nada na vida"; "tenho pena de você"; "de você não espero nada"; "você é o atraso da minha vida"; etc. Os pais podem generalizar o erro: "Você sempre faz assim"; "É sempre você que apronta"; etc.

Dependendo da sensibilidade, o filho será o resultado do que os pais o chamam. Quanto mais cedo começar esse tipo de chamados, mais vulneráveis estão os filhos. Não é que "praga de pais pega", mas de tanto ouvir pessoas importantes o adjetivarem, ele pode acabar duvidando de si mesmo, ou, quando não tem o que perder, já que não há como reconquistar os pais, "quem tem fama, deita na cama"... O filho pode ter cometido um erro que pode ser corrigido por ele mesmo, mas, por estar já de autoestima muito baixa, larga tudo errado mesmo. O mesmo acontece com generalizações de erros anteriores. O filho poderia até tentar corrigir o erro que cometeu agora, mas não pode fazer nada com os erros passados, portanto, também não faz nada...

USAR O NOME APROPRIADO

Muitos pais gostam de chamar os seus filhos de: "anjinho"; "queridinho da mamãe"; "meu bebê"; "meu príncipe"; "Miguelito"; "mindinho"; "feijãozinho", etc. Percebam se ele gosta de ser assim chamado ou não. Nunca o chame na frente dos amigos pelos nomes íntimos, nem o infantilize. Algumas crianças podem usar os mesmos termos para praticar *bullying* com ele, que não terá forças para reagir... As mais cruéis podem até criar sinônimos horríveis para os ouvidos das crianças.

Se é para chamar sua atenção, não chame com nomes afetuosos: "Meu príncipe, vem cá que você fez uma coisa errada". Isto não combina com a seriedade da comunicação, com o chamado que é muito afetivo. Chame-o com o nome completo, em alto e firme tom: "Charles Gilberto, venha cá!", e não: "Vem cá, queridinho da mamãe, que eu quero conversar com você", em tom meloso.

PROBLEMAS DO CASAL NÃO SÃO DOS FILHOS

Quando os cônjuges se desentendem, separados ou não, não há motivos para envolver seus filhos. É falta de respeito aos filhos que nada tem a ver com isso. A verdade é o melhor caminho para a tranquilidade dos filhos. Se o pai não concorda com a ação da mãe, não deve expressar essa discordância na frente dos filhos. A tendência dos filhos é acharem-se culpados. Digam claramente que vocês têm de conversar entre vocês, caso os filhos se interessem em saber o que vocês devem ter demonstrado. Os pais são as referências das vidas dos filhos crianças. Tanto que para tudo o que fazem chamam a atenção dos pais e quando não, dão uma espiada para ver se os pais estão olhando. Se os pais querem que os filhos sejam felizes, não levem para eles problemas que eles não têm competência nenhuma para resolver.

O pai está com problema financeiro? A mãe está sobrecarregada no trabalho? Seja qual for a intenção, os pais não devem levar problemas pessoais aos filhos que não têm o que fazer. Mas não deixe de falar diretamente com os filhos o que percebem de problemático em cada um. Primeiro fale separadamente com o interessado. Caso não resolva, podemos todos ajudar, lembrando a ele que está fazendo outra vez o que já está combinado que não deve fazer. As crianças têm memória curta e no embalo do entusiasmo com as brincadeiras, podem fazer o que já sabem que não deveriam fazer.

FALAR BAIXO COM AS CRIANÇAS

Nossas emoções alteram nosso tom de voz. Quando ficamos bravos, mudamos nossa respiração e alteramos nossas cordas vocais. Quando a mulher se irrita, o tom de voz dela aumenta o suficiente para se tornar mais agudo e irritante aos ouvidos masculinos, principalmente dos meninos. A memória dela fica mais ativa, aumentando o conteúdo, e a velocidade da fala também aumenta. Assim, a fala da mulher irritada torna-se irritante, rápida, cheia de conteúdo com grande velocidade, e as palavras lembram mais as balas de uma metralhadora do que uma comunicação. Essas balas detonam os cérebros masculinos. Tanto que os meninos tapam os ouvidos com as mãos e imploram: "Para de falar, mãe! Paaaaara!" O que significa que o filho não ouviu nada. Se a mãe quiser ser ouvida, fale baixo, com calma e pouco. Evite repetir o que já falou. Esse repeteco desliga o cérebro de quem mais precisa ouvir.

O homem, quanto mais se irrita e tanto mais tenta se controlar, mais grave, lento e baixo fala. É um tom de voz que faz o esôfago dançar dentro do tórax. O menino ouve tudo e não grita de volta, pois é capaz de ouvir um: "Cala a boca" e ver os punhos do pai se cerrarem. Todo homem tem adormecido dentro de si um jurássico machista que quando acorda tem paciência curta, voz grossa e mão pesada... e o filho treme de medo.

Filhos que gritam quando o falar seria suficiente, seja em casa, ou em locais públicos como shoppings, cinemas, escolas, são mal-educados. Geralmente convivem com quem grita com eles. Encontre uma resposta curta e clara para o grito e repita toda a ação, cada vez que o gritão descontrolar-se. Diga calmamente: "Não grita, que estou perto!" e simplesmente não atenda enquanto ele não falar baixo. Nunca pare o que esteja fazendo, saia de perto do filho, se precisar, mas não se altere principalmente nestas circunstâncias: não grite também e não atenda sob gritos. Ponto final.

NUNCA BATER NOS SEUS FILHOS

Bater nos filhos é o recurso dos pais que perderam o poder mental sobre eles e apelam para a força física e o tamanho. O comum é que quem bate esquece que bateu; mas quem apanha nunca esquece que apanhou. Geralmente os motivos da violência são esquecidos mas a própria violência, não. Quem bate descarrega uma carga negativa e quem apanha passa a carregar dentro de si mágoa e raiva. A mágoa sem reação gera depressão e a raiva espera o momento oportuno de vingança. A maior dor de quem apanha não fica no corpo mas sim na "alma", ou seja, como dor eterna.

O que leva um pai a bater nos filhos hoje? Isto é cada vez mais raro, mas quando ocorre é pela perda de paciência. Por isso, o pai hoje se sente mal quando bate num filho. Para os pais patriarcas o cinto fazia parte da educação, portanto, eles surravam os filhos quando achavam que os filhos mereciam e não só quando perdiam a paciência. Eles não juntavam paciência. Os pais de hoje batem quando eles não veem mais outra saída. Talvez acumulassem, pois

> O comum é que quem bate esquece que bateu; mas quem apanha nunca esquece que apanhou.

não sabiam o princípio da coerência, constância e consequência nas ações educativas. Consequência não é punição, pois é uma ação que o filho tem de fazer (isso já foi combinado quando transgrediu pela primeira vez) para aprender e não errar outra vez.

FILHOS NÃO SÃO LIXEIRAS

Há pais que "engolem sapos" no seu cotidiano: trabalho; trânsitos; todo mundo acelerado; ambição dos chefes; pagamentos de impostos extorsivos; recebimentos dos seus salários; atendimento aos seus clientes exigentes; abusos desavergonhados dos políticos; direitos à saúde (à educação; ao saneamento básico); relacionamentos com colegas e parentes, etc. O que fazem esses pais quando voltam para casa e estão cansados, esgotados, insatisfeitos, revoltados, etc? Relaxam com drinks, exercícios, relaxamentos, meditação, tomam banhos, mergulham ou acabam sendo intolerantes, exigentes, agressivos, estúpidos com os familiares, com os filhos?

Os "sapos" engolidos têm dois destinos: ou se vomita de volta na hora; ou se engole e, então, isso vai para o intestinos, expulsos do organismo ou absorvidos – transformando os engolidores em "sapos"... Se vivemos num sistema cheio de "sapos", temos que aprender a lidar com eles para não descarregarmos os seus lixos em casa, exatamente com as pessoas que mais amamos. Vomitar na hora nem sempre é possível, e engolir é impossível. Mudemos nossa mente. Se os problemas são os outros, para os outros os outros somos nós.

Coloquemos uma placa na mente inscrita: "Isso não é comigo", já que estão despejando o lixo no que estamos fazendo e não nas nossas pessoas. Nós não somos tão responsáveis pelos "sapos" que os outros produziram; portanto não podemos despejar esse lixo em cima dos nossos filhos também. Temos que resolver o máximo que podemos, sem fazer corpo mole. Nem nossos filhos nem o mundo merecem receber nosso lixo. Façamos o movimento contrário à produção da poluição, que é lixo não mais digerido pela própria Terra, que acaba vomitando os "sapos" contra nós...

FAMÍLIA É DESPOLUENTE

Os humanos que voltam para casa após uma jornada de trabalho querem paz e sossego, com amor e alegria, para recuperar as energias para o amanhã. Um dia, com ou sem atividades, funciona com cortisol e adrenalina para produção de estresse e energia que se dá pela queima de oxigênio. A ação é chamada oxidação (no ferro é ferrugem, quando a banana descascada fica escura). Uma noite bem dormida é capaz de produzir melatonina que funciona como antioxidante (elimina o lixo resultante da oxidação desfazendo a ferrugem, embranquecendo a banana descascada). Com luz, o corpo não fabrica melatonina, mas com uma ação no escuro gasta-se adrenalina e cortisol. A melatonina despolui o corpo e aumenta a defesa imunológica contra doenças, assim como o repouso do guerreiro deveria tirar o cansaço e eliminar o lixo dos "sapos engolidos".

A fábrica da despoluição não é somente o silêncio, a paz, o repouso físico e mental, mas a alimentação saudável, o exercício físico para manutenção da saúde física do corpo, e a felicidade relacional, aquela que é resultado de bons e saudáveis relacionamentos humanos com os familiares. Se os adultos pudessem transformar cada erro cometido dentro de casa em aprendizado para não praticar outra vez o mesmo erro, esse aprendizado seria sustentável e não mais produziria lixo.

Um filho não estuda. Todos os sentimentos negativos provocados por esse erro devem ser trabalhados em prol do estudo. O folgado que explora o sufocado é um produtor de lixo doméstico, pois sobrecarrega desnecessariamente o outro. Isto pode ser evitado com progresso do folgado. Talvez todos os da casa tenham que se envolver para que ele estude, até ele começar a estudar sozinho. A falta do estudo prejudica os outros da família que estudam.

Se os pais permitem que um filho não estude, poderá deixar uma herança maldita para os que estudam. Quando os pais faltarem, quem alimentará esse folgado? Esses pais não estão sendo sustentáveis. O folgado à custa de sufocados também não é sustentável. Ele é um predador. Reciclagem nele para a felicidade de todos.

HERANÇA INSUSTENTÁVEL

Toda a herança que os filhos tiverem de manter com sacrifício torna-se um peso e logo os herdeiros a estarão amaldiçoando. Vem daí o nome herança maldita, pois eles não são autossustentáveis. Não é uma escolha, mas uma herança que os filhos recebem. Mas quem ou o que poderá ser uma herança maldita?

Pais e avós senis

A longevidade está chegando para todos nós. Nem todos os pais estão fazendo uma previsão orçamentária para garantir a sua velhice. Mas não é só do dinheiro e conforto material que eles precisarão. Eles irão valorizar mais os relacionamentos familiares, o convívio com filhos, netos e bisnetos. Ao mesmo tempo, irão se tornando mais incapazes de administrar suas próprias finanças, saúde, vida sociofamiliar, etc.

Se os filhos são únicos agora, não serão mais quando casados, pois suas companheiras interferirão nos relacionamentos familiares. Os filhos dos filhos poderão ter carinho com os seus pais e avós, bisavós. Mas podem também negar sua existência conforme a educação que receberem.

O filho único, muitas vezes, tem de ser preparado para cuidar dos idosos e senis. A Síndrome do Filho Único surge quando o filho, por ser único, sente-se rei da casa, desenvolvendo caraterísticas de egoísmo, arrogância, onipotência, principalmente se se colocar no ápice da pirâmide relacional. Se ele nunca cuidou de ninguém, como irá cuidar dos idosos e senis?

> O filho único, muitas vezes, tem de ser preparado para cuidar dos idosos e senis.

Filho folgado

Nenhum filho nasce folgado, mas pode nascer preguiçoso. Todos eles nascem querendo satisfazer suas vontades. A preguiça precisa ser muito grande para não querer satisfazer uma vontade. Os filhos nascem diferentes uns dos outros, tornando-se indivíduos únicos. O que os diferencia em termos de competências são as inteligências múltiplas com que nascem. Os pais deveriam fazer o mapa dessas inteligências com cada um dos filhos para perceberem quais são as suas aptidões. Nenhum filho nasce com talento. Mas o talento terá base mais sustentável se for escolhido conforme o seu mapa das inteligências múltiplas.

Um filho torna-se folgado quando descobre que uma outra pessoa fará o que ele precisaria fazer. A melhor maneira de os pais criarem um filho folgado é fazer tudo o que pela Educação Sustentável ele mesmo é que poderia e deveria fazer. Ainda bem que muitas mães deixaram de fazer lição de casa que é um dever escolar do filho. Faziam por amor, para ajudar e poupar o filho, por não terem o que fazer. Para que fazer se a mãe já fazia? Conclusão: o filho não estudava, mas não reprovava porque os pais o transferiam para escola de menor exigência, ou que fazia a reclassificação para não serem reprovados. Assim, o filho alimenta o seu núcleo de preguiça e ativa sua folga e vai acabar largando os estudos, mesmo sendo inteligente. Esse filho folgado pode adotar como verdade absoluta que não tem obrigação de nada, e a obrigação de dar tudo pronto é dos pais.

Se os pais faltarem, quem irá sustentá-lo? É claro que os pais, prevenidos, deixarão, para esse filho, condições para que ele se tornasse sustentável do ponto de vista financeiro. Só que folgados não se dão ao trabalho de administrar suas vontades, pois os pais corriam para satisfazê-lo. Como o folgado gasta tudo como se fosse mesada, não há finanças que durem a vida toda. O tamanho da vontade é do tamanho das suas posses. Por que os irmãos teriam de sustentar esse folgado? Algum parente, amigo ou instituição iria adotá-lo?

Portanto, para os pais não deixarem uma herança maldita para os outros filhos, que tratem de "curar" essa folga enquanto é tempo. Basta cortar tudo o que vai além da pensão completa, principalmente dinheiro, carro emprestado, cartão de crédito, contas bancárias conjuntas, internet, celular, etc. Aparentemente é cruel, mas calcule, junto com o filho, quantos reais, ou dólares, ele custa para a família, incluindo nesse custo a pensão completa, as roupas, os impostos, etc. Geralmente os pais levam um grande susto quando compõem a despesa anual do folgado. Essa é a herança maldita.

Filho deficiente

Nenhum pai ou mãe quer ter um filho deficiente. Mas se vier, a maioria dos pais aceita e reprograma a vida, para lhe garantir a sobrevivência, inclusive pensando na natural possibilidade de faltarem.

Há deficiências cujos portadores podem ser preparados para a profissionalização, e assim serão parcial ou totalmente autossustentáveis, e outras que os incapacitam; nessa situação requerem maior cuidado com o seu futuro.

Estes últimos precisam de proteção todo o tempo, e, enquanto estiver tudo bem com a família, os próprios irmãos ou parentes próximos poderão ajudar. Mas ninguém garante o futuro de ninguém. Portanto, nestas circunstâncias, seria de bom senso, até obrigação, contar com ajuda de advogados para nomearem tutores legais; sendo um dos irmãos, terá seu quinhão de herança, já pensando no futuro do seu irmão tutorado.

Quando tudo se mantém bem na família, pode-se confiar nos familiares. Mas basta um deles se desarranjar para pôr em polvorosa os demais. Geralmente essa situação costuma ocorrer com os pais vivos. (Na ausência do gato, todos os ratos brigam entre si...)

A pior briga existe quando um dos filhos não tem competência desenvolvida igual aos outros, mas sente-se em condições de brigar com eles. Geralmente os pais identificam de quem é a incompetência profissional, a não ser que sejam emocionalmente cegos. Identificar não significa expor isso aos outros filhos, pois os pais não gostam de constranger nenhum filho perante os outros. É a tal da Justiça dos Pais, que é injusta e insustentável. Todos identificam o problema e fazem de conta que o problema não existe. Já está escrito que esse problema vai estourar quando os pais faltarem. Se o pai ou a mãe for o líder, é na falta desse líder que os filhos e o cônjuge vivo vão brigar.

A Justiça dos Pais é injusta quando não leva em consideração a lei universal da meritocracia. O mundo não está para atender os incompetentes, como faz a família, ou melhor dizendo, o onipotente da família é que atende. O incompetente se perpetua apoiando-se nesse onipotente. Quando o onipotente não sustenta a incompetência, ele prepara o filho no que este é capaz e não no que se espera dele.

Se todos os filhos trabalham cumprindo a sua parte, não cabe a ninguém essa herança de cuidar de um incompetente que se acha competente. No fundo, o pai está abandonando esse filho incompetente sob o manto da proteção paterna. Há pais que acreditam neste manto de herança que vão deixar, mas outros filhos poderão não querer, pois cada um terá sua própria família para cuidar.

Caso os pais percebam que a incompetência é incorrigível, mesmo dando um prazo, é melhor resolver a incompetência como se fosse incapacidade e nomear um tutor legal. Os vínculos fraternos serão mais bem preservados para situações que escapem do sustento diário, de ter que cuidar de alguém que vai se recusar a receber cuidados.

> Se o pai ou a mãe for o líder, é na falta desse líder que os filhos e o cônjuge vivo vão brigar.

Herança a filhos briguentos

Que os filhos pequenos briguem entre si, já é esperado. Um filho único, quando atacado pela Síndrome de Filho Único, é capaz de brigar consigo próprio por não ter irmão com quem brigar.

É bastante comum os pais deixaram sua herança material – imóveis e negócios – em nome de todos os filhos, mesmo eles sendo briguentos. Como se dissessem: Deixamos para eles e eles que se entendam. Há casos em que essa ideia favorece o mais sem caráter, o mais esperto, o transgressor, o lobo que se veste de cordeiro, pois este abusa da confiança dos pais e dos irmãos. Ele é capaz de ficar com tudo e ainda fazer chacota dos irmãos dizendo: "o mundo é dos espertos".

Se a briga é prevista, a herança tem que ser muito clara, bem designada, tudo dentro da lei. Caso contrário, o desgaste familiar pode trazer sofrimentos e rompimentos desnecessários.

Um exemplo seria deixar um barco e um sítio sem lago para um e uma casa na praia sem barco para outro. Ou seja, os pais poderiam desde já fazer um testamento lógico, dentro da lei, já com os conflitos financeiros e interesses resolvidos.

BOAS MANEIRAS SUSTENTAM O BEM

Por que somos mais educados com estranhos do que com os familiares? Não deveria ser o contrário? "Não" é a minha resposta. Deveríamos é ter boas maneiras com todas as pessoas, em casa e fora dela. Abrimos mão de ensinar as boas maneiras desde que as crianças começaram a mandar em casa. Elas não têm conhecimentos suficientes para nos ensinar as boas maneiras, mas ao não as colocarmos os devidos limites submetemo-nos à sua maneira selvagem de lidar conosco. Estamos na contramão de qualquer progresso e sustentabilidade quando abrimos mão do que sabemos e deixamos o governo relacional em incompetentes mãos infantis. São as crianças que têm de aprender boas maneiras e não os adultos submeterem-se à sua falta.

Boas maneiras predispõem as outras pessoas a responder positivamente ao nosso pedido. Crianças sabem disso quando fazem "Campanha da Boa Imagem": quando querem algo que os pais podem negar, elas se tornam boazinhas, meigas, beijoqueiras, agradáveis, verdadeiros "príncipes e princesas". Mas assim que conseguem, transformam-se em "bruxos e bruxas malvados".

Temos que instituir o uso de determinadas palavras com entoação e tempo adequados para obter as respostas e também devemos estar atentos ao nosso comportamento:

- Cumprimentos: se estão se vendo pela primeira vez depois de um tempo, a intimidade pode tirar a formalidade, mas não o respeito. Talvez nem precisem trocar beijinhos, pois um "Oi!" bem dado e recebido pode ser melhor que beijinhos sem significado.

- Pedir licença: Mesmo que o outro lhe pareça não estar fazendo nada, ele pode estar refletindo, meditando, orando. Um "Com Licença?" significa o mesmo que bater na porta encostada para entrar na sala. Mas ninguém vai entrando só porque avisou. O pedinte tem que aguardar a resposta "Entre!". Quando o pai estiver sentado na poltrona, o filho não pode vir falando como se fosse o único interesse do pai. Até poderá ser, desde que peça licença e receba permissão. Se o pai atende só porque o filho veio até ele, está ensinando o filho a julgar que o mundo está à sua disposição.

- Pedir o favor explícito: "Por favor, você pode pegar o meu celular que ficou no meu quarto?" E justifique: "É que não posso me levantar agora e preciso telefonar..." Tanto faz quem pede para quem. Todos têm de usar o "Por favor, você pode...?".

- Agradeça o favor recebido olhando nos olhos, mesmo que seja obrigação de quem o prestou. É o mínimo que qualquer pessoa civilizada pode fazer ao receber qualquer favor, serviço, devolução, etc. Essa gratidão deixa as portas da frente abertas para receber um favor outra vez. Jamais aceite o favor bruscamente e saia correndo.

- Peça desculpas, sempre. Para uma pessoa educada nada justifica o ato de não pedir desculpas. Esse pedido desmancha mal-entendidos, má-vontades, interpretações erradas. Nem todos os erros são intencionais. Cometemos muitos erros "sem querer". Pedir desculpas revela humildade e um querer bem que facilita responder: "Não foi nada!"

- Sorria, por nada, mas sorria. O sorriso inspira e ocupa muito menos músculos do que fechar a cara. Não dá para disfarçar um sorriso bem dado. Um tímido sorri pouco. Deixa os outros à sua volta mais cuidadosos, o que aumenta a dificuldade de o tímido ficar mais à vontade.

- Os pais com boas maneiras deveriam ensinar os filhos a tê-las também e exigir que as pratiquem até se tornarem automáticas. Não é preciso ensinar os filhos a ser grosseiros, basta soltá-los. Quem tem boas maneiras repara em quem não tem. Quem não tem nem percebe a falta delas nos relacionamentos.

- Grosseria comportamental: fazer de conta que outra pessoa não existe naquele mesmo ambiente em que ambos estão. Pode não falar nada, mas pelo menos sorria. Demonstre civilidade. Se a pessoa derrubar algo, faça menção de pegar para ela. Se estiver disponível, faça essa gentileza. É uma questão de civilidade. A mãe derruba algo e ninguém se mexe. Em geral, essa é uma "mãe sufocada", que faz tudo para os outros e ninguém faz nada por ela. Não que ela não seja boazinha; mas, com certeza, não foi boa educadora.

- ⊙ Pais, quando contrariados porque os filhos disputam ou brigam pelo mesmo brinquedo, dão um gritão: Agora chega! e truculentamente arrancam o brinquedo da mão deles. Estão oferecendo truculência para as crianças se espelharem e serem truculentas umas com as outras. Filhos violentos têm pais truculentos. Um gritão ainda passa, se os pais conseguirem ficar calmos e resolver o conflito, e não apenas tirar o motivo do conflito. O problema não é o brinquedo, por isso, o conflito permanece.

IMPORTANTES INFORMAÇÕES PARA INOVAR CONHECIMENTOS

Informações estão disponíveis no Universo para todos os seres humanos, mas somente são percebidas pelas pessoas que estejam capacitadas a percebê-las. Para que serve a escrita a quem não sabe ler?

As informações são a base que serve para a construção do conhecimento. Cada pessoa constrói o seu conhecimento dentro de si. É uma tarefa pessoal e intransferível. O conhecimento é um poderoso instrumento que depende da ética de quem o usa. Assim como muitos outros instrumentos, o conhecimento, para ser sustentável, tem de ser regido pela ética. É um valor tangível qualificado por um intangível.

Selecionei algumas informações que podem ser muito úteis, se forem bem aproveitadas, para a construção de conhecimentos sustentáveis. Proponho aos leitores que submetam os seus conhecimentos mais comuns (usados no cotidiano) a uma reavaliação e verifiquem se não lhes cabe uma bela inovação para aumentar sua sustentabilidade.

UM PROVER SUSTENTÁVEL

Sabemos que os pais têm que prover seus filhos enquanto estes forem incapazes. O que a Educação Sustentável ensina aos pais é: pratiquem o desenvolvimento dos filhos para a autossuficiência, para que não sejam futuramente sempre dependentes de terceiros. Principalmente os pais que, mesmo tendo tido uma infância pobre ou problemática muito lutaram, venceram, e hoje, por usufruírem de boa qualidade de vida, não querem que seus filhos sofram o que eles sofreram.

Por amor, dão aos filhos tudo o que não tiveram, tentando poupar-lhes os sofrimentos e angústias que passaram. O que fez os pais vencerem na vida foi o empenho para conseguir o que não tinham.

O que os pais podem fazer é ensinar que os filhos façam o que sejam capazes de fazer, não importa a perfeição, mas, sim, a ação: é a mudança da comodidade para " eu tenho que aprender a fazer".

Pais podem partir da ação mais simples. É como ensinar a escovar os dentes. Primeiro os pais escovam, mas enquanto o filho não pegar na escova não vai saber escovar. As primeiras escovadas necessitarão da complementação dos pais. Quanto mais o filho escovar, mais prática adquirirá e cada vez menos precisará da ajuda dos pais. Vai chegar o momento em que o próprio filho descobre o prazer do ser capaz e então apossa-se do que aprendeu, fazendo.

O filho não é realmente um incapaz, mas será se não fizer o que é preciso que faça. Assim, se um adulto sabe ler, escrever, dirigir,

> O que os pais podem fazer é ensinar
> que os filhos façam o que sejam
> capazes de fazer, não importa a perfeição,
> mas, sim, a ação.

comer fora, viajar, convencer os pais de que tem razão, praticar esportes, ter amigos, lidar com internet, usar celular, não há por que lidar com esse adulto como se fosse uma criança incapaz. Tais pais estão aleijando seu filho, tornando-o incapaz e dependente para sempre.

O filho, criado como príncipe por pais que não são reis, foi transformado em príncipe herdeiro, mas seu reinado está condenado à extinção, já que ele não cresceu, não evoluiu para vir a ser o cuidador dos próprios pais. Príncipes não atingem a autossuficiência.

Qualquer pessoa que gaste sem repor acaba solapando qualquer fortuna, tudo é uma questão de tempo. A alternativa é a formação do filho em sucessor empreendedor. Sucessor é para quem o pai passa o bastão da vida. Empreendedor é quem inova, cresce, amplia... Ou seja, torna sustentável a sua herança para a vida continuar.

POR AMOR, NÃO FAÇA!

Os pais não devem fazer pelo filho, e sim ajudar o filho a fazer. Uma criança, mesmo prestando atenção, não consegue perceber com todos os detalhes uma ação executada por um adulto. As ações são muito mais complexas do que um leigo, uma criança, pode perceber.

Parece fácil à criança imitar. Permita que ela imite. Ajude no que for necessário. Mas ela tem de ser a realizadora principal. Aceite de muito bom grado o que a criança fez, dizendo que, por ser a primeira vez, está ótimo – mas pode melhorar. Se ela quiser, que tente mais vezes. Se melhorar, ressalte a melhora e dê os parabéns. Se abandonar, não dê importância. Logo ela tentará outra vez.

Nada impede que os pais façam algo pelo filho se este realmente é incapaz de fazer sozinho. O problema é os pais perderam essa referência e continuam fazendo, por amor ou comodismo, sem reparar que o filho já é capaz de fazer. O fazer pelo filho deve ser sempre provisório até ele começar a fazer sozinho.

É preciso muito amor para aguentar ver um filho sofrer do que simplesmente fazer as coisas por ele. Essa é a prática da independência. Ninguém cresce em zona de conforto. O crescimento é natural em zona de esforço, de empenho, de ações conscientes na busca de superação. É como o treinador esportivo quando diz ao seu mais querido pupilo: *"No pain, no gain!"* (sem dor, não há ganho).

O grande ganho de ter um filho que faz é ele desenvolver a gratidão, um valor muito difícil de ser ensinado. Quem faz sabe o trabalho que envolve o fazer. Quando ele está realmente muito atarefado e de surpresa recebe pronto, ele reconhece o trabalho que teve a pessoa que fez. Gratidão é o reconhecimento de algo recebido "gratuitamente", por bondade, por amor.

Quando o fazer vira rotina para os pais, o filho já espera receber tudo, e, quando os pais não fazem, o filho reclama. Em vez de gratidão, os pais passam a receber cobrança do filho. E, pior: os pais sentem-se culpados por não fazer e em dívida com o filho, porque "tadinho do filho", ele não sabe fazer nada. É claro que não sabe, pois nunca fez nada...

"Feito, melhor que perfeito" que está em letras vermelhas num cartaz favorito de Sheryl Sandberg, co-criadora do Facebook e autora do livro *Faça Acontecer*, é muito útil também para a Educação Sustentável. Significa fazer, mesmo que malfeito, do que não fazer esperando fazer o perfeito. Na segunda vez, será bem melhor e assim até que chegue à perfeição.

ENSINAR O FILHO A CUIDAR DE SI MESMO

Se um filho subisse sobre a mesa, fosse para a borda e lá ficasse em pé olhando para o chão, o que os pais fariam? Correriam em direção a ele gritando: "Não pule"; "Você vai cair!", etc.

Difícil é ensinar durante uma emergência como esta. Ao ouvir "Não pule", o filho identifica primeiro a ação forte "pular" para depois ouvir a negação. Pela ansiedade dos pais aflitos gritando com ele, o filho compreende o "pular" e já pula antes de compreender o "não". E se o filho escuta "Você vai cair!", ele simplesmente cai, porque é uma ordem...

Se os pais querem que ele pare, sejam diretos e firmes, com voz de comando: "Pare!". Ele para. E, então, os pais vão com passos firmes, sem afobação nem correria, para pegá-lo durinho como uma pedra.

Assim que puderem, os pais devem explicar o perigo de subir na mesa e ensinar onde o filho pode subir sem riscos. Um filho aprende a lidar consigo sentindo na sua pele o que os pais fazem com ele. Se os pais o maltratam, ele aprende a se maltratar.

Quando um filho derruba algo na mesa, a mãe logo vai gritando: "Seu desastrado ! Olha o que você fez! Tudo para me deixar nervosa! Mesmo uma colocação mais amena: "Você sempre me apronta!"....Ou ainda, nada diz, e se põe a limpar a mesa... isso não é bom. Um filho pequeno confia nos pais e acredita no que eles dizem. Ele sente tudo aquilo que as frases queriam dizer. O que fica dentro do filho é: "Sou um desastrado, aprontador, quero prejudicar minha mãe, sou ruim, não tenho jeito mesmo, nem mereço que falem comigo e se nem minha mãe me ama, não valho nada mesmo!"

Mas como poderia a mãe resolver isso para que o filho seja feliz? Se a mãe quiser que o filho mude o conceito sobre si mesmo, é importante ela mudar primeiro e tomar algumas atitudes:

- Separar o filho da ação que ele fez.
- Criticar a ação, e não o filho.
- A mãe deve pensar o que faria se o filhinho da melhor amiga fizesse o que seu filho fez. No mínimo diria "não foi nada".
- Demonstre que ama o filho valorizando realmente o que tem valor, diferenciando o acidental do proposital.
- Se não houver certeza, não afirme que o filho quis prejudicá-la.
- Abrace o filho com o coração e aperte-o com os braços.
- Lide com ele como você gostaria que ele lidasse com você.

ENSINAR O FILHO A CUIDAR DO QUE E DE QUEM ELE GOSTA

Este ensinamento em casa é tão importante que o chamei de Cidadania Familiar. Ninguém em casa pode fazer o que não poderá fazer fora de casa e tem que praticar já em casa o que terá que fazer fora.

É uma prática muito fácil, gratificante e tão sustentável que ouso dizer que Cidadania Familiar é a origem do correto cidadão que o filho será. É uma filosofia de vida que torna prazerosa o viver com a família (pessoas) na residência (lugar). É a base do meu livro *Quem ama, Educa: Formando Cidadãos Éticos.*

- ⊙ *Evite gritar:* Nada impede que fale alto, a não ser por incomodar os outros. Gritos irritam, porque sacodem o nosso cérebro, indefeso a sons e ruídos. Demonstra impaciência, intolerância, tudo de ruim. Quem tem autoridade fala. Quem grita quer se impor pela força da sua voz. Quem ama fala, não grita.

- ⊙ Evite ofender, agredir, bater, abusar pois não adianta conseguir o que quer diminuindo, desprezando, acabando com o outro. Quem pede ganha o favor e a pessoa que o atendeu. Quem agride esquece que agrediu, mas quem a sofre nunca mais esquece a agressão. Se errou porque não sabia, aprenda. Se sabia, arque com consequências. É ignorante quem maltrata o ignorante.

- ⊙ Não disfarce, reponha o que usou: não deixe de reposicionar o que usou. Gastou? Quebrou? Tirou do lugar? Reponha, não disfarce. Nada pior que descobrir, que o que se tinha não se tem mais... Não existe mais o produto? Pelo menos avise o dono.

- ⊙ Ajude quem está ocupado: não é sua função, mas nada custa ajudar quem precisa. Ao ajudar, além de aprender, você estimula uma pessoa a lhe querer bem. Ter créditos é muito melhor que ficar devendo...

> Muitos pais sentem-se devedores por não acompanhar os filhos como gostariam e fazem tudo para agradá-lo.

- Começou? Termine! Arrume a escrivaninha, guarde o brinquedo, apague a luz antes de sair. Você não sabe como voltará. Começar o dia terminando o que começou ontem é um desperdício. Quem deixa tudo aberto paralisa o usuário seguinte. Mãe não tem que guardar brinquedo quando chega em casa. Basta ensinar que guarde de volta quando acabar de brincar.
- Todos querem um clima de tranquilidade, alegria e paz em casa, enfim, um *happy hour*. Mas o que a maioria vive é uma incrível *tragic hour* produzida pela crença de que podemos fazer o que quisermos e nos comportamos com os mais íntimos como se com eles não precisássemos de educação. Não queremos o pior em casa, mas acabamos tratando melhor as visitas que os próprios familiares.

DELEGAR A EDUCAÇÃO DOS FILHOS PARA A ESCOLA

Os pais não devem delegar ou terceirizar a educação para a Escola. Ela tem suas funções: trabalhar os valores tangíveis do aprendizado. A função familiar está na formação e desenvolvimento dos valores intangíveis. O precioso filho na família para a escola é um transeunte curricular. Formou-se? Vai embora para sempre.

Os pais que não se interessam sobre o que houve durante o período em que não estiveram presentes dão aos filhos a sensação de que estes não são importantes.

Para muitos filhos, o não estudar não lhe traz nenhuma perda. Ele não sente falta do que ainda não aprendeu na escola. Os pais sentem o prejuízo na pele por ter um filho sem estudos, pois na atualidade o maior instrumento do trabalho não é mais a força física nem o martelo, e sim o conhecimento. Ninguém sente falta do que não conhece, mas sente o prejuízo de qualquer objeto ou valor que perde.

Muitos pais sentem-se devedores por não acompanhar os filhos como gostariam e fazem tudo para agradar. O maior receio é perder o amor dos filhos.

Pronto! Aqui está a receita do relacionamento-desgraça: pais temerosos de perder o amor dos filhos, e filhos indiferentes que não têm o que perder. Essa dupla tem que ser rompida e inovada para os filhos aprenderem a aprender.

Hoje, em 2013, 75% da população brasileira é formada por analfabetos funcionais que vão desde pessoas (7%) que não sabem ler por não terem ido à escola a pessoas (68%) que leem, mas não compreendem o que leem, mesmo tendo frequentado o Ensino Fundamental (8 anos) e Médio (3 anos), num total de 11 anos na escola; tais alunos também não sabem fazer a operação matemática de divisão.

Os pais têm de cobrar do governo, mas se este não corresponde. Mas não adianta ficar de braços cruzados enquanto os filhos continuam sendo prejudicados. Exija que o filho faça a tarefa diária da escola. A cada dia, ele terá tantas tarefas quantas aulas teve. Mesmo sem lição de casa que faça um resumo da aula. É uma responsabilidade diária. Pais têm de conferir. Se não fez a lição naquele dia, acorde-o para fazer. Cada matéria tem seu respectivo caderno-resumo.

Os pais têm de cumprir a sua parte, isto é, cobrar diariamente. O tangível é a matéria e os intangíveis são: responsabilidade, aprendizagem, aumento da integração familiar, honrar compromissos, responder pela função de aluno, aumento do pragmatismo, organização mental, aumento da autoestima, etc. Se os pais não mudarem suas atitudes em relação aos estudos do filho, não há por que ele se inovar e aprender a aprender.

O GOVERNO PRESTA EDUCAÇÃO INSUSTENTÁVEL

O Brasil é a 6ª potência mundial e estava em 88º lugar no ranking de educação da Unesco (segundo a Education for All Global Monitoring Report) em 2011. Estes dados são os fornecidos pelo nosso governo para a Unesco). Setenta e cinco por cento do povo brasileiro é analfabeto funcional: lê, mas não compreende o que leu, portanto um leitura não lhe aumenta o conhecimento nem lhe provoca mudanças de vida.

Quem são os responsáveis por esse catastrófico índice de analfabetismo funcional? Será que os pais desses analfabetos funcionais percebem que seus filhos frequentaram por 11 anos a escola e não aprenderam a compreender um texto, a escrever um relatório do que fizeram durante um dia, uma viagem, um negócio?

Não sendo capazes de construir conhecimentos através de informações que leem nos jornais e revistas, os brasileiros acabam acreditando no que ouvem falar, nas palavras de palanque político, do ladrão que se diz honesto, de deputado que tem de pernoitar na cadeia e jura inocência... Se eles soubessem ler contariam com maiores informações e construiriam seus próprios conhecimentos para embasar seus votos. Teríamos políticos melhores, com certeza.

Por que o governo mantém escolas-carroças num país onde se anda de carro e cobram-se impostos pela internet? O governo confia nas suas escolas que formam analfabetos funcionais? Será que o governo precisa que seu povo seja analfabeto enquanto maus políticos são denunciados, expostos e publicados pela mídia?

Mas para que serve a verdade publicada pela imprensa para um povo que não entende o que lê e mal compreende o que ouve? Por isso, maus políticos de fichas sujas acabam sendo eleitos. A cadeia não corrige maus políticos, ensina-os a se perpetuarem no poder. Temos até deputado-presidiário: de dia no Palácio do Governo, de noite, no presídio. Os nossos representantes políticos não usam o voto aberto, responsável, mas o voto secreto, que aprova perdoar o presidiário para mantê-lo como deputado. O seu maior poder é o de enganar os eleitores dizendo estarem a serviços deles, quando a realidade mostra que eles usam o cargo para auferir benefícios pessoais.

Levará um bom tempo até termos os políticos de que precisamos. Enquanto isso, cada pai, cada mãe, cada professor insatisfeito têm mais é que formar parcerias para efetivar a educação tão necessária aos nossos filhos e alunos.

A proposta de Educação Sustentável tem como ser praticada, uma vez conhecida, por quem realmente quiser mudar esta difícil situação que estamos vivendo. As modificações têm de ser feitas primeiro dentro de cada cidadão, principalmente no papel de educador.

DESEJAR É DIFERENTE DE PRECISAR

Os pais têm de ensinar a diferença entre precisar e desejar desde quando os filhos começam a entender o que se fala. "Você precisa comer!" é muito diferente de perguntar "Você quer comer?" A pergunta abre a possibilidade de o filho não comer. Os pais aceitam que não coma?

Se os pais ficam angustiados porque o filho não come, não devem perguntar, têm mais é que informar a necessidade de comer. Não precisa ficar bravo nem triste nem fazer agrados, carinhas e beiços. Perguntou? Tem de aguentar as respostas. "Você quer brincar?" É diferente de "Vá brincar lá fora!". Querer algo sem arcar com responsabilidades consequentes não é sustentável. Nenhum cidadão pode curtir sua liberdade se não puder assumir as consequências dos seus atos.

> Responsabilidade não é uma brincadeira opcional, é uma questão ética.

A pergunta "Você não quer dormir?", abre para a criança a opção para não dormir. Então para que perguntar: Você não quer estudar agora? É com carinho, mas com firmeza, que os pais têm que dizer que está na hora de se preparar para dormir ou de estudar. A criança no fundo espera essa firmeza do educador porque ela mesma está em conflito se vai dormir ou se quer continuar brincando.

Uma boa prática para diferenciar desejo de necessidade é perguntar para o filho: Se não fizer agora, vai ter que fazer depois? "Se sim", é necessidade. Então não se pergunta: "Você quer fazer?" e sim: "Você quer fazer agora ou depois de... ?" (comer, brincar, ver TV, etc.). Assim que terminar a atividade, simplesmente lembrar que "o filho deve fazer o que prometeu". Não cabem mais negociações. A decisão já foi tomada. Cumprir a palavra faz parte da formação da personalidade.

Se os pais levam tudo para a negociação, perdem a autoridade inerente à Educação Sustentável. Nesta, a primeira a ser mantida é a promessa feita. Se adormecer, tem de ser despertado. Responsabilidade não é uma brincadeira opcional, é uma questão ética. "Já que ele dormiu, ele fará amanhã!" não pode acontecer. Ele tem de despertar e fazer. Na próxima vez, fará com mais facilidade. Insustentável é a educação em que se confunde negociação com obrigação. As duas situações existem, cada uma tem seu valor, uma não vale mais que a outra, mas é questão de uso adequado ou não.

Para as necessidades há de se estabelecer prazos para execução. Não existe na humanidade nenhuma necessidade que não tenha prazo de execução. Se não tem prazo, não é necessidade. Mães costumam não colocar prazos para as tarefas escolares obrigatórias. Filhos procrastinam. Na véspera da prova, o filho precisa de ajuda. Pais dão ajuda. Esta ajuda valida a proscrastinação que invalida o prazo de execução. Resultado: filho desorganizado e pais afobados na última hora (do filho).

É SÁBIO APRENDER A PEDIR

É claro que os filhos terão maiores dificuldades de realizar suas necessidades do que satisfazer suas vontades. Muito bom é o filho tentar realizar sozinho o que precisar, e só receber ajuda quando pedir, para aprender também a pedir. Pedir quando se precisa não é vergonhoso, pelo contrário, é o caminho da sabedoria, pois assim se aprende.

O cuidado que os pais têm de tomar é para que o filho não se torne um pedinte. Acontece quando o filho recebe muito mais do que pediu. Pois é mais fácil pedir que fazer. Quanto mais deixar de fazer, tanto mais vai ter de pedir. No começo, o filho sente-se cômodo em pedir. Quando acostuma a receber, evita fazer para se poupar, para não ter trabalho e depois já não consegue fazer mais.

É o princípio da esmola. O pedinte não pode melhorar de vida, pois ninguém dá esmola para quem não precisa dela. O filho passa então a depender da "esmola" e fica com raiva quando não a recebe.

O que os pais podem aprender é pedir ao filho que os ajude, seja no que for. Quanto mais o filho conseguir ajudar, mais vai aumentar a sua autoestima por sentir-se útil e produtivo. Assim também um filho começa a construir valores dentro de si, o que aumenta consequentemente a sua capacidade relacional. Os pais não devem nunca deixar de agradecer ao filho quando ele atender a um pedido deles.

Não é interessante que filhos não saibam fazer o que eles precisam fazer, mas esbanjem sabedoria no que lhes interessa? Não aprenderam a lidar com as necessidades porque sempre fizeram o que desejaram... tornaram-se egoístas.

Uma das melhores indicações que tenho feito para recuperar esses gênios egoístas perdidos é que participem de um time competitivo, seja qual modalidade for. Não pode ser esporte individual. O filho tem de aprender a pertencer a um time, com estratégias de jogo, no qual cada um faz o seu melhor possível, sem perder o foco de que tem de ser bom para o time.

Um time forte fortalece seus jogadores que, por sua vez, fortalecem o time. Assim é que cada um tem que dar o máximo de si para o time ganhar. Ele marca pontos, mas a vitória é do time. O técnico é quem estabelece as correções das falhas e enxerga pontos frágeis do adversário e tem o time no seu foco e não a proteção ou rejeição de um jogador.

O bom jogador é aquele que escolhe quem está em melhor posição de ataque ou defesa para lhe passar a bola e não simplesmente passar a quem lhe pede. É preciso merecer. O time ganha o jogo por meritocracia, não por proteções, combinações escusas, chantagens ou sabotagens mútuas.

É interessante como quem aprende a pedir, também aprende a dar... Com pais sempre doadores, o filho não aprende a pedir, pois ganha sem pedir. Também não aprende a valorizar um pedido, pois nunca teve que atender aos próprios pais.

A ROUPA É UM CARTÃO DE VISITAS

As roupas que nós vestimos nos servem de proteção às intempéries, armadura contra as flechas e agressões ambientais, identidade tribal, cartão de visitas ao público em geral, identidade pessoal, mimetismo, segunda pele de ovelha, hábito do monge... É preciso que os filhos aprendam a usar suas roupas. Percebo muitas pessoas que não têm essa educação, principalmente jovens, até mesmo alguns adultos. Basta olhar ao seu redor e perceber muita gente vestindo-se mal, de maneira relaxada ou desleixada.

Quanto mais cedo precisarem lutar pela sobrevivência, mais cedo os jovens aprendem a se vestir adequadamente. Quem não tem como sobreviver, tem que vestir-se como pode e não como quer. Vestiu-se inadequadamente? Perde emprego e aprende num instante a optar entre vestir-se como quer ou como precisa, mesmo que não seja obrigatório.

> # O que não deve é não usar o uniforme da escola, quando esta é uma das regras da escola.

Filhos mal educados podem ter roupas boas mas não se vestem adequadamente. Se uma cerimônia pede um traje é porque os organizadores devem ter seus motivos. Não tem por que ir de qualquer jeito. O vestir diz respeito à outra pessoa também. Se for para se exibir, mostrar-se diferente, alimentar vaidade pessoal, mostrar revolta, ou até mesmo com preguiça de se trocar, então que não vá à cerimônia. Os filhos têm de aprender que a ocasião determina o traje, apesar de ser o convidado que se veste.

O que não deve é não usar o uniforme da escola, quando esta é uma das regras da escola. Então que procurasse outra escola que não usasse uniforme. Pais que mudam seus filhos de escola, ou vão se queixar e questionar nas escolas o uso do uniforme estão tentando adaptar o mundo às incompetências dos filhos. Isto não é liberdade do filho, mas uma negligência educativa dos pais, contra a sustentabilidade.

Num mundo altamente competitivo, cada vez vale mais protagonizar-se o mais rápido possível, sem exagerar suas vantagens nem subestimar vantagens alheias. Num "blink" (piscar de olhos), nos ensina Malcolm Gladwell, percebemos pessoas, situações, objetos se nos servem ou não, se gostamos ou não, se aprovamos ou não.... e o olhar, ombros e colunas, e principalmente o que essa pessoa está vestindo é que nos chama as primeiras atenções, quase de maneira automática.

"Você não terá uma segunda chance de causar uma primeira boa impressão", diz Sidnei Oliveira no seu livro *Profissões do Futuro*.

Leva-se um bom tempo até eliminarmos completamente a má impressão que nos causou uma pessoa à nossa primeira vista.

ENSINAR O FILHO A ESPERAR

Impaciência é o anticlímax da felicidade própria e a dos outros. Os pais precisam ter muita paciência para educar a impaciência do filho, pois ela pode contagiar os pais e tudo virar uma briga só.

A falta de educação facilita a impaciência, que gera falta de tolerância à espera, que provoca a irritação, que leva à agressividade, que, num instante, explode em violência. Quanto mais explode, mais rápido se torna esse percurso, a ponto de bastar acender a impaciência pra explodir a violência.

Uma criança que não aprenda a esperar pode se tornar um adulto perigoso, basta que se sinta com poder. Costumo dizer: "Dê poder a um ignorante e ele mostrará ignorância no poder". Basta ter um carro na mão, e a falta de educação aparece. Estacionar em locais proibidos, atravessar faróis fechados, andar na contramão, andar no acostamento, ofender distraídos. Estes são apressados crônicos, mesmo sem pressa.

Por meio da birra, a criança quer que, naquela hora e naquele minuto, a mãe ou o pai se submeta aos seus desejos. As pessoas aprendem a ser intolerantes quando conseguem ganhos imediatos, mesmo que corram riscos.

A birra é cruel e perversa. Para o público que está assistindo, a criança birrenta é vista como vítima e os pais, que são as verdadeiras vítimas, como algozes. Os pais também sentem-se mal e envergonhados quando, de repente, são surpreendidos por uma birra. Os pais não estão surpresos, até esperam a birra, mas não sabem o que fazer na hora em que ocorre.

Quem dá sustentabilidade à birra são os pais que se subordinam por não saber como preveni-la. A birra como método de superar dificuldades, de impor à alguém sua vontade, não tem sustentabilidade social nem profissional. Não é fazendo birra que um aluno é classificado num vestibular, ou que um funcionário ganha aumento de salário, promoção de cargo, prêmios de produtividade, etc.

80   Educação Familiar

Para desmontar uma birra é só:

- não olhar para o birrento, pois este acha que se o adulto está olhando, está lhe dando atenção;
- sair do campo visual do birrento e da presença física, pois esses elementos autorizam a continuidade da birra;
- as vítimas adultas saírem depressinha do local da birra, se possível, correndo; pois uma mãe correndo, esbaforida, sempre assusta a criança que, por perder o controle da situação, sai correndo atrás da mãe.

Mas o verdadeiro trabalho com a criança é ensinar em casa as consequências da birra, como, por exemplo: se fizer birra, além de não ganhar o que quer, vai perder em casa um brinquedo de que gosta. Esse brinquedo é escolhido antes de sair. O nome desse brinquedo será dito na hora que fizer birra, para que se lembre que, se continuar com a birra, perderá o tal brinquedo. Todo o processo deve ocorrer sem gritos, sem estresse, com muita tranquilidade e educação, pois é exatamente o que está faltando para o birrento.

IMPORTÂNCIA DA PRIORIZAÇÃO

Quem não prioriza não tem foco. Pessoas sem foco ficam como um barco a vela ao sabor do vento, sem um ponto a chegar. Para quem não sabe aonde ir, qualquer direção serve, mas nenhuma presta... Pais que não priorizam a educação dos filhos vivem correndo atrás dos prejuízos, pois a maioria destes é causada por desorganização, e não cumprimento das pequenas tarefas do cotidiano.

Há priorizações obrigatórias, rítmicas ou ritualísticas que na realidade são mais ações sequenciais. Como tomar banho: pegar toalha e roupa limpa, entrar no banheiro, acender a luz, despir-se, abrir o chuveiro, banhar-se, fechar o chuveiro, enxugar-se, vestir-se, apagar a luz e sair. Há adultos que até hoje gritam, já debaixo do chuveiro, pelo xampu após o banho por uma toalha; outros pedem até roupa ou saem molhados e jogam a toalha molhada na cama do casal. Apagar a luz? Nem pensar.

Por que o adulto mantém essa bagunça? Porque sempre tinha a mãe ou alguém que o socorria. Quando se casa, espera que a esposa substitua a antiga "mãe serviçal". Tais mães costumam dizer às noras como agradar seus filhos e vivem reclamando para os filhos que as noras são incompetentes. Algumas mães até conseguem a separação dos filhos dessas "más esposas"... Essas mães querem que o mundo se adapte às imaturidades e/ou inadequações dos filhos.

As priorizações são mais conscientes e planejadas, podem ser ensinadas às crianças quando preparam a mochila escolar para levar o que é necessário: cadernos, livros, lanche, estojo, material específico pedido pelo professor, prova, chamada oral, etc. É um bom exercício que o aluno é que tem de fazer, e não a mãe ou à babá. Até hoje há pessoas que perdem o exame vestibular porque "perderam" o horário... Se o filho esqueceu um livro em casa, não é para ninguém sair correndo para entregar o livro a tempo ao professor. Ele tem de arcar com a responsabilidade das suas obrigações.

Vejo mães em portas de escola carregando as mochilas para seus filhos. Algo está errado. É material demais exigido pela escola, ou o aluno carrega o que não é prioritário, ou ainda a mãe é a escrava sufocada por um filho folgado e mal-educado. Vai dormir na casa de um amigo? O filho tem de preparar o que for necessário para o tempo que ficar lá. A mãe pode ajudar, mas nunca preparar o material para o filho.

Familiares, sejam pais ou filhos, que não estabelecem priorizações, tumultuam, portanto prejudicam a qualidade de vida, própria e a dos que estão em volta.

DESVIO DE VERBAS COMEÇA EM CASA

Quando um filho pede dinheiro para comprar lanche, a mãe, ou substituta, lhe dá. Se filho voltar da escola com figurinhas, é preciso que ela identifique a origem dessas figurinhas. Se comprou com o dinheiro do lanche, o filho desviou a verba e gastou com figurinhas, e isso não estava combinado. Se a mãe nada fizer, e deixar para lá, ela endossou o desvio de verba.

Por que o filho não pediu direto o dinheiro para figurinhas? Temia que a mãe não concordasse? Um desvio premeditado com intenção de enganar a mãe é um crime doloso. Seria culposo se, já com o dinheiro na mão, comprasse figurinhas de repente, ou sem ter planejado.

É forte demais um gesto desse ser considerado um crime? Sim, mas o objetivo é dizer aos pais que grandes crimes são resultados de outros crimes "sem tanta importância": os primeiros desvios. Na Educação Sustentável a atenção vai para a sustentabilidade da ação, isto é, se ela continuar, até onde chegará?

É nos primeiros sinais que os pais percebem que as medidas podem ser tomadas. Um dos exemplos bastante comuns, mais em meninos que meninas, é a encoprese, fazer cocô nas fraldas ou nas cuecas e não no vaso sanitário. A própria criança acostuma-se com o cheiro que outras pessoas estranham. É como o chulé. O dono dele não sente o fedor do pé, mas os outros fogem correndo...

A encoprese começa geralmente com prisão de ventre, que é provocada por alimentos não apropriados como os lanchinhos que já vêm prontos cheios de aromatizantes, colorantes, estabilizantes, emulsificantes, acidulantes, sais, vários extratos, etc. Bas-

> É nos primeiros sinais que os pais percebem que as medidas podem ser tomadas.

ta trocar por frutas. Fezes ressecadas dentro do intestino custam a sair e as mais recentes vazam, escapando pelos lados, sem o encoprético sentir.

É muito grave porque traumatiza a criança além de virar motivo de chacotas, preconceitos e *bullying*. Tem que usar fraldas na escola, em casa aprender a sentar no sanitário e esperar que o intestino recupere a motilidade.

Há outros tipos de desvios, com drogas, por exemplo. O primeiro desvio que um filho faz é defender o uso da maconha, seja pelo motivo que for. Se os pais aceitam, reforçam os argumentos dele: o filho sente que o desvio foi aceito e parte para experimentar a maconha. A maconha dentro do organismo faz um caminho químico próprio, alheio à vontade do usuário, provocando uma alteração mental. Um em cada cinco jovens que experimentam maconha fica viciado.

Um viciado em maconha já está despersonalizado por ela, porque perde a força de vontade, a capacidade de produzir, torna-se indolente, reduz sua qualidade de vida, para de estudar, não se fixa em empregos, etc. Se nada lhe é tão importante quanto fumar maconha, numa progressão rápida, chegará ao uso do crack, ponto final das drogas e de seus usuários.

Devido à banalização e expansão do uso da maconha no Brasil, resolvi dar informações mais detalhadas neste livro, no capítulo 5, *Maconha faz mal*.

"FILHO, NÃO CONTE PARA NINGUÉM..."

"... Então não deve ser coisa boa"; "Se é para não contar, por que conta para mim?" ou "Por que para mim? Reclama direto com o reclamado!" podem ser as reações do filho.

Não se levam situações não resolvidas para os filhos que não têm poder de decisão. Não se confidencia com um filho que o pai, ou a mãe, está mentindo, traindo, tendo aventuras, criando rolos financeiros, expondo intimidades conjugais, pois, além de não poder

Educação Familiar

falar com ninguém, não é da competência do filho cuidar dessa vítima, seja pai ou mãe.

O que pretendia o pai, ou a mãe, ao confidenciar a um filho e pedir segredo da confidência? Sugerir que é melhor que o cônjuge, que é má pessoa? Teme perder, ou pretende só defender o filho contra as maldades do outro? Está com ciúmes ou tem inveja do outro? Quer formar um time de confidenciadores anônimos dentro do "time" chamado família? É uma vingança?

Qual o mal em fazer confidência a um filho? Ganha-se algo? Vejo só desvantagens e insustentabilidades que podem estragar o relacionamento familiar, pois quebra-se dentro do filho um dos dois pilares representados pelos pais, de segurança, confiança e amor.

ALIENAÇÃO PARENTAL

Um dos piores comportamentos de um dos pais contra o outro é a Alienação Parental, quando um dos cônjuges quer destruir não somente o vínculo existente entre o filho e o alienado mas também destruir a pessoa alienada. Se os problemas conjugais já existiam antes da separação, quando o casal se separa, a alienação parental pode piorar tanto que a lei transformou-a em crime. É quando o alienante tudo faz para que o alienado seja prejudicado, mesmo que prejudique o próprio filho.

O alienante impossibilita o contato do filho com o alienado:

1   Evitando encontros presenciais, já acordados:

- ⊙   alienante cria atividade "importante" (filho foi viajar, dormir na casa de amigo, saiu com o tio, foi a um passeio com a escola, etc.);
- ⊙   esconde o filho em algum canto da casa e diz que não o encontra, que foi ao cinema com a avó;
- ⊙   tem sempre uma pessoa coringa ou atividade a ajudá-lo para que não se encontrem. (Atendi um pai que foi pegar o filho na casa da mãe para passarem parte das férias juntos, e o filho tinha

viajado para o estrangeiro para fazer um curso intensivo durante as suas férias, com autorização que a mãe alienante falsificou.

2   Evitando todo e qualquer contato.
3   Fazendo manipulações mentirosas em escolas e outras atividades regulares com apresentação de documentos atestando perigo de rapto ou sequestro do aluno e impedindo até visitas do alienado.
4   Mudando de casa sem deixar paradeiro.

Crianças não devem ser confidentes dos pais ou parceiros secretos, ou declarados, de um dos pais porque pertencem a times diferentes, nem usados como meio de comunicação, de arma, de testemunha, de juiz, de troca de interesses entre um e outro principalmente quando em litígios. Problemas conjugais devem ser resolvidos entre o casal sem envolver os filhos.

O ABRAÇO UNE A HUMANIDADE

Pelas características da espécie, os humanos são seres gregários, isto é, vivem em grupos. Nenhum deles é completo sozinho. Mesmo que hoje opte por viver sozinho e se orgulhar, dizendo que nunca dependeu de ninguém, a pessoa está sendo tolinha pois para ela nascer precisou de um relacionamento entre humanos masculino e feminino. Ninguém sobreviveu sozinho, mesmo se amamentado desde recém-nascido por lobas. De fato, como conta a lenda, Roma foi fundada por Rômulo que, com o irmão gêmeo Remo, foram amamentados por uma loba, até serem encontrados por pastores que os criaram.

Um recém-nascido sobrevive graças ao tipo de relacionamento afetivo que estabelece com sua mãe ou substituta dela. Esse relacionamento é único, especial, cheio de cuidados, afeto, carinhos físicos e colo. Vou resumir tudo o que a mãe faz de afetivo no relacionamento com o recém-nascido em uma única palavra: abraço.

Sem abraço, mesmo alimentado, o recém-nascido (RN) entra em depressão, não se desenvolve e morre antes de completar um ano. O abraço da mãe, ou substituta fixa, fornece ao RN nutrientes psico-afetivos para ambos, mãe e RN, fortalecendo os dois, que por sua vez enriquecem o relacionamento tornando-o único e exclusivo a ambos. Uma mãe competente desenvolve um abraço específico para cada um dos vários filhos que tem. Esse abraço vai dar origem ao primeiro clima relacional do RN, que precede o clima familiar, que por sua vez precede a nuvem regional e a atmosfera global.

Mães há que são muito mais de pegar no colo do que abraçar. Sim, há o colo sem abraço. É quando uma mãe põe o seu RN no colo, mas as mãos estão ocupadas em outras atividades, a alma está longe e o olhar vasculhando no quarto o que precisa ser arrumado. Este não é um abraço de ocitocina, mas de cuidado, apenas cuidado físico, material, geralmente de pessoas que dizem que amam crianças, mas vivem com o celular nas mãos, ou conversando com outras pessoas... RN que ganham colo no lugar do abraço ficam diferentes, desenvolvem-se menos e podem entrar em depressão.

Nada substitui o abraço, em qualquer idade. Mesmo o desajeitado abraço de dois militares de alta patente é muito significativo. Abraço é encostar o peito de um no peito do outro, reforçado pelo enlaçamento do corpo do outro pelos braços de um e vice-versa. O abraço é sempre mútuo, uma troca de sentimentos de tristeza e de alegria, de solidariedade, de um gesto sem palavras poder dizer tudo, de um chegar, de um partir, sem onde, sem quando, escandaloso, sutil, barulhento, silencioso, invasivo, respeitoso, sábio, humilde, sem latitude nem longitude, sem diferenças nem preconceitos.

É o encontro voluntário de dois corações livres e pulsantes o mais próximo que possam chegar, desarmados de tudo, entregues ali, cordiais e de peito aberto. Quando dois seres totalmente independentes entre si formam uma unidade: eis o abraço.

> Quando dois seres totalmente independentes entre si formam uma unidade: eis o abraço.

MUNDO VIRTUAL E OS BEBÊS

Atualmente um bebê com menos de um ano de idade já pede iPad dos pais para ficar sozinho e muito atento às imagens, movimentos, cores e sons da telinha que surgem ao seu toque, manifestando sorrisos, demonstrando prazer. Não gosta, se irrita, reclama, quando lhe tiram o iPad. Cada vez ele quer ficar mais tempo. O que fica cansado é o corpo dele que precisa ser movimentado, reposicionado onde e como estiver, mas ele não larga o iPad.

O iPad pode viciar o bebê, pois o prazer estimula o circuito da recompensa nos neurônios. Em poucas palavras: prazer estimula a ação que provoca prazer, que reinicia o circuito da recompensa, que se autoalimenta indefinidamente, até que alguma manifestação mais forte atinja e interrompa esse círculo vicioso autossustentável. O bebê ainda não tem a memória consciente de longo prazo, mas já funciona sua memória corporal, que envolve a visão, audição, paladar, tato e a sensopercepção.

Bebês ficam viciados em dormir no colo e não conseguem mais dormir em berços, ou ficam viciados em líquidos e recusam qualquer outro alimento que não seja líquido. Tudo o que um bebê faz e repete, torna-se um hábito. Será vício quando sua privação de colo ou de líquido lhe traz sofrimento e impede de dormir ou de aumentar o cardápio alimentar.

Quando o brinquedo virtual prejudica outros afazeres, como mamar, dormir, e surgem irritações, impaciências, agressividades à flor da pele, o bebê pode estar funcionando como viciado.

Os três maiores problemas do vício são:

1   Atrapalhar o seu desenvolvimento mental.

O cérebro está sendo ocupado por um único tipo de estímulo--atividade em detrimento de outros aprendizados necessários, no período em que os humanos mais aprendem na sua vida. É quando há uma fervilhante, intensa e dinâmica formação de sinapses, pontos de conexões entre os neurônios. Outras partes do cérebro não utilizadas perdem o seu tempo de aprendizagem. É nessa etapa que grandes talentos começaram a se desenvolver: Mozart, com quatro anos, fez o seu primeiro concerto de piano. Tiger Woods ganhou do seu pai o seu primeiro taco de golfe com sete meses de idade.

2   Deixar de desenvolver sua capacidade de se relacionar com outros humanos e isola-se num mundo virtual, onde não há calor humano, sentimentos e ações relacionais presenciais.

3   O que e quanto deixa de aprender no tempo gasto com o vício.

O prazer e satisfação do abraço bem dado e bem recebido e das brincadeiras lúdicas apropriadas para a idade nas quais também o corpo se diverte junto com outras pessoas concorrem bem contra o vício.

O virtual é apenas um recurso a mais para viver bem e não para substituir a vida nas suas áreas afetivas, no calor humano, nas emoções básicas e nos afetos mais elevados.

ADOLESCENTES E INTERNET

Existe uma sequência esperada na adolescência ao sair de casa e encontrar sua nova e própria posição social. Não existe despedida da casa, pois ela continua sendo a base na qual eles se apoiam para poder lançar-se no social.

Acompanhe atentamente vários aspectos que correlaciono entre A (adolescente) e I (internet):

Relacionamentos horizontais: sem hierarquias

A busca do A é pertencer a uma turma de adolescentes com quem se identifica, muitas vezes de costumes muito diferentes dos do clima familiar. É um novo tipo de socialização, de que A participa em igualdade de condições, relacionamentos horizontais (de parcerias em que toma parte ativa nas ações grupais) e não tanto verticais (como na família, onde "os pais ficam controlando tudo"). É como na internet (I) em que não há hierarquias, antessalas, salas de espera, e fala-se direto com o chefe ou com o frentista, quando interessa. Num click pode levantar-se e sair sem se despedir, aliás, simplesmente faz o mundo rodar na sua frente e interrompe o mundo onde quiser descer; vai entrando sem bater, pois não há portas para se bater, e sim portais abertos, convidando todos os transeuntes virtuais que passem pela frente a entrar.

Segurança é o antivírus

O A não quer se incomodar com segurança, e faz do risco uma aventura de adrenalina. Uma das ações dos pais que faz o A sentir-se criança é quando se fala em segurança, proteção, prudência, prevenção, não se expor a riscos, cuidado, muito cuidado, "é melhor não ir" (segundo os pais). Para A, a segurança são os seus pais que o sustentam, provêm, cuidam, alimentam, etc. Para A, a I é sempre segura, porque ele (A) acha que sabe qual é o bom ou mau conteúdo. Sua única preocupação é o vírus que pode acabar com qualquer tipo de "programa". Basta ter um bom, ou vários bons antivírus e a segurança está feita. É interessante notar que a mente do A funciona misturando o concreto (segurança da poltrona dentro de casa, do teclado do qual A é o único personagem real) sob seu comando, com o virtual, quando vive os personagens virtuais como reais; mesmo sabendo que não são reais, suas emoções e afetos vibram, comemoram, decepcionam, deprimem realmente. É muito grande a vulnerabilidade do A perante o virtual, a ponto de ficar viciado.

> ## É grande a vulnerabilidade do A perante o mundo virtual.

Quer ser reconhecido a qualquer custo

Uma vez enturmado, A quer se sobressair para ser reconhecido. É o reconhecimento dos outros que confirma a sua própria identidade. Geralmente A busca um ato heroico, de grande risco, o mais ousado, o desafio maior, mesmo que seja absurdo. Quanto mais for acessado pelos outros, maior é o seu sucesso. Daí surgem os exageros para realmente "chamar acessos" na I, que funcionam como uma vitrine, onde o mundo passa à sua frente; mas é exatamente o contrário, é o A que sai correndo pelas ruas da I com aquela imagem para chamar atenção... Mesmo que tenha poucos amigos presenciais, o que satisfaz muito o A são as suas conexões virtuais que preenchem o seu tempo real. Às vezes os encontros de A são um tanto insatisfatórios mas volta correndo à tela para ficar o tempo todo em qualquer tempo nos relacionamentos virtuais. Daí os enormes sucessos dos sites de relacionamentos da I para esta idade. Nenhuma mente saudável teria condições de conviver presencialmente tantos relacionamentos virtuais que um A tem.

Onipotência juvenil

A vive uma crise de poder, do "ninguém manda em mim" ou "sou dono do meu nariz". Sente que pode e consegue fazer tudo, mas acha que são os seus pais que o frustram, tanto que quer sair de casa, caminhar com seus próprios pés, e fazer tudo o que tiver vontade: é o Onipotente Juvenil. Não é raro querer fugir de casa, sem ter lugar para ir. Na I, o A é esse Deus Juvenil, que muda a sua forma, sua aparência física, seu nível socioeconômico; ninguém manda o A acessar, é ele que o faz quando, como, quanto, de acordo com a sua vontade – em se tratando de A não viciado. Quem manda no viciado é o vício, seja qual for. Se o A não consegue desligar, e pede para ficar mais um pouquinho madrugada a dentro e perde a hora de acordar para os seus compromissos, então o seu poder de desligar quando quiser acabou e só para quando não consegue mais prosseguir.

Apaixonante e viciável

Um amor e uma cabana é tudo o que A quer, e na I encontra um jogo "superirado" e passa noites em claro, numa verdadeira paixão virtual. Não come, não dorme, não vê o tempo passar. O desafio é infinito e está sempre lá, a qualquer hora e em hora qualquer. No começo é o poder do A sobre o jogo, sobre os outros jogadores e a cada ponto a mais no ranking mundial é mais um nó que o prende ao vício. A Paixão e o Vício são altamente consumidoras, com futuros diferentes: o amor é sustentável e o vício é predador. O amor constrói, faz bem para saúde, multiplica, eterniza. O vício consome a alma do viciado, tira sua vida e joga-o nos becos escuros. O vício sobrevive ao viciado porque é procurado por novos fãs, futuros viciados. O vicío não procura suas vítimas: ele é procurado por elas.

MÍDIA SOCIAL: FACEBOOK

Um destaque especial para uma das mídias sociais, o Facebook, que surgiu em 2004 e em dez anos já conta com mais de um bilhão de usuários no mundo. O Facebook funciona o tempo todo sem parar. Pode-se entrar, permanecer o tempo que se quiser e sair quando se quiser. Sempre haverá retorno imediato. Portanto, nele perde-se a noção do tempo, podendo ser viciante por ser muito prazeroso e gratificante. A internet popularizou-se em 1990 e em 2010 contavam-se 2,08 bilhões de usuários. O telefone celular começou em 1990 e em 2010 eram 5,28 bilhões de assinantes. Em 30 anos, o mundo virou de ponta-cabeça. Hoje não é raro encontrar adolescentes e adultos que ocupam 50 horas semanais com teclados, "touch screen" e telinhas... além dos estudos e da profissão.

Um dos motivos de tamanho sucesso do telefone celular, do Facebook e similares é porque eles saciam uma necessidade instintiva dos humanos de se relacionarem, provando o quanto somos gregários. A sobrevivência dos humanos através do tempo se fez a partir dos grupos e não individualmente. Garantida a sua sobrevivência no grupo, surge a vontade de ser o melhor para poder escolher e/ou conquistar o indivíduo complementar. Existe também prazer na realização dessa busca porque cumpre o instinto de perpetuação da espécie. Há também outros interesses e satisfações relacionais.

Nas últimas décadas, a vida social ficou muito corrida, atropelada pelas premências profissionais, necessidades e ambições financeiras, numa concorrência muito séria. Sobrava pouco tempo, disposição e disponibilidade para a manutenção dos relacionamentos que se tornaram muito curtos e espaçados. Ninguém tinha mais tempo para lazer, jogar papo fora, curtir os relacionamentos.

Foi nesse estresse de falta de tempo que a intercomunicação entre as pessoas ganhou um *upgrade* violento através da internet, celular, Facebook e similares. Qualquer pessoa confortavelmente integrada na sua melhor poltrona no canto preferido da casa vê o mundo desfilar na sua tela. Basta clicar um "procurar" e localiza um amigo que não vê há 20 anos, morando hoje no Tibete, em outro canto do mundo. Cada um monta a sua lista de amigos com quem se contata quase diariamente, troca fotos, troca notícias, informações e fofocas, "inbox" isolado dos outros, ou aberto a todos, posta fotos, avisos, etc. A pessoa inconveniente pode ser deletada e deixa de pertencer à lista.

Alguns deles marcam encontros presenciais, alimentando o virtual com abraços reais para uns, enquanto outros alimentam o real com o virtual.

Hoje não é raro encontrar famílias com crianças entretidas nos videogames enquanto seus pais se ocupam simultaneamente no Facebook.

MULHER EMANCIPADA E "MÃE BOAZINHA"

A mulher machista levou o século passado inteiro para trocar o seu "chip" para mulher emancipada – isto é, libertada tanto do seu próprio machismo quanto do machismo masculino – passa a viver ancorada em seus potenciais. Foi uma conquista e tanto sobre esse machismo que ainda encontra focos de resistência e luta por manter-se como sempre foi. A saber, desde que o mundo viu a criação do ser humano, o homem, fisicamente mais forte que a mulher, impôs com tacape e martelo o seu modo de ser e construiu uma civilização machista.

Muito lenta e timidamente, o conhecimento começou a concorrer com tais armas e ferramentas. Foi a partir do século passado que o conhecimento enfrentou a força bruta e os computadores escaparam do emprego das ferramentas machistas. Não se consertam computadores com martelos. De fato, hoje, as mulheres com chip novo mostram-se tão preparadas quanto os homens no mundo do conhecimento. E, dessa forma, já começaram a agitar o mercado masculino de trabalho.

A internet, o celular, o Facebook e criações similares são instrumentos úteis tanto à mulher quanto ao homem principalmente no ambiente de trabalho. Entretanto, para qualquer casal que comece a viver junto, parece-lhe natural que a mulher vá para a cozinha preparar alguma coisa para comer e o homem, para a sala, porque sempre tem suas coisas para fazer ou para simplesmente ficar sem fazer nada. Sim, os homens têm capacidade de ficar sem fazer nada em casa, tarefa impossível para a mulher machista. Se fora de casa o casal divide tudo, por que dentro do lar ele não vai à cozinha e ela não divide o "fazer nada" com ele?

Na verdade, nem é o homem que pede à mulher para ir para a cozinha. Ela vai sozinha, como se fosse por instinto. E não é só isso.

Ela faz as compras para a casa, mesmo que não saiba se compra bananas por peso, por unidade, por dúzia, por montinho, por penca... o que num instante aprende.

As tarefas da casa, a educação dos filhos, recolher as toalhas molhadas largadas pelos homens na cama, etc. – parece ao casal que é função de mulher. Mas qual mulher? Certamente a antiga, a mulher machista. O reino do homem é fora da casa, pois dentro de casa quem manda é ela, como fazia sua mãe quando ela era criança, a sua avó, a mãe da sua avó, etc. Assim, a mulher assume que é a rainha-serviçal do lar. Tem um reino que lhe pertence por herança educacional machista. O chip antigo resiste, sem revisão, nem atualização e convive com o chip emancipado. E um conflito automático se estabelece: culpa do chip emancipado se não trabalhar fora, ou do chip machista por ficar longe dos filhos. Sobre essas culpas falaremos nas próximas páginas.

O homem em casa também segue o instinto dos seus pais, chip machista, sem pensar que fora de casa ele já está trabalhando com mulher não machista. Porém, o casal aceita o machismo em casa. Parece instinto, mas não é. O que foi comum na infância vira hábito no adulto. Assim se perpetua o machismo e o mito da "mãe boazinha". (Mais à frente retomaremos este tema do "Mito da mãe boazinha".)

> Hoje, as mulheres com chip novo mostram-se tão preparadas quanto os homens no mundo do conhecimento.

MÃE NÃO É TÃO CULPADA

Só é culpado quem reconhece o erro. Ou melhor, a culpa vem ao repetir-se o erro. Pela lei, um erro é culposo quando não se tem a intenção de errar. Quando se repete o mesmo erro, ele já passa a ter caráter doloso e merece punição. Entretanto, para a Educação Sustentável, quem erra tem mais é que aprender a corrigir o seu erro do que ser punido.

Um aluno vai mal de notas em seu rendimento escolar. Sua mãe, que trabalha fora o dia todo, sentindo-se culpada, pode pensar: "Se eu estivesse mais tempo em casa, teria cobrado mais estudos do meu filho." Ou: "Eu devia ter estudado com ele, coitado, é tão distraído." Ou ainda: "Se eu fosse estudada, poderia ajudar mais o meu filho."

Cada mãe sabe a culpa, uma, ou várias, que carrega. Outra vive numa autoacusação que não tem fim. De todas as maneiras, ela se sente responsável pelo filho não estudar. Tal como quando um filho se machuca e a mãe pensa que, se estivesse junto naquela hora, ele não teria se machucado.

O filho, que não é nada bobo, logo usa essa culpa da mãe para encobrir a sua preguiça. Espertinho, prontamente acusa a mãe, alegando sentir sua falta em casa. Deslealdade pura, pois o que ele gosta mesmo é de ficar livre para usar a internet. O que importa é que o filho encontrou uma justificativa para não estudar. Um dos pilares da Educação Sustentável é: quem justifica não faz. Assim, o filho tem mais é que estudar e não justificar por que não estuda.

Essas culpas da mãe não são adequadas. São todas resultantes do conflito entre o chip emancipado que a autoriza a trabalhar fora, longe dos filhos, em contraposição ao chip machista que cobra dela a dedicação integral em casa.

Quem diz que a responsabilidade é só da mãe? O filho não tem pai? Onde está a participação do pai? É o provedor da casa? Mas a mãe emancipada também passou a ser provedora. Então por que o pai não desenvolve a sua paternagem? Ocorre que o pai não se emancipou do seu machismo. Somado ao machismo da mulher, resulta numa educação que leva o próprio pai a pensar que é a mãe que está falhando; afinal, ele também pensa que a educação é área de competência exclusiva da mulher e não dele também.

Pelo princípio da Cidadania Familiar cada integrante tem suas obrigações a cumprir e a do filho é estudar. Não há justificativas para não estudar. Não existe negociação. Oxigênio é para o corpo e conhecimento é para a vida. Só se aprende a estudar estudando. Não há outros meios. Assim, justificativas não substituem os estudos. Quem estuda não precisa de justificativas.

Atendi uma mãe que, ao se queixar de seu filho, um "menino" de 30 anos de idade, alegava que ele é um folgado, pois quer tudo na mão, reclama de tudo, vive insatisfeito, não cumpre os deveres. Reclamando dessa forma, aproxima-se de mim e fala mais baixo, como se cochichasse um segredo: "ele foi operado de apendicite quando criança e o cirurgião orientou que cuidasse muito bem dele". Essa cirurgia, de que o menino de 30 anos nem se lembra, foi a justificativa para prendê-lo a um mimo que o aleijou da vida saudável tornando-o um meninão dependente e malcriado.

CULPA DE MÃE POR TRABALHAR FORA

É por causa dos filhos que a mãe sente culpa em trabalhar fora de casa, como se a vida dela tivesse de ser totalmente dedicada aos filhos. Mas essa dedicação total não deve existir, pois é preciso um amor materno saudável e não o "amor excessivo" para que o recém--nascido cresça sustentavelmente, tendo o seu próprio tempo para se tornar um indivíduo e não um ser grudado na mãe. Nesse sentido, é comum, por exemplo, a mãe viciar o filho em maus hábitos no período que ela não está trabalhando fora. Leia mais sobre esse tema no capítulo Sabedoria de Mãe, item *Viciando o RN a dormir no colo*.

Mas culpa parece ser mesmo a especialidade da mãe. Porque se ela fica em casa, também se sente culpada quando falta algo para o filho. Acusa o chip emancipado: "Se você estivesse trabalhando, o filho teria o que ele quer." Quanto mais onipotente for a mãe, mais culpa sente por tudo, por todos e por onde possa estender o seu poder de deusa – a quem tudo é possível, aquela que tudo vê, que tudo faz e que NÃO PODE FALHAR EM NADA!

Minha recomendação é sempre manter a calma quando esse sentimento de culpa aflorar. Para isso, sugiro as dicas a seguir: O erro precisa ser corrigido. O erro é o filho não estudar. Então, o filho tem de estudar. Quem estuda vai bem. Não tem como ser aprovado sem estudar. Portanto, estudar é uma obrigação. Vai ter de estudar todos os dias. Fazer um resumo do que estudou e deixar pronto para a mãe conferir quando chegar. Se não fizer, vai ter de ser acordado para fazer, pois é só fazendo que se aprende.

Quando for esse o caso, acorde o filho com calma e informe-o que só poderá dormir quando entregar o resumo. Ele vai reclamar algumas vezes. Sorria desconsolada, mas quanto mais ele fizer, mais fácil será conseguir fazer e então passará a obter notas melhores. Um dia ele fará suas lições por si mesmo, porque fazendo aprendeu a ter responsabilidade, mãe trabalhando fora ou não. Na realidade, a mãe não precisa se desgastar com gritos, irritações, surras, proibições, privações de televisão, nem necessita parar de trabalhar porque um filho não estuda.

A calma da mãe é necessária para se conseguir um bom resultado com o filho, pois o nervosismo da mãe o contagia, deixando-o inseguro. Inseguro como ficaria um passageiro num carro cujo motorista fica nervoso, afobado, gritão, cobrando atitude do passageiro que nem sabe dirigir. Ninguém aceita um guru que age dessa maneira, um médico que puxa os próprios cabelos diante do seu paciente, muito menos uma mãe que se põe desesperada quando o que o filho mais precisa é uma orientação tranquila, firme e segura.

Existe outro entendimento sobre a culpa das *workmothers*. A perpetuação da espécie faz parte dos instintos, mais da mulher do que do homem por causa da presença maior das ações hormonais da ocitocina, progesterona e estrogênio e de órgãos internos como o útero e os seios. Ter filhos realiza e justifica então a sua existência como mulher capaz de gestar, parir e amamentar um filho, que é eleito como o amor de sua vida, a razão do seu viver.

Não bastasse a força da espécie humana que extrapola as condições individuais, existe a pressão cultural que cobra da mulher a sua maternidade. Realmente não é fácil para ela trabalhar fora de casa sem culpa, pois sente, pensa e age como se ela mesma estivesse tirando a sua pessoa da convivência com o seu tão amado filhinho. Se fosse o vizinho que a afastasse do seu filho, provavelmente a mãe exterminaria o vizinho num instante. No entanto não pode aniquilar fisicamente ela mesma, porém sua culpa se encarrega disso.

> A mãe não precisa se desgastar com gritos, irritações, surras, proibições, privações de televisão, nem necessita parar de trabalhar.

CULPA DE MÃE POR NÃO TRABALHAR FORA

Faz parte dos sentimentos da mãe o cuidar do recém-nascido até ele se tornar independente, de uma forma tão intensa que parece até uma força instintiva da reprodução e manutenção da espécie. Quanto mais dependente for o filho, maior é a sua necessidade de prover e proteger, a ponto de a vida do filho tornar-se mais importante que a sua própria. Essa força (energia + amor) vem à tona quando a vida do filho corre perigo. Mesmo morta de sono ("minha mãe não dorme enquanto eu não chegar", dizia Adoniran Barbosa, na sua imortal canção Trem das Onze). Não há quem não conheça histórias em que ao perder o marido e pai de seus filhos, a mãe assume, incansável, o comando da casa até que todos estejam bem.

Com a recente emancipação da mulher, ela estudou tanto ou até mais que os homens, começou a trabalhar fora e criou um dilema para a mulher que ficou em casa. Atualmente, a mulher se sente culpada por não trabalhar fora, por não estar contribuindo com as finanças para melhorar a vida dos filhos. A mulher percebe que a vida financeira familiar está cada vez mais difícil e acha um desperdício permanecer em casa, ao mesmo tempo em que não consegue largar os filhos para trabalhar. E da sensação do desperdício a achar-se culpada é um passo.

Sente-se como a mulher que tendo o organismo preparado para ter filhos não os tem e passa a se sentir irrealizada, desenvolvendo um sentimento de culpa. Todo esse sentimento acaba por martirizar a vida da mulher, fazendo inclusive que algumas delas sintam-se mal por estarem tão bem, "quando há tanto sofrimento no mundo".

Acredito que um dos grandes responsáveis por tanta culpa da mulher é o hormônio ocitocina, também chamado de hormônio do amor. A ocitocina ajuda no parto e na amamentação. É quando a mulher suporta qualquer dor e consegue sorrir, com se tivesse dois coraçõezinhos vermelhos pulsando nas suas pupilas quando olha pela primeira vez o seu filho recém-nascido, sentimento que se repete cada vez que ela o amamenta. A ocitocina produz um amor responsável pelo filho amado que aprisiona a mulher para o resto da vida, independentemente do que vier a acontecer, de bom ou mal, com ele. Creio que este tenha sido o amor que não deixou a espécie humana se extinguir nas mais violentas e furiosas crises por que a humanidade já passou.

Em suma, essa responsabilidade e culpa não dá paz à mulher que está em busca de uma solução para seu dilema de conseguir trabalhar fora sem prejudicar os filhos. Sobre este tema, leia também o item *Em busca de solução da culpa da mulher*, na p. 114.

HOMEM EMANCIPADO DO MACHISMO

Os homens estão no início da sua emancipação do machismo e a caminho do masculinismo. Uso esta palavra com a conotação de "despojado do machismo", e machismo entendido como o abuso que o gênero masculino pratica sobre os mais fracos em geral, sejam eles: homens, mulheres, inimigos, adversários, concorrentes, desconhecidos, velhos, crianças, etc.

Não que precisemos destruir a civilização que o machismo construiu. O que pode ser feito, e já começamos a fazer, é acrescentar o conhecimento e relacionamentos humanos mais saudáveis para termos um sistema de vida mais sustentável. Estamos aprendendo agora a preservar este planeta que até hoje continua alvo de predações. Precisamos nos acostumar com a importância da reciclagem de materiais, por exemplo, se quisermos diminuir o impacto de nossas ações sobre o mundo que nos cerca, cujo equilíbrio, embora não pareça, é tão frágil.

A menor instituição do mundo com poderes de ajudar o desenvolvimento humano desde que o indivíduo nasce ainda é a família, uma organização cultural e afetiva comum a todos os povos que habitam a Terra. Assim, todos os recursos passíveis de serem postos à disposição dessas famílias têm de ser utilizados, sempre, por todos e de todas as formas.

Passemos agora do meu vislumbre onírico sobre o futuro da civilização para a singular realidade do que podemos realizar, porque está ao alcance de todos: masculino, o homem sustentável. Masculino é o homem que consegue emancipar-se do seu próprio machismo. Não significa abrir mão de sua autoridade educadora sustentável. Pois sendo pai ou mãe, existe a responsabilidade legal e ética relacional de cuidar dos filhos enquanto ainda forem incapazes de pensar e agir adequadamente.

Para a autoridade educativa sustentável, o pai, ou a mãe não precisa se alterar emocional e afetivamente, mas tem de constatar que o filho realmente entendeu o significado do aprender, do construir conhecimentos. Enquanto o filho não entende, a autoridade educativa tem de entrar em ação. Afinal, incapazes precisam ser ensinados, guiados, orientados, estimulados, cobrados. Liderança funciona entre os mais capazes que buscam melhorar por si mesmos, que procuram referências e estímulos para suas motivações. Já as pessoas submissas, incapazes e serviçais necessitam de tarefas e requerem cobranças.

Se a parte forte do relacionamento familiar é a figura do pai machista, ou masculinista, este acaba impondo, ou liderando, seu modo de ser e ter. Portanto, a mudança de família será mais facilmente conseguida se os pais iniciarem as mudanças evolutivas em si mesmos, isto porque, pelo exemplo, os dependentes acabam mudando. Não adianta pais simplesmente ser bonzinhos, precisam ser mais educadores.

O pai terá um pouco mais de trabalho para se emancipar do que a mulher, pois no fundo o sistema machista adota o funcionamento dele e, portanto, a sua mudança sustentável está na descoberta da sua nova capacidade de paternagem.

PAI NA EDUCAÇÃO SUSTENTÁVEL

Todo educador traz em si uma figura não de autoritarismo, mas de autoridade, que se revela firme e carinhosa: sem ser rígido e inflexível; que é seguro e tranquilo, sem recorrer a gritos nem violências; que está sempre disposto a ouvir e compor, sem ser impositivo e individualista; conhecedor da matéria e sempre com propensão a aprender. Como suas ações têm um raio de ação amplo e variado, vale a pena explorarmos um pouco mais as possibilidades que um educador-pai pode desenvolver:

⊙ ensinar o que o incapaz não sabe;

⊙ cobrar do filho que ele pratique o que aprendeu. Essa cobrança deve ser racional e não emocional, ou seja, não é necessário irritar-se, elevar a voz, ofender ou agredir, mas sim lembrá-lo de fazer o que já sabe. Não deve ensinar outra vez a mesma lição;

102 Educação Familiar

- ⊙ arcar com as consequências previamente combinadas, caso o filho não tenha feito o que aprendeu, mesmo tendo sido lembrado pelo pai ou mãe. O filho terá de fazer ali, na hora, o que deixou de ser feito. Não fez a lição de casa e estava no computador ou televisão? O pai ou mãe terá de interromper "a diversão do momento" para que ele faça a lição. Comer, sair, dormir ou qualquer outra atividade, somente depois de terminada a lição;
- ⊙ perda de privilégios, caso insista em não fazer as lições. As consequências serão maiores com a perda das "diversões maiores", como saídas com amigos, festas, cinemas, baladas, etc. para ficar em casa estudando, ou lendo um livro, com a obrigação de fazer um relatório sobre a atividade. Somente a retenção do aluno não ensina, o que ensina é a atividade a que for obrigado realizar. Nada impede que saiam juntos para o almoço familiar de fim de semana, mas deve voltar depois do almoço para a atividade imposta. É uma imposição racional, sem gritos nem descontrole. O filho não tem o direito de estragar o fim de semana da família. O que ele tem de aprender não é perder privilégios, mas sim que o conhecimento abre as portas dos privilégios. Não se constroem conhecimentos sem estudar. Portanto ele tem de aprender que estudar é a sua obrigação;
- ⊙ saber que notas não medem os estudos, pois ele encontra muitas maneiras de burlar a prova. Lembrar que 68% dos analfabetos funcionais foram aprovados nas provas do Ensino Fundamental, por oito anos e do Ensino Médio, por três anos. Se o filho tem inteligência para tirar dez em Matemática, sua obrigação é conseguir tirar dez nas provas. Tem de exigir o máximo de que a inteligência é capaz para se desenvolver. Enquanto não for solicitado a sair da sua zona de conforto, ele não está se desenvolvendo, portanto está ficando para trás em relação aos que estão aprendendo. Só a vantagem de ter nascido

inteligente não garante o sucesso. O que garante são os empenhos e estimulações constantes.

O pai machista manda o filho estudar e pronto. Usa paciência curta, voz grossa e mão pesada. Se o filho não estuda, está desobedecendo e então merece castigo. Mas o filho acaba impondo castigo maior aos pais ao construir uma resposta que se caracteriza por não estudar por rebeldia, ou pela surra que levou, ou até mesmo por largar a escola.

O pai masculino, ao contrário, quer que o filho deixe de ser incapaz por meio do aprendizado. Não somente na matéria escolar, mas também quer que o filho perceba que estudar vale a pena, pois o conhecimento construído será sempre um forte componente de qualquer instrumento de trabalho e de vida. O que interessa é o filho deixar de ser incapaz de responsabilizar-se pela sua própria lição. O que o filho precisa é desenvolver sua sustentabilidade, não importa se as notas estão boas. O certo é que o filho não precise estudar de última hora, mas que use os conhecimentos já construídos para as provas.

> Somente a retenção do aluno não ensina, o que ensina é a atividade que for obrigado a realizar.

PAI É PAI E AMIGO É AMIGO

É dentro da família que se constata o quanto o pai abriu mão do seu poder de chefe e ainda não encontrou o seu novo papel de pai educador sustentável. De fato, como provedor, já não é mais o único e passou a contar com a receita financeira da esposa, resultante do seu trabalho fora de casa. Já não são raras as situações nas quais as esposas têm rendimentos superiores aos dos maridos.

No trabalho fora de casa, os homens estão perdendo empregos numa escala inversamente proporcional ao ganho de vagas de empregos das mulheres. Diante dessa circunstância, os desempregados mais versáteis começaram a ajudar suas esposas, mães dos seus filhos, e já adquiriram certa prática de cuidar da casa e dos filhos, com ou sem a supervisão delas.

Vejamos uma brevíssima evolução do pai machista para o pai masculinista:

- O pai machista tinha muitos filhos, assim como os seus pais tiveram. Ficou menos machista quando passou a ter menos filhos que irmãos.
- Pais com menos de dois ou três filhos começaram a perder autoridade em casa e se transformar em auxiliar da mãe na educação dos filhos.
- Pais com um filho único ou dois filhos únicos (os que sempre são tratados com regalias de filho único) quiseram ser mais amigos que pais dos filhos.
- Pais atuais estão buscando um modelo de pai masculino.
- Todos os pais não abriram mão de serem provedores.

O que fica patente é a dificuldade que os pais masculinos sentem para se constituírem educadores sustentáveis dos seus próprios filhos. Por não querer perder o vínculo com eles, elevaram os filhos à categoria de amigos e não raro já se aclamam "sou o seu melhor-amigo", querendo dizer com isso que o amor de amigo é melhor que o amor de pai. O que eles não pensam é que amigo é ótimo, mas não é de amigo que o filho precisa para sua formação e educação, mas sim de um pai. Portanto, fica óbvia a confusão que se instala quando *o pai abre mão de ser pai e adota a condição de amigo.*

Em resumo, o que um filho precisa hoje é de um pai educador sustentável. Pois o pai não pode se contentar em ser o auxiliar da mãe. Ele tem de descobrir sua nova paternagem sustentável. O que não pode ocorrer é um filho ficar sem pai.

OS AVÓS FICARAM PARA VALER

Há muitos cinquentões e sessentões superconservados, malhados e sarados, viajando em grupos ou em casais, frequentando shows, bailes e academias, etc. Alegres, dispostos, curiosos, buliçosos, frequentando cursos, workshops, clubes e associações são ativos e independentes, dirigem seus carros, usam e abusam da internet, principalmente acessando sites de relacionamentos, portando celulares de última geração, são adeptos do iPad, etc. Enfim, curtem muito mais a vida agora do que há dez anos, inclusive com atividade sexual mais bem resolvida.

Interessam-se por tudo a sua volta que diga respeito à terceira idade. Conhecendo-os melhor, percebe-se que a maior alegria deles são os netos. De fato, já não é raro uma mãe trazer-me um filho que pede para a "vó" vir junto, ou avós que assistem minhas palestras para pais de crianças e adolescentes.

Por outro lado, os bisavós senis de hoje são dependentes e "bastante desgastados", cujos filhos se revezam nos cuidados com eles, acometidos que são por diversos problemas como a própria senilidade, doenças, viuvez, outras deficiências, pobreza, etc. Nessa condição, eles têm baixa autoestima e sentem-se como se estivessem atrapalhando os filhos, prejudicando os netos.

Os avós são atuantes, têm tempo, disposição e disponibilidade para ficar com os netos enquanto os pais trabalham, viajam ou simplesmente se divertem. As crianças preferem ficar com os avós pela liberdade que sentem e pela permissividade que eles proporcionam. Em suma, pela paciência e tolerância deles, ao contrário dos pais, que vivem correndo e largam os filhos com os avós.

Então, os pais não podem descuidar da Educação Sustentável, mesmo que tenham pouco tempo de convivência. Esses pais têm de

> É bom explicar aos filhos que os avós permitem mais porque são avós, mas os pais não podem permitir porque os filhos têm obrigações a cumprir.

incluir seus próprios pais como educadores: se os "velhos" erram, com certeza não é por querer. Eles podem não conhecer o que os pais desejam, mas têm muita prática de lidar com crianças. Essa geração de avós novos têm de 20 a 30 anos de vida pela frente. É muito tempo para ficar ocioso, com tanto ânimo disponível para o que der e vier. Portanto, esses avós estão muito abertos a aprender. E vale a pena que os pais levem livros educativos para eles atualizarem suas práticas educativas.

É certo também que nunca se viu avós tão namoradores. Há muitas avós bem conservadas no mercado relacional. São as viúvas que estão largando sua veste de luto e usando cores para sua vida. Elas namoram, mas não querem casar. Namoram quem tiver disposto a namorá-las: mais jovens, mesma faixa etária, mais velhos, porém ainda joviais. Viúvos bem apessoados estão em alta no mercado, primeiro porque são mais escassos que as viúvas e segundo porque é nessa idade que se colhem os frutos de uma boa qualidade de vida vivida. Porém, quem gastou a vida precocemente, chega a essa idade meio, ou bastante, desgastado. Nesse ponto as mulheres estão muito mais bem cuidadas.

Há pais reclamando que seus pais "estragam" os seus filhos. Quando não se consegue mudar o "jeito dos avós", é bom explicar aos filhos que os avós permitem mais porque são avós, mas os pais não podem permitir porque os filhos têm obrigações a cumprir. Conflitos entre pais e avós são desgastantes, improdutivos e prejudiciais às crianças que aprendem a manipular uns contra os outros conforme seus interesses.

Para tranquilidade, ou intranquilidade dos pais, alguns avós ficaram para valer e outros voltaram para ficar... Ainda bem, diriam os netos, que além da mãe, as figuras mais queridas da família são: a mãe da mãe e depois a irmã da mãe. Para os netinhos, avô e avó são velhos fofos que adoram cuidar dos filhos dos outros.

EDUCAÇÃO EM TEMPOS DE INTERNET

Algumas pessoas acham que a internet atrapalha a educação, tanto dos alunos quanto dos filhos. Há alguns anos uma diretora guardou a chave um computador que a escola pública havia recebido, pois ela não sabia mexer nele. Deve ter achado que ela era o limite máximo que a escola deveria ter como conhecimento, ou seja, "se eu não sei, ninguém mais pode saber" ou, pior ainda, "ninguém deve saber o que eu não sei".

A educação tem a finalidade de formar futuros cidadãos, e os educadores não podem dispensar nada do que existe hoje, porque os educandos têm de construir uma base sólida para se lançar ao futuro, que pode sempre nos surpreender. Se dispensamos os computadores estamos alijando os filhos do que já existe hoje em larga escala na construção, já desatualizada, da sua base para o futuro.

Esta era da internet mudou a educação. Antes dela, quem tinha conhecimentos possuía poder. Imperava absoluto o machismo e mandava quem tinha porrete e martelo. Atualmente, os conhecimentos estão ao alcance do povo pela internet, as armas e ferramentas materiais não corrigem programas de computador e o machismo se enfraquece nas cidades e nos locais aonde chega a internet. A educação hoje tem de se ocupar com as fontes de conhecimento que servem aos filhos.

Educação vem de berço

De qual educação estamos falando?... e de que berço? Falo da educação que está faltando às crianças, adolescentes e alguns adultos. Podem ser bonzinhos, amorosos, queridos, mas não têm educação social, relacional e muito menos Educação Sustentável.

O berço tem a ver com a constituição familiar. Era mais simples falar de berço em modelos de famílias tradicionais com pai, mãe e filhos. Hoje está mais complexo pois os desenhos familiares são muito variados. Os casais se separam, mas continuam como pai e mãe dos seus filhos. Os ex-cônjuges podem formar nova união estável, com quem podem também ter mais filhos. Os filhos entre si podem ser irmãos de pai e mãe, meio-irmão (quando é filho só de um deles), ou irmão-postiço (quando é filho do companheiro(a) estável no seu casamento anterior). Há pais que convivem em paz com todos os filhos, mesmo sendo ex-cônjuges entre si. Como há também pais que não podem nem se ver, pois os conflitos continuam mesmo depois de separados.

O berço de criança, a caminha onde o nenê dorme, simboliza o clima familiar que protege, provê e ama a criança. Esse berço muda de qualidade quando mudam os adultos educadores. Basta dizer que quando os ex-cônjuges estão com os filhos, a mulher costuma manter mais o "berço estilo família" do que o pai, que num instante passa a viver como se fosse solteiro, isto quando não volta a morar com os seus próprios pais reassumindo a condição de filho.

Faz parte do "berço", por exemplo, a família sentar-se à mesa para jantar. Isto a mãe costuma manter mesmo depois de separada. O pai separado nem prepara o jantar completo. Mesmo quando prepara, pode nem pôr a mesa, e vai comer na frente da televisão. E se relaxar um pouco mais é capaz de comer direto da panela. A criança com esse tipo de pai está sem berço.

> ## A educação hoje tem de se ocupar com as fontes de conhecimento que servem aos filhos.

Clima relacional mãe-filho

Assim que a parturiente recebe o seu filho recém-nascido (RN) estabelece-se o primeiro relacionamento da mãe-filho; para o RN é o primeiríssimo e para a mãe também, mesmo que ela já tenha tido outros filhos. Muitas mães de primeira viagem, e mesmo algumas de muitas viagens, de tanto amor, por senso de responsabilidade, por querer proteger, querer oferecer tudo o que for bom e afastar tudo o que possa prejudicar, acabam atrapalhando o desenvolvimento natural do RN. É muita maternagem para pouca necessidade do filho. Leia mais a esse respeito no item "Viciando o RN a dormir no colo", no capítulo 2, Sabedoria de Mãe e de Pai.

A maioria das mães poderia ter um clima mais saudável, mais tranquilo, menos sofrido e mais sustentável se aprendesse que o RN precisa muito menos do que ela deseja lhe oferecer. Quanto mais próximo do parto, mais instintivo é o RN. Ele precisa dormir muito, e dormiria muito mais não fosse a hipersolicitude da mãe. O RN não nasce pronto e vai levar muitos anos até seu organismo ficar maduro e ele aprender a ser autossuficiente. O RN mama sozinho por instinto, mas como e quando quem determina é a mãe. Entretanto, se fosse respeitado o ritmo fisiológico da fome-saciedade do RN, ele aprenderia com muito mais facilidade a ser independente para comer.

Quanto mais calmo, tranquilo e pacífico for esse clima, mais saudável se torna o RN. Mães ansiosas, depressivas, intempestivas, agitadas, desorganizadas, gritonas, briguentas, truculentas, hipersolícitas, ou mesmo hiperestimulantes com o RN, e até mesmo a

110 Educação Familiar

presença de terceiros no cotidiano do RN, prejudicam tremendamente o seu desenvolvimento natural. RN que não estabelece clima
relacional pode entrar em depressão e morrer antes de um ano de
idade. Se o RN não tiver mãe, é importante que tenha outra pessoa
para substituí-la. Por melhor que cada uma seja, a troca constante
de babás não ajuda a formar esse clima relacional saudável.

Clima familiar

Antes dos grandes avanços tecnológicos que resultaram no advento da
internet e nas redes de comunicação, havia uma nítida demarcação entre o familiar e o social. Enquanto o filho ficava em casa, estabelecia-se
o clima familiar e, fora de casa, o comunitário (escolar) e o social.

Na socialização familiar ensinavam-se os valores familiares e
os filhos eram preparados para ir à escola, onde teriam contato com
pessoas estranhas e regras comportamentais diferentes, mas com
íntima relação com a família. Mais tarde, passariam a conviver com
o social, ambiente a que a família praticamente não tinha acesso.

O clima familiar é o resultado final do que os pais e outros
adultos de sua convivência estabeleciam dentro de casa com o
recém-nascido. Cada adulto participa com o seu modo de ser, ter e
existir. Os costumes, o idioma falado, a cultura vigente, o bem e o
malquerer, as festas e os conflitos, os conhecimentos existentes em
casa, o gosto musical, as pinturas, a comida, animais domésticos,
etc., tudo isso faz parte do clima familiar.

Há uma vida riquíssima a ser absorvida por um recém-nascido
que nasceu sem saber nada disso. Conforme a sua percepção, a
criança absorvia o que conseguia de tudo e de todos, desenvolvendo
familiaridade com cada aspecto vivido. E assim, quanto mais as
crianças cresciam, mais elas percebiam o significado dos comportamentos desejados e indesejados.

A proposta da Educação Sustentável é devolver aos pais a importante função educativa dos valores intangíveis, tornando precio-

Educação Sustentável   111

sa a convivência íntima, não à base da culpa por não terem ficado com os filhos o tempo que gostariam, mas sim para adotar a filosofia básica de vida: a de que os filhos têm nesse clima familiar as maiores oportunidades para aprender os valores humanitários sustentáveis.

Nuvem regional

Hoje crianças vivem em comunidades com outras crianças, em creches, a partir de meses de idade, indo para escolinhas a partir de um, dois anos de idade; já vivem fora de casa e longe dos pais várias horas por dia. Mesmo em casa, vivem com cuidadores até que aqueles cheguem de seus afazeres. Por volta dos 7 anos de idade, os filhos começam a dormir na casa dos seus amiguinhos. Em outras noites, a situação se inverte e são eles a recebê-los.

São muitas as experiências a que as crianças têm acesso de que os pais não participam em razão da convivência. São conhecimentos adquiridos dos colegas, dos professores, dos livros, da internet, dos joguinhos eletrônicos, etc. A todas essas fontes exteriores à casa dou um nome comum: **nuvem regional**. Pois os conhecimentos "estão no ar", e não os enxergamos. Temos portanto que dar um corpo visível a esse ar, e resolvi chamá-lo de nuvem, que é um ar carregado de umidade.

Há escolas que levam seus pequeninos alunos a passarem finais de semanas em hotéis, acampamentos, etc. É claro que esses passeios são feitos com a maior segurança, proteção e cuidados próprios para as idades. Os púberes que terminam o Ensino Fundamental já querem viajar sozinhos a lugares distantes para comemorar a formatura (com 14 anos em média). Com essa idade começam a frequentar baladas noturnas. Portanto, a iniciação da saída de casa, atualmente, começa nem bem a criança começa a falar. Essa etapa vem sendo vivida até mesmo antes de a criança perceber o que é clima familiar. Os filhos, mesmo pequeninos, já têm alguns comportamentos que seus avós e alguns pais só tiveram quando adolescentes.

Educação Familiar

A criança não aprende somente com os professores, mas também observando e repetindo o que fazem os seus coleguinhas. Caso os professores sejam tolerantes com palavrões, não tomando a atitude de ensinar a inadequação do seu uso, eles oficializam tal prática. As crianças empregam os palavrões aprendidos no seu vocabulário cotidiano, pois não sabem que estão fazendo algo inadequado. Se os pais não aceitam palavrões em casa, há um choque de valores estabelecido para o filho entre o clima familiar e a nuvem regional.

Portanto, quando os pais não toleram palavrões em casa, devem explicar suas razões e deixar bem claro que eles representam um malquerer à pessoa a quem o xingador se dirige. Trata-se de uma ofensa, um xingamento, um bater com palavras que doem no coração de quem as ouve. Estes vão reagir também de modo agressivo, ofensivo, faltando o respeito que deve existir entre as pessoas que convivem e se gostam.

Além de proibir, os pais devem estipular consequências, como prestar um favor, ou serviço, a quem ofendeu. Não adianta somente pedir desculpas, se não sentir no coração que está arrependido. Principalmente os meninos precisam dessas consequências, pois têm menos ocitocina, o que resulta em menor competência para desenvolver empatia que as meninas.

Piolhos são piolhos, venham da Angelina Jolie ou de um sem-teto. Os piolhos não combatidos se reproduzem e num instante pulam para o cabelo de outros conviventes. Os próprios pais po-

> O clima familiar é o resultado final
> do que os pais e outros adultos de sua
> convivência estabeleceram dentro de casa
> com o recém-nascido.

Educação Sustentável 113

dem estar criando seus "piolhos" caseiros quando toleram a má-educação dos seus filhos. Exemplos de piolhos domésticos: o filho fingir que não escuta quando é chamado; um pai pedir ao filho que minta, como "papai (ou mamãe) não chegou ainda", porque não quer atender ao telefone; esconder ou omitir os malfeitos (boletins, bilhetes da escola, broncas levadas alhures que não toleraram seus piolhos); quebrar regras; não respeitar e ofender pessoas mais simples ou idosas, etc.

Os pais têm de se lembrar sempre de elogiar e abraçar uma criança quando ela praticar algo de bom que seja sustentável, principalmente quando for pela primeira vez. Ficar elogiando demais acaba mais incomodando a criança do que alimentando o seu ego. São os pais "lambe-lambe". Estão sempre lambendo os filhos, que em caricaturas mostram-se sempre de cara feia. Principalmente meninos não gostam muito que se fique no lambe-lambe. Eles preferem algo mais estalado, que acabe logo, como faz o Ronaldinho Gaúcho quando marca um gol pelo seu time e vai de encontro ao companheiro, ambos pulam e batem peito contra peito, e acabou... já estão correndo atrás da bola novamente.

Se for adolescente, e mesmo algumas crianças já entendem uma linguagem mais "internetada" e monossilábica, a resposta pode ser quase somente gestual. Se estiver ótimo: "Valeu!" e levante o polegar direito para cima (como o "curtir" do Facebook); se passou do ponto: "Está *over*", ou "Menos"; se foi reprovado: "Foi mal!". Os pais não devem nunca deixar de dar um *feedback*, pois a ausência de resposta é algo que ninguém tolera, muito menos os filhos quando a esperam. Mesmo que for para dizer "não", diga na hora.

Atmosfera global
O mundo de conhecimentos que há na atmosfera global foi formado pelos homens que usaram a internet, não importa de que maneira. Tudo fica registrado e pode ser acessado, mesmo que alguns

conhecimentos só possam ser atingidos após ultrapassar alguns mecanismos de segurança, como assinatura e senha.

O povo mais primitivo da Terra pode estar presente na internet, mesmo que nunca tenha havido contato fora do seu conhecido e restrito mundo, desde que uma pessoa se interesse por ele e comece a divulgar informações a seu respeito na internet. Assim, qualquer pessoa em qualquer canto do planeta poderá acessar tais informações e compartilhar com quem tenha o mesmo interesse. É dessa forma que, sem a ajuda da escola ou da família, as pessoas ficam integradas com outras partilhando informações sobre este ou qualquer outro tema, por exemplo: sexo, astronáutica, meditação transcendental, drogas, tênis para pés tortos e outros.

A atmosfera global é constituída pelas nuvens regionais que são compostas pelos climas familiares. As crianças quando assistem programas infantis podem estar consumindo produtos de outras culturas que chegam à sua casa. A maioria das pessoas olhando ao seu redor, dentro da sua própria casa, pode estar consumindo produtos vindo de países que elas nem sequer imaginam onde estão localizados. Essa é a verdadeira globalização do consumo e do conhecimento.

EM BUSCA DE SOLUÇÃO DA CULPA DA MULHER

Na minha concepção, a culpa é um sentimento quase que inerente à mulher em razão de estar muito ligado à ocitocina, hormônio que ela tem em porcentagem muito maior que o homem. A ocitocina é um hormônio bastante responsável pelo amor, pelo relacionamento cordial, generoso, provedor, protetor, como disse. É também responsável pela empatia, pela tolerância, pela resiliência, pela disposição de oferecer novas chances e outros desprendimentos. Além de tudo isso, é capaz de promover algumas ações integradoras, não competitivas nem destrutivas, a ponto de o seu maior estudioso, o pesquisador americano Paul Zak, a chamar de molécula da moralidade no seu livro homônimo *A molécula da moralidade*.

A maior quantidade de ocitocina na mulher se manifesta na hora do parto e durante a amamentação. Imagino que a mulher sinta praticamente todos os efeitos da ocitocina juntos nessas horas, e o prazer de realização é tão grande que "vicia" a mãe para o resto da vida, não só na sensação do prazer, mas na sensação de querer fazer tudo para seus filhos. Só como referência masculina, é bom saber que o no homem a máxima descarga de ocitocina se verifica na hora do orgasmo sexual.

Voltando às culpas, é possível entender essas culpas universais da mãe-mulher atual: mãe que trabalha fora se culpa como mãe; mãe que não trabalha fora, culpa-se como profissional; e a mulher é até capaz de se sentir culpada por não sentir tais culpas.

As culpas são tão pesadas que e mulher-mãe, para se livrar delas, resolveu trabalhar e ser mãe ao mesmo tempo. Ela então tirou o "fora" do trabalhar fora e trouxe o trabalhar em casa. Não foi fácil chegar a essa solução. A mulher somente chegou a ela depois que trabalhou fora e percebeu que o trabalho podia ter um universo mais amplo que o "trabalhar fora". Descobriu que podia trabalhar sendo patroa, dona do próprio negócio e, portanto, dona dos seus horários e atribuições. O trabalhar fora significa emprego com patrão, horários e atribuições a cumprir num determinado lugar de onde não se pode sair a todo momento. Já, trabalhar pode se dar em qualquer lugar, desde que se descubra onde está a oportunidade de "fazer dinheiro". Assim, a mulher provou-se capaz de algo que ela sempre teve muito forte, principalmente em tempos de grandes crises, o empreendedorismo!

Mulher-mãe-empreendedora monta negócio próprio e "ganha dinheiro" sem prejudicar os filhos! As mulheres sempre foram muito parceiras em momentos de crise. Basta dizer que quando uma é despedida, logo encontra outro emprego, pois ela aciona sua rede de relacionamento social. Elas vivem se falando... Um homem leva muito mais tempo para encontrar outro emprego... Ele vive se isolando...

A mulher parte de pequenos negócios que ela toca praticamente sozinha, dentro da própria casa e vai ampliando enquanto convive com as crianças. A família, por isso, tem de aprender o esquema de trabalho para não tumultuar o negócio da mãe. Todas as crianças querem ajudar, e cabe à mãe colocar os limites em como podem ajudar e quando elas têm de tocar a própria vida, principalmente com relação ao deveres escolares e às tarefas de manutenção da casa. De modo que mãe presente é para acudir emergências e não tocar a rotina de dona de casa.

Minha esposa, Maria Natércia, apesar de ser advogada e aprovada pela OAB, tinha um "negócio" na área de decoração de interiores. Com três filhos a tiracolo, um garoto de 10 anos, uma garota de 8 e uma nenê mamando no peito, saía para trabalhar com o seu *staff*, um motorista e uma babá. Hoje ela tem a Natal Arte, uma empresa de Decorações de Natal para empresas, bancos, hotéis, shoppings. Minha mulher é um negócio! Ops! Isto é quase um plágio que fiz do maravilhoso e tremendamente útil livro das jornalistas Patrícia Travassos e Ana Claudia Konichi: *Minha Mãe® é um NEGÓCIO*.

Aliás, este é um livro que relata "histórias reais de mulheres que abriram a própria empresa para ficar mais perto dos filhos". Com prefácio feito por um grande amigo meu que entende muito de negócios, Max Gehringer. Recomendo sua leitura a todas as mulheres que já têm ou querem empreender em um negócio próprio.

Capítulo

2

⠿

Sabedoria de mãe e de pai

▼

Uso o termo sabedoria como a totalidade dos conhecimentos adquiridos por uma pessoa, seja pai ou mãe, acrescidos dos conteúdos existentes na cultura local (nuvem regional) e também nas tradições universais (atmosfera global).

Assim, **Sabedoria de Mãe e de Pai** significa todo o conhecimento que mãe e pai adquiriram, não importa a fonte, durante toda a sua vida até este momento. Essa sabedoria começou a ser construída pela própria mãe e pelo pai, assim como qualquer pessoa constrói a sua sabedoria desde que nasceu.

Na realidade, a construção dessa sabedoria começou há muito tempo, desde que se formou a espécie humana, há milhões de anos. Nenhum ser humano se lembra conscientemente dessa evolução, mas ela está gravada no cérebro reptiliano, que é a parte mais velha e primitiva da massa cinzenta e ainda responsável pelos instintos de sobrevivência e de perpetuação da espécie. É sobre o reptiliano que foram adicionadas as evoluções por milhões de anos até chegarmos ao cérebro inteligente que temos hoje e que nos diferencia dos animais irracionais.

Pais sempre existiram, mas somente as mães eram conhecidas e só há aproximadamente 7 a 12 mil anos é que a figura masculina identificou-se como pai. Nos animais irracionais, uma das maiores fúrias, que se traduz em violência, agressividade, coragem, impetuosidade e inconsequência, é a sentida pela mãe para defender sua cria. As mães humanas conhecem também essa "fúria materna". De fato, a mãe pode se surpreender com as atitudes impensadas que podem tomar para defender o filho, e são repetições do que a própria mãe fazia na sua infância, principalmente naquelas situações que envolvem riscos para os filhos. A necessidade de proteger o filho é tão grande que vem inscrita no cérebro reptiliano dos animais. É sobre esse "instinto" que se deposita toda uma cultura adquirida por ver, ouvir e conviver com parentes ancestrais de sangue e até de costumes e hábitos tradicionais de cada geração.

PREPARO DO PAPEL DE MÃE

Ninguém se lembra da sua vida intrauterina, do parto e dos primeiros anos de vida como recém-nascido, pois a mente não tem a memória consciente até seus dois a três anos de idade (nas meninas a memória começa a funcionar antes do que nos meninos). Até então funciona a **memória corporal** que registra parcialmente todas as suas experiências. Esses registros são de natureza corporal, pré-verbal e inconsciente que farão parte de todos os pensamentos, percepções e comportamentos relacionais futuros. A memória corporal precede a memória consciente.

Se um bebê tem uma mãe tranquila, não ansiosa, nem angustiada, que cria um bom relacionamento, respeitando o estabelecimento de ritmo adequado na alimentação e no sono, terá uma boa memória corporal que entrará em ação nos seus futuros relacionamentos, inclusive quando, por sua vez, for mãe ou pai.

Eis as razões pelas quais dou tanta importância à necessidade da capacitação dos pais como bons educadores, que é, aliás, meu principal motivo para escrever este livro. Afinal, como ninguém

120   Educação Familiar

sente falta do que não conhece, todos acabam funcionando da forma como conseguem.

Assim, a sabedoria de mãe é a soma do que não se lembra (a força dos instintos da espécie humana e as características genéticas dos seus pais) mais todos os hábitos adquiridos no seu íntimo relacionamento com sua própria mãe, ou a substituta, que a abraçou e amamentou, e que são registrados pela memória corporal. É também o resultado de tudo o mais que foi possível registrar pela memória consciente, que foi capaz de captar, aprender e absorver do seu clima familiar (ou sabedoria familiar), do seu clima regional (ou sabedoria local, regional) e da sua atmosfera global (sabedoria da civilização). Em resumo, todo esse imenso conhecimento é produto do que ela mesma construiu sobre suas próprias experiências, alegrias e sofrimentos, acertos e erros, vidas e mortes.

Toda essa sabedoria entra em ação quando a mulher vira mãe e se sente totalmente responsável por tudo o que acontece com o filho, desde o momento em que ele está dentro do útero até quando a sua vida material permitir, refletindo um amor incomensurável, sem limites, infinitamente grande pelo ser humano que ela gerou, pariu, amamentou e, sempre que possível, cuidou.

> A mãe pode se surpreender com as atitudes impensadas que pode tomar para defender seu filho, e elas são repetições do que a sua própria mãe fazia na sua infância.

PREPARO DO PAPEL DE PAI

O irmão mais velho era encarregado pelos seus pais de olhar os irmãos menores. Ele podia até protegê-los naturalmente, mas nunca como pai, e sim a partir de um autoritarismo jurássico de poder e de mando. Todo irmão menor já sentiu na pele o que é ter um irmão mais velho como tirano, que não lhe poupava ridicularizações, assédios e *bullying*, punindo-o a qualquer instante só para não perder o costume, só para mostrar quem manda em casa. Coitado do irmão menor, sem poder contar nada para os pais. Depois que estes saíam de casa para cumprir seus afazeres, era um inferno do qual só conseguia escapar mentalmente, jurando vingança: "Um dia, ele vai me pagar".

Mesmo adolescente, o mais velho acha o irmão mais novo muito chato, bobinho, sem graça e detesta levá-lo junto, mesmo que a mãe mande. Prefere, às vezes, nem sair se tiver de levar o irmão.

Ao contrário da mulher, o homem (adolescente) não gosta de assumir o papel de pai. Na verdade, se tornará pai somente por acidente ou ignorância, pois isso está muito longe dos seus planos e o que ele quer mesmo é ser um atleta sexual. O adolescente não entra no "cio", pois está sempre no "cio". O desempenho sexual lhe é mais importante que o relacional. Não é à toa que, ao virar pai, o homem fica bastante perdido.

Entretanto, mesmo que as mães e os pais de primeira viagem tenham consciência de que nada sabem sobre ser mãe ou pai, eles agirão com a sabedoria própria que cada um possui da sua memória corporal, acrescida posteriormente pela memória consciente e toda a sua experiência de vida, adquirida por um longo período de tempo que abarca desde a mais tenra idade, quando brincavam de ser mãe ou pai, até a época em que vão aprender de fato sobre como ser mãe ou pai.

Fazem, portanto, parte da Sabedoria de Mãe ou Pai as etapas do desenvolvimento humano que compreendem a infância, a puberdade e a adolescência. A mulher vai ser mãe do filho ou da filha ou de ambos os filhos, dos quais sempre haverá um pai, presente ou não, independentemente do sexo dos filhos. Aliás, por falar em gênero, esse será também um dos pontos que vamos abordar nes-

BRINCANDO DE SER MÃE

O papel (ou função) de mãe começa a existir materialmente quando a mulher engravida. Mas o seu aquecimento para esse papel pode ter começado muito antes, nas brincadeiras de criança, quando a menina brincava de boneca e a colocava como filha, dando de comer, de mamar, fazendo-a dormir, etc. Ou ainda quando a menina tem um(a) irmãozinho(a) menor e se transforma em "irmãe", ao cuidar por iniciativa própria ou ao atender o pedido da mãe para olhar ou "tomar conta" da criança.

O "como se fosse" ou o "faz de conta que" estimula essas meninas a formar o papel psicológico de mãe. É o que a Teoria do Psicodrama, criada pelo psiquiatra romeno Jacob Levi Moreno e desenvolvida pelo Prof. J. R. Bermúdez, chama de *Role Taking* que, em outras palavras, significa tomar (pegar) o papel de mãe. De acordo com essa teoria, o passo seguinte é o *Role-Playing* (treinar o papel que já existe) para finalmente chegar à Sabedoria de Mãe personificada no *Role-Creating* (quando ela amadurece o papel tornando-se espontânea e criativa), em que terá capacidade para criar soluções adequadas diante de novas dúvidas.

No *Role Taking* é o imaginário da criança que está agindo, fazendo com que ela atue como a mãe que consegue ser, considerando o nível de conhecimento que tem sobre essa função. Uma vez que, para a nossa mente, há situações imaginadas que se confundem com a realidade, essa confusão aumenta quando a criança acredita que sua imaginação é real e passa a querer que seu irmãozinho(a) funcione como filho de verdade.

Nesse ponto, quando a "irmãe" começa a sofrer "como mãe de verdade" ficando magoada, revoltada, agressiva, abusiva, tirânica com o "filho(a)", está mais que na hora de a mãe verdadeira assumir as suas funções e trazer a realidade à tona.

Assim, a mãe deve agradecer a ajuda que a "irmãe" prestou e não simplesmente destroná-la porque não aprovou algo que ela tenha feito. Na realidade, esse tipo de mãe que emergiu ao funcionar como "irmãe" reflete a própria Sabedoria de Mãe dessa mesma filha. Pois, nessa tenra idade, ela mais imita do que inventa. Portanto, se a mãe desaprovou a filha, é a própria mãe que está sendo reprovada.

A atitude sustentável nesse ponto é dizer à filha que sua ajuda foi muito boa para o irmão e para os pais, mas que agora ela vai entrar em outra fase de vida, terá de desenvolver muitas outras atividades em vez de continuar cuidando do irmãozinho(a). Esse comentário valoriza a autoestima da filha e vai validar a sua vivência que passará a fazer parte do futuro papel de mãe real.

> O "como se fosse" ou o "faz de conta que" estimula essas crianças a formar o papel psicológico de mãe.

OCITOCINA: HORMÔNIO DA MULHER

É muito importante que relembremos os conhecimentos sobre os hormônios ocitocina e testosterona e o que representam suas ações nos comportamentos masculinos e femininos. Os homens têm muita testosterona e pouca ocitocina, e as mulheres apresentam um quadro oposto. Alguns autores até chamam a ocitocina de hormônio da mulher e a testosterona de hormônio do homem.

Resumindo de maneira radical, podemos lembrar que a ocitocina promove a gentileza, a generosidade, o carinho, o altruísmo, a união, a colaboração, a flexibilidade, a doação, a amamentação, a aceitação e submissão, a compaixão, a estabilidade e segurança, enquanto a testosterona promove a agressividade, a rivalidade, a competição, a rigidez, a ambição, a dominação e submissão, o egoísmo, a acumulação, a ejaculação, a crueldade, a destruição, a aventura e o risco. A ocitocina é também usada pelos médicos para ajudar a mãe no parto e na amamentação.

Assim definidos, parece que os hormônios determinam o machismo autoritário, o poder do homem sobre a mulher. Entretanto, esses dois hormônios são produzidos por um mesmo corpo e cada um deles apresenta uma estrutura molecular e funções muito próprias. Mas, se possuem as mesmas origens, por que os homens têm mais testosterona e as mulheres mais ocitocina? Quem nasceu primeiro: o ovo ou a galinha? O ovo! Mas, de onde nasceu o ovo? Então foi a galinha! Mas de onde nasceu a galinha?

Uma das características dominantes em qualquer mamífero é a força física. Duas crianças de igual força física, quando chegam à adolescência se diferenciam, e uma delas terá mais força que a outra. Se nasceram iguais, o mais forte será aquele que usou mais os músculos nas brincadeiras. Se o estilo de vida deles continuar do mesmo modo, um se tornará adulto mais forte do que o outro. Portanto, onde couber somente um deles, em geral a preferência será pelo mais forte, que ganhará mais experiência e mais força enquanto o outro parou no ponto em que foi deixado.

Se em uma única vida já se estabelece essa diferença baseada na força física, podemos imaginar o que aconteceu nesses 300 mil recentes anos de existência relacional da espécie humana. Por isso, acredito que o machismo alimentou-se e foi alimentado pela testosterona e, diante desse processo, construiu o mundo em que vivemos hoje.

Na realidade, foi somente no último século que as ferramentas de sobrevivência evoluíram e passaram do emprego do porrete e do martelo para a conquista do conhecimento. Para atividades nas quais as ferramentas dependem ainda de força física, persiste o machismo, mas naquelas em que a ferramenta é o conhecimento, a força física perde a voz de comando. Como, pelo que tudo indica, a ocitocina favorece a aquisição de conhecimento e este, por sua vez, gera poder, talvez seja esta a chave para que os comportamentos machistas indesejáveis caiam em desuso.

BRINCANDO DE SER PAI

A testosterona do menino ainda não é tão predominante a ponto de ele não querer brincar de casinha com as meninas. Nessa brincadeira ele até aceita ser o pai, mas aceita isso por pouco tempo. Raramente vi um menino brincando de ser pai do irmão menor. Brinca com o menor se este entender o que tem de fazer.

O menino tem muito mais testosterona que ocitocina, ou seja, ele vai questionar mais, arriscar mais, competir mais, desobedecer mais, agitar mais, ser mais impulsivo, agressivo, instável e irritável que a menina. A mãe que tentar convencer o filhinho que ele precisa ser educado, pode ser que consiga mais irritá-lo do que fazer com que obedeça. Ele entra em competição com a mãe e vai querer provar que tem razão. Ficará resmungando até que a mãe exija que pare de resmungar. Então ele fica quieto, mas não cedeu simplesmente à mãe, aceitou e obedeceu diante da autoridade dela, não à mãe. Ele continua a resmungar como se a discussão ainda estivesse em andamento, afinal gosta de discutir. Moral de história: com filhos homens, explique a razão da proibição, imponha logo a ordem e ponto final.

O que a testosterona promove no relacionamento é a competitividade pelo poder, fácil de ser identificado e compreendido em suas ações, principalmente em casa. Pelo esquema funcional dos meninos, eles obedecerão melhor se reconhecerem uma autoridade maior.

> A interferência do grande chefe, pai ou mãe,
> dever ser somente para aprovar, alternar
> privilégios, testar a troca de liderança
> por questão de justiça grupal.

Quer conhecer o seu filho? Brinque de lutar, de brigar como super-herói, de capitão-soldado, de guerra, de estratégias e planos de invasão do território inimigo, etc. Se são dois ou mais meninos, é bom ter um adulto que consagre as regras justas que eles têm que exercitar para praticar. Mas não é o adulto que determina quem vai ser o quê, ou qual a brincadeira, ou quando e como elas acontecem.

A interferência do grande chefe, pai ou mãe, dever ser somente para aprovar, alternar privilégios, testar a troca de liderança por questão de justiça grupal. Não é certo o poder ser sempre do mais velho, do mais forte, do que tem mais conhecimento. Caso não haja a liderança do chefão (pai ou mãe ou outra autoridade), o líder constante logo se torna tirano, e os outros acabam se acomodando na condição de "escravos, soldados ou auxiliares" e não praticam a liderança.

FILHA: ESPELHO DA MÃE

Se a mãe quiser saber o que uma filha pequena acha dela é só brincar de "vamos fazer de conta", de fingir. Faça uma proposta: "Filha, vamos brincar de mãe e filha? Eu finjo que sou sua filha e você finge que é minha mãe." Deixe a filha fazer do jeito que ela quiser e faça o maior esforço para não interferir no "fingimento" dela, de não corrigir o que ela faz ou fala. Se a filha for agressiva, exigente, brava, ofensiva, bruta, carinhosa, beijoqueira, gritona e determina que tudo tem que ser do jeito dela, etc. não fique brava, nem fique aconselhando como ela deveria ser ou fazer.

O que a filha demonstra é a percepção dela sobre a mãe, seja qual tenha sido a intenção da mãe. Ela não capta o que você quer ao falar com ela. O que ela capta é o que lhe interessa e consegue. Pode ser que você nem se sinta como ela demonstrou, mas é a imagem que ela tem sobre você. Em vez de ficar brava ou triste ou até mesmo querer corrigi-la, corrija-se você mesma.

Quando a filha vivia por mais tempo o clima familiar antes de ir para a escola, a mãe era a pessoa quase que única com quem ela se espelhava. Entretanto, como atualmente a criança é matriculada em escolas, ou em creches, na mais tenra idade, ela já respira o clima local, de onde absorve conhecimentos diferentes do que lhe é oferecido no clima familiar. Assim, é fácil brincar também de professora-aluna. Você, mãe, é aluna e sua filha pequena, a professora. O que ela fizer, geralmente é o espelho da professora real.

Se os filhos têm o mau costume de ofender, ridicularizar, agredir, desrespeitar uns aos outros, pode ser que eles estejam espelhando os pais, ou um deles. Uma filha é linda e a outra é "simpática", as qualidades se equivalem, mas devem ser usadas o menos possível para não eternizar dentro delas o sentimento: linda = antipática ou "simpática = feia".

FILHO: ESPELHO DO PAI

Interessante é que o menino não brinca naturalmente de ser pai. Ele não gosta muito de "tomar conta do irmão (ã) menor", pois está mais para conquistar o mundo do que para cuidar de algo que lhe dê trabalho e não resulte em poder, comportamento próprio da testosterona. Quando o menor adquire condições de ser parceiro em algum jogo, ele aceita, e a forma como ele lida com o menor, ou mais fraco, é o modelo de homem que ele está imitando. O menino pode aceitar com facilidade o irmão menor se este já tiver condições de ser o seu servidor, assistente, subchefe, etc., numa função em que ele seja o mandante, e o menor o seu auxiliar ou adversário.

A imitação que o filho faz do pai é o que ele consegue perceber do pai quando se relaciona com este. Mesmo que o pai real não concorde, o que o filho mostra, fazendo de conta que é pai, é o que percebe do seu pai. Muitos pais falam com os filhos como se estes fossem adultos, quando não o são. As crianças podem achar agressiva a fala do pai, porque a voz de homem é mais forte e mais grave naturalmente, mesmo que não esteja bravo.

Quando faz de conta que é pai, o filho demonstra como está o pai interno dele, que é a cópia do pai que ele tem. Se ele finge que abre o jornal, entra na internet e deixa o filho sozinho, ou grita ou é bruto e truculento, pode significar que ele esteja espelhando o pai.

A sabedoria de vida em fazer uma criança funcionar assim é para que ela perceba primeiro o que existe à sua volta de fato, para que ela aprenda a confiar e se apegar a quem cuida dela, a gostar de quem lhe abraça, para depois começar a dar suas interpretações e opiniões pessoais sobre os fatos. Deveria ser um ensinamento para todos os humanos: Primeiro escute e perceba os fatos da realidade para depois emitir as suas opiniões pessoais. Não existe sustentabilidade humana no julgamento de situações ou pessoas sem conhecimento de causa.

FILHINHO CAIU? CULPA DA MÃE!

Quando um filho fica longe do olhar da mãe, logo ela se preocupa: "o que o filho está fazendo agora?" O filho está muito quieto: "Está fazendo algo que não deve!" "Com quem o filho está?" "Será que aconteceu alguma coisa ruim?" "Tô com pressentimento de que algo não está bem" e por aí vai... Quanto maior o pessimismo da mãe, mais catastróficas são as hipóteses criadas.

Em outros tempos, por uma distração da mãe, uma onça poderia devorar o seu filho. Hoje no parquinho da escola, o seu filho caiu do trepa-trepa e se machucou. Por que a mãe é a culpada?

Além dessa autocobrança, a mãe pode ser acusada pelo pai machista porque o filho fez bagunça na escola, ou os vizinhos queixaram-se dele. Tudo conspira contra a mãe. A mãe não consegue abandonar dessa culpa. Aquela que trabalha fora, porque se emancipou, sente-se em falta com o filho por estar longe dele, como se o tivesse abandonado. Não foi a mulher que escolheu ser responsável por isso tudo, mas foi ela quem aceitou essa responsabilidade quando assumiu o controle da casa e dos filhos.

A orgulhosa realização pessoal da mãe não emancipada era trazer a casa limpa e em ordem com os filhos educados e bem comportados. A autoavaliação da mãe dependia não do que ela fizesse, mas do que os filhos aprontassem ou não.

Coitado do filho que tem de ser o "boletim" da mãe. Perde toda a criatividade, pois se entende como filho obediente, aquele que segue as regras impostas. Ele pode tropeçar num chão liso, nas próprias pernas e cair no chão. Fica onde caiu e abre um berreiro. A mãe ouve o grito lancinante do filho e sai em disparada, turbinada pela culpa: "É culpa minha porque eu não estava com ele". Mesmo irmãos xifópagos, que estão unidos anatomicamente, podem fazer coisas diferentes entre si, não há por que uma criança fazer o que um adulto faz e vice-versa.

Por que o filho gritou? Foi de dor ou de susto pelo inusitado? Por que não levantou? Se é ele que cai e por que é a mãe que o levanta? Se o filho andava sozinho pode se levantar sozinho. Por que a mãe o pega no colo? É com agrado e beijinho que a dor do filho some? Não seria mais natural a mãe chegar perto e olhar para o filho e perguntar se está tudo bem? Machucou? Não? Então levanta e anda. Aprenda a tomar cuidado... No entanto essa mãe, além de se sentir culpada, prejudica o filho quando não o ensina a se levantar sozinho. O certo é que merece beijo como filho, mas não porque caiu...

A mãe que dá tapinhas na mesa, ralhando: "Mesa feia! Boba!" está invertendo a ordem das coisas. A mesa não tem culpa de o filho ter batido a cabeça. A responsabilidade é do filho e não da mesa. A mãe não precisa ofender "Filho feio! Bobo!" mas tem que dizer: "Tome cuidado, olhe por onde você anda!" A mesa está onde sempre esteve. Ela não saiu correndo atrás do filho para lhe dar uma traulitada na cabeça.

> Não foi a mulher que escolheu ser responsável por tudo, mas foi ela quem aceitou essa responsabilidade quando assumiu o controle da casa e dos filhos.

CULPA DO TAMANHO DA ONIPOTÊNCIA MATERNA

Além de toda a pressão machista do marido e da sociedade, existe uma sensação única de responsabilidade total sobre o seu filho, baseada na gravidez, no parto, na amamentação que é verdadeira até certo ponto e durante certo período, mas que a mãe amplia para uma percepção de poder total para sempre sobre o filho, uma verdadeira onipotência materna.

Vamos avaliar essa onipotência mais detidamente:

- Sensação única: que pertence somente a ela, única pessoa que sente tudo sem que haja outra igual, muito menos o pai que além de ser outra pessoa, não tem tanta ocitocina nem progesterona como ela.
- Gravidez, parto e amamentação: É mais sabedoria da espécie humana do que da pessoa da mãe. Desculpe, mamãe, mas a mãe é também um veículo nessa fase do instinto da perpetuação da espécie. Está claro que depende muito mais da mãe; mas ao pai, a espécie e a cultura vigentes reservaram um

papel diferente e que pode ser substituído por outro macho da mesma espécie.

⊙ A grávida tem o poder, voluntário ou não, de interferir na gravidez mediante vários recursos como medicações, acidentes físicos e até mesmo a decisão se prossegue ou não com a gravidez, tipo de parto, etc.

⊙ Esta sensação de onipotência é tanto maior quanto mais próximo estiver o parto e deveria diminuir a cada vez que aumentasse a independência do filho. A mãe achar que esse poder é eterno faz parte da sensação de onipotência que tanto sofrimento traz ao relacionamento materno-filial.

⊙ É apenas uma sensação de onipotência, pois nenhum ser humano é realmente tão poderoso quanto a mãe se sente, portanto é um sentimento que ela desenvolveu, que não é natural. Não é à toa que muitas mães sentem-se tão culpadas, já que a culpa pode ser do tamanho da onipotência.

⊙ No mundo animal, faz parte da biologia dos mamíferos proteger suas crias enquanto mamam até que se tornem independentes. A mãe ensina os filhos a sobreviver. Depois que ensina, tchau e benção! Nunca mais vão se ver na vida e, se por acaso, se encontrarem, não voltarão ao vínculo mamãe-filhinho.

Atualmente, o homem está se emancipando do seu machismo e ainda não encontrou o "masculinismo", portanto anda meio perdido. Em casa não se sente com autoridade e sente que os filhos não o respeitam. Acaba querendo ser pai-amigo, mas essa atitude também não está dando certo. A sua mulher lhe pede ajuda. Com a tarefa designada, fica mais fácil agir. No entanto, quem manda é a mulher, ou seja, há maior poder para ela.

Assim, a mãe pede ao pai que a ajude trocando fralda do nenê. Ele começa desajeitado, atrapalhado até, mas tenta fazer e demora, e não fica do jeito que a mãe sempre faz. Então a mãe interrompe a operação e dá um chega para lá no marido e assume de volta a obrigação de trocar as fraldas do nenê. Depois a mãe reclama que o pai não serve nem para trocar fraldas. Mas a mãe não percebe a mensagem que está transmitindo, ou seja, o quanto **ela faz tudo sozinha**.

CICLO VITAL DO SER HUMANO

Para que as(os) leitoras(es) possam se situar sobre quem estou falando, apresento a seguir um esquema da vida material do ser humano, do seu nascimento até ao falecimento. Nas sabedorias de mãe e de pai é necessário que se incluam o conhecimento de qual filho falamos. Um mesmo filho funciona de forma diferente conforme a etapa do seu ciclo de vida. E não é incomum hoje encontrarmos famílias com dois filhos sendo tratados como filhos únicos.

Tratar um adulto como criança ou uma criança como adulto não são atitudes tão raras a ponto de provocar estranheza, pois essa é uma tendência da mulher em razão da ocitocina que rege a sua vida. Da mesma forma, não se estranha muito um pai competir como uma criança ou exigir que crianças cumpram tarefas para as quais ainda não estão preparadas, pois homens são regidos pela testosterona. Nada melhor do que buscar conhecimento para superar entraves educacionais e aderências comportamentais. Assim, segue abaixo um esquema que ajuda os leitores a se organizar.

1 **Infância**: Fase em que há total dependência dos pais, vida em família.
2 **Recém-nascido (RN)**: do parto até um mês de vida.
3 **Bebê**: até 18 meses.
4 **Crianças**: até a adolescência.
5 **Adolescência,** que é dividida em duas partes:

- ⊙ **Puberdade**: grandes modificações corporais e amadurecimento biológico; vive mais em casa do que fora dela, mas quer se isolar numa busca de autoconhecimento.
- ⊙ **Adolescência propriamente dita**, ou simplesmente adolescência. O amadurecimento biológico é pequeno em relação ao grande salto psicossocial e familiar que dá, pois parte da dependência familiar para a independência social, mesmo que ainda parcial.

6 **Adulto jovem**: cidadão consciente, em pleno aperfeiçoamento profissional, teórico e/ou prático, dependendo ou não financeiramente da família, é responsável social, civil e financeiramente perante a lei.

7 **Adulto maduro**, ou simplesmente adulto: cidadão produtivo que não mais depende financeiramente da família. Tem ganhos próprios muito além do que precisa para si mesmo se quiser constituir família e ter filhos sob sua responsabilidade. Tem de se preparar com reservas financeiras que garantam a sua sobrevivência quando não mais puder produzir.

8 **Idoso ou terceira idade**: época em que surgem as manifestações biopsicossociais de envelhecimento, podendo estar aposentado e com tempo para se dedicar às atividades que sempre deixou para depois. Ou pode iniciar uma nova atividade, aproveitando a experiência de vida adquirida e a energia que ainda tem, seja por necessidade ou, melhor ainda, por prazer.

9 **Senil**: fase em que há total dependência dos filhos e netos. Se não os tiver, terá de depender de terceiros, pois o corpo não responde mais às necessidades. Precisa de cuidados especiais inclusive porque a psique começa também a falhar e seu estado não consegue suprir as demandas.

INFÂNCIA

A infância é um período que se estende desde o nascimento até o começo da puberdade. Ela é dividida em três etapas: 1. Recém--nascido (RN), do nascimento até um mês de idade; 2. Bebê, até 18 meses e 3. Criança, até a puberdade.

RECÉM-NASCIDO (RN)

"Quando devo começar a educar os meus filhos?" é uma pergunta bastante comum que os pais costumam me fazer. "Desde que nascem!", respondo eu. Os pais ficam espantados, meio descrentes, achando até que há um exagero da minha parte. Entretanto, se eles soubessem o que é esperado em cada fase do crescimento de um filho, partindo do RN até o adulto jovem, tudo seria mais fácil, menos sofrido, mais feliz e mais sustentável.

Como principalmente a mãe costuma se culpar de algo que é tremendamente instintivo e natural no crescimento, abordo a seguir alguns aspectos importantes de cada etapa, seguidos de recomendações para um procedimento mais adequado e muito mais produtivo do que cobrar-se inadequadamente por algo que desconhecia.

Sono natural no RN

Está se tornando cada vez mais frequente o RN deixar de dormir a noite toda, acordando várias vezes. Os pais também não dormem, principalmente as mães. Isso acaba com o dia de todos: o adulto fica irritável, agressivo, com dificuldades de atenção, de memória e de raciocínio; diminui a capacidade de trabalho, provoca mais acidentes, baixa a imunidade e promove a comilança de carboidratos. O bebê chora, resmunga, passa o dia cansado, fica irritado, nada lhe agrada nem o deixa satisfeito, tem sono curto e agitado, acorda por qualquer motivo e quer mamar o tempo todo.

Tudo poderia ser muito diferente e todos conseguiriam dormir na santa paz de qualquer família equilibrada, mesmo tendo um RN em casa. Ninguém merece sequer uma noite mal dormida. O sono nos é tão instintivo quanto comer e respirar, e a falta dele pode nos deixar mais vulneráveis aos nossos predadores e também aos nossos pensamentos, emoções, afetos e ações. Pode o sono ser o paraíso, mas basta uma preocupação para nos levar ao inferno da insônia.

O RN passa dormindo a maior parte do seu tempo. Mas o seu cérebro está em pleno desenvolvimento, com cada um dos seus 86 bilhões de neurônios em plena criação da maior parte das mil conexões com outros neurônios. Portanto, serão 86 trilhões de conexões existentes no cérebro humano que armazenam tudo o que se refere à vida dele.

Todos os humanos têm basicamente dois funcionamentos fisiológicos. Um que atua durante o dia, quando em vigília, sob a ação principalmente do cortisol, hormônio de estresse, e que promove o desgaste do corpo. Outro de noite, durante o sono, quando utiliza principalmente o hormônio melatonina na produção da limpeza mental de desprezar o que não serve e registrar só o que interessa na formação das defesas imunológicas, desoxidação das células e recuperação das energias.

Segundo pesquisas recentes da neurociência, o período de tempo em que o ser humano mais aprende é do nascimento aos 4 anos de idade. Assim, basta o RN repetir algumas ações para se tornar um hábito. Bebês com menos de um ano de idade apren-

> Pode o sono ser o paraíso,
> mas basta uma preocupação para nos
> levar ao inferno da insônia.

dem a lidar com iPad, através do toque digital na tela, estimulados pelas cores, imagens, movimentos, sons e respostas imediatas aos toques. Ainda não tenho notícias de bebês viciados em iPad, mas recomendo que se leia também o subtítulo *Mundo virtual e os bebês*, na página 87.

Viciando o RN a dormir no colo

Vamos compreender como se estabelece esse vício:

- ⊙ É natural que a mãe, após nove meses de gestação, ao ver pela primeira vez o seu filho RN, tão lindo, tão frágil e tão dependente, fique totalmente apaixonada e tomada pelo desejo de não cometer uma falha sequer ou fazer algo que o prejudique.
- ⊙ Quando vê o RN no berço começar a se mexer, fazer movimentos de sucção e ruídos, a mãe pensa que ele está acordando, e já o pega no colo para dar de mamar, oferecer água, verificar fralda e depois o espera adormecer no colo para colocá-lo de volta no berço, com muita pena. Se conseguisse, a mãe não se separaria jamais do seu RN.
- ⊙ O que a mãe não sabe é que esse alvoroço todo se dá porque o RN está superficializando o sono. É absolutamente normal que o sono fique superficial por alguns minutos e depois se aprofunde naturalmente, sem ajuda de ninguém, até ficar superficial novamente.
- ⊙ A mãe, superatenta, atende o RN no momento superficial por excesso de zelo, extrema disposição (mesmo que cansada) e muito amor, achando que o RN está manifestando um incômodo que pode prejudicá-lo e traumatizá-lo.
- ⊙ Com o seu excesso de solicitude, a mãe não deixa o filho perceber e aprender sua própria fisiologia do sono que é o de dormir naturalmente no seu berço, sem nenhum esforço, pois após a superficialização vem naturalmente o sono pesado. Com a ati-

tude da mãe, o que o RN aprende é que o local de ele dormir é no colo e não no berço.

- Assim, perde o fluxo fisiológico das alternâncias sequenciais, portanto normais, do sono leve com o pesado. Se o RN pudesse expressar o que está aprendendo seria que berço não é o lugar onde ele deve ficar, pois a toda hora a mamãe o tira do berço. Ele nem se lembra de como é adormecer no berço, pois sempre adormece no colo.

- Esse atendimento, além de desnecessário, é prejudicial. A mãe não precisa atender, pois o RN logo se aprofundará naturalmente num período que pode variar de uma a três horas. Desse modo terá, em geral, várias superficializações naturais de sono durante a noite.

- É prejudicial despertar o RN. Se dormir sozinho, o RN aprenderá a dormir. Se for despertado vai aprender que terá agrados e dormirá no colo (que deve ser mais prazeroso que dormir no berço). Com 86 bilhões de neurônios fervilhando na formação de suas sinapses, basta ser despertado algumas vezes para transformar esse ato em hábito.

- O RN que aprende a dormir no colo, vai querer satisfazer o hábito de dormir no colo, e do hábito para o vício é um passo. Assim, o RN perde a oportunidade de desenvolver o valor intangível de ter autonomia para dormir.

A trilogia do vício é: A. Dormir no colo é prazeroso. B. Aumenta cada vez mais a dificuldade de dormir sozinho. C. Provoca **síndrome de abstinência** (sofre, resiste a dormir, mesmo capotando de sono, fica irritado, agitado, chora e grita) que passa, assim que a mãe o pega no colo. O que vemos então é um RN com menos de um mês de vida e já viciado (na realidade um mal-educado).

> ## Se esse vício não for tratado, seus sintomas vão piorando conforme forem aumentando suas atividades e responsabilidades.

- Esse vício prejudica o RN até quando acordado, pois o deixa irritado, instável, impaciente e chorão. Dormindo, seu sono é mais superficial que profundo, o que dificulta a formação e a ação da melatonina (a partir do 3º mês de vida) e acaba acordado por qualquer estímulo. Uma vez acordado, necessita de colo para adormecer.

- Se esse vício não for tratado, seus sintomas vão piorando conforme forem aumentando suas atividades e responsabilidades. Tornam-se crianças intolerantes, exigentes, imediatistas, egoístas, não suportam contrariedades e derrotas, não aguentam esperar, ficar em filas, gritam, tumultuam ambientes, não aceitam regras, não têm disciplina, não desenvolvem gratidão, empatia nem simpatia. Desenvolvem valores tangíveis fracos e os intangíveis são praticamente inexistentes.

- A própria mãe fica prejudicada, pois seu sono intermitente dificulta a produção e ação da melatonina, e não há tempo suficiente para repor as energias já em falência. Assim, a mãe sente sua disponibilidade e disposição em queda, sem reservas para suas outras atividades e interesses. Sua vida conjugal deteriora.

- A não ser que a mãe corrija o seu próprio hábito, ou vício de pegar o bebê no colo, esse filho estará condenado a não dormir o sono reparador da noite. Já atendi adolescentes que nunca dormem sozinhos, e por isso não viajam com a escola nem com os amigos.

Sabedoria de mãe e de pai   139

- Quando não aguenta mais, a mãe vai procurar ajuda da sua própria mãe, sogra, parentes, vizinhos que receitarão simpatias, mandingas e chás caseiros. Como eles combatem as consequências das noites maldormidas e não o vício, os problemas continuam.

- Nem todos os profissionais de saúde têm estes conhecimentos e, a pedido da mãe, acabam receitando medicamentos sintomáticos como calmantes, soníferos, ou remédios como antialérgicos, antieméticos e outros que provocam sono ou deixam os bebês "molinhos" como efeitos colaterais de suas ações terapêuticas. Também não resolvem o vício e os problemas continuam.

- Como a maioria dos RN primogênitos aprende a despertar quando o sono fica superficial e se acostuma a dormir só depois de mamar, arrotar, serem limpos, agradados no colo, não querem mais dormir no berço e choram ao serem colocados de volta. Mesmo que a família se acostume e até ache que é assim mesmo, esse quadro não é natural, não é normal, trata-se da **síndrome de abstinência de colo** em nenê com sono.

- Quem tem um segundo filho, percebe que ele dorme muito mais tranquilamente que o primeiro. Acha normal que o segundo filho durma bem, como se fosse "tranquilo por nascença". É que o vício de dormir no colo do primogênito ocupou tanto a mãe que "deixou" o segundo mais livre da sua solicitude, e ele aprendeu a não despertar, mesmo com sono leve.

- Esse vício, além de não ajudar na formação de valores intangíveis, não traz sustentabilidade ao RN nem à sua mãe, pois além de não ajudar a educação do filho, seus sintomas podem trazer sérias consequências ao longo da sua vida futura.

- Há pesquisas sobre crianças que sabem esperar. Procurem em sites de busca pelo experimento denominado **Kids and the Marshmallow Test,** feito com 600 crianças na Universidade de Stanford nos Estados Unidos. De acordo com essa pesquisa, uma criança ganha um marshmallow, um doce muito apreciado entre as crianças e pode comer na hora; mas se esperar 15 minutos para comê-lo, ganha mais um. Duzentas crianças conseguiram esperar e comeram dois marshmallows. Essas mesmas crianças foram avaliadas já adultas: na média, as que conseguiram controlar o impulso da satisfação imediata tinham mais sucesso tanto profissional quanto pessoal.

Como resolver e prevenir o vício de dormir no colo

- ⊙ A mãe tem que esperar a agitação do sono superficial passar. Isso acontece num tempo curto, pois em seguida ele entra em sono profundo. Nessa espera, a mãe tem que **fazer nada**, para que o seu filho não desperte. Tem de conter a sua vontade de pegar o bebê no colo.
- ⊙ A mãe tem de, nesse momento, deve proibir-se de se mexer, falar, cochichar, respirar mais forte, suspirar, se movimentar, andar, sentar-se na própria cama, conversar com qualquer outra pessoa, andar, acender a luz, ligar a televisão, fazer qualquer barulho, pois o bebê está com todos os radares ligados para despertar.
- ⊙ O **fazer nada** é diferente de não fazer nada. Não fazer nada pode ser negligência, abandono, indiferença, rejeição, atos altamente inadequados e negativos no relacionamento pais e filhos. Já o **fazer nada** é uma estratégia de ação educativa sustentável mesmo que pareça contrariar o seu instinto de proteção ao filho.
- ⊙ Esse **fazer nada** é eliminar qualquer estímulo que possa despertar o bebê do seu sono leve. Essa é uma maneira ativa de a mãe ajudá-lo a aprender a dormir sozinho a noite toda e, consequentemente, desenvolver melhor saúde física, psicológica e social. Portanto, esse **fazer nada** da mãe é fazer muito para o bebê.

Sabedoria de mãe e de pai **141**

- Conseguir esperar o filho reaprender a dormir sozinho é um problema que, se resolvido, trará muito mais satisfações e realizações para a própria mãe e para toda a família, pois sendo ela mais paciente e adequadamente mais tolerante passará esses valores intangíveis sustentáveis aos próprios filhos.

- Para conseguir esperar o bebê adormecer, o que ajuda é imaginar seu bebê já grande: se você não ficar parada naqueles minutinhos, sua criança também não conseguirá ser adequada seja onde for, fazendo você se levantar em restaurantes aos domingos à procura do irrequieto danadinho que sumiu, num passeio do shopping, numa casa de amiga, numa viagem da escola... Olha o prejuízo!

- Ou lembre-se do Teste do Marshmallow: se você conseguir esperar seu filho adormecer sozinho, você ganhará não o dobro, mas "inumeráveis" noites, pois terá a satisfação de ter dormido bem e seu dia será muito mais fértil. Portanto, será muito mais feliz e de lucro terá um filho fértil, isto é, feliz por ser mais humano e mais produtivo.

- O maior lucro é o aprendizado do bebê: o despertar não é tão problemático, pois ele poderá dormir em seguida. Repito: o vício é querer ser atendido. Quanto maior a reação escandalosa do filho, maior a **síndrome de abstinência**. Essa síndrome não mata e passa sozinha, porém, dar a droga ao viciado é gratificar o vício e prejudicar o corpo.

- Se com todos esses novos conhecimentos, sabendo que está prejudicando o filho, mesmo assim não conseguir controlar sua vontade de agradar, procure ajuda profissional antes de carregar o "seu bebê" de qualquer idade ao psicoterapeuta. Há momentos adequados em que esses mesmos carinhos, além de necessários, são muito bem-vindos.

- Com mais idade, o bebê vai balbuciar palavras, dirá um "mamãe" tão sofrido, pedirá por "áua", como se estivesse morrendo de sede, e por aí vai, testando qual palavra "amolece" a sua mãe. Quando ela oferece água, o bebê rejeita, mas aceita de muito bom grado o colo. O seu "lindo bebê" já aprendeu a seduzir a mãe, a dizer o que a mãe quer ouvir, mesmo que isso seja mentira.

- Se o bebê tiver mais de quatro meses de idade, ele já pode despertar sozinho e pedir colo. Então é preciso mais que **fazer nada**. A estratégia de ação daqui para a frente será mais complexa, pois terá que remover o vício adquirido enquanto se estimula o desenvolvimento da autonomia de dormir sozinho. O que dá trabalho é remover o vício, pois o sono retornará sozinho.

- Crianças maiores, até púberes e alguns adolescentes há que não precisam mais ser agradados para dormir: simplesmente não conseguem dormir, seja o primeiro sono, seja quando o superficializa. Elas continuam sofrendo psicologicamente pelos efeitos do vício e não pelo vício propriamente dito.

- Em alguns casos mais comuns, por exemplo, há necessidade da presença do irmão, mesmo que seja menor, bem menor... Neuroses não têm sentido lógico, possuem suas próprias histórias e justificativas... Quem justifica não faz. Para aprender a dormir outra vez é só praticando essa ação. Quem faz aprende, e quem aprende produz. Estes são os pilares da Educação Sustentável.

- Para remover o vício de dormir no colo, ou seus equivalentes futuros de não dormir sozinho no seu quarto, precisar sempre de alguém para dormir junto, etc. leia o capítulo Paz para criança dormir, do meu livro **Quem ama, educa! Formando Cidadãos Éticos**.

> ## O que dá trabalho é remover o vício, pois o sono retorna sozinho.

BEBÊ

Essa etapa começa com um mês de idade e vai até 18 meses de vida. As mudanças evolutivas não significam obrigatoriamente que também os hábitos sofram mudanças. Assim, problemas de sono e de alimentação adquiridos na etapa de bebê podem perpetuar até outras etapas, e muitos deles somente desaparecem quando trabalhados com os mais variados recursos.

As queixas mais comuns dos pais, principalmente das mães, nessa etapa são de que: o "bebê não aceita comida"; "põe tudo de volta" ("vomita"); "só quer mamadeira", etc. Apesar de este tema ter sido já abordado no livro **Quem ama, Educa!**, retomo alguns pontos fundamentais e acrescento os passos que devem ser dados a mais em direção da Educação Sustentável.

Não se passa direto da mamadeira para qualquer alimento mais firme de uma só vez. É preciso passar pela papinha bem ralinha, para o bebê aprender que tem consistência e gosto diferente. É natural que o bebê estranhe. Não significa que não gostou, mas sim que estranhou. Se o bebê não comer, significa que não aceitou, portanto não diga "nunca mais vou insistir e dar outra vez". Na refeição seguinte, dê simplesmente a mesma papinha. A criança já não vai estranhar tanto. Logo, logo, nas próximas refeições estará comendo a papinha com gosto. Se mudar, o bebê vai estranhar o novo gosto. E assim, a mãe pode esgotar facilmente todos os recursos de papinhas.

Nunca force de nenhuma maneira, nem tente enganar, nem agradar ou brincar de aviãozinho para que, ao bebê abrir a boca para dar risada, venha a colherzinha voadora para despejar o purê nela... Tudo isso é antinatural e antissustentável.

É antinatural, pois a alimentação tem de ser natural e não uma festa, uma brincadeira, uma enganação de criança. Mais importante que divertir e rir é sentir o sabor da papinha, e a mãe saber que é natural o bebê regurgitar por estar estranhando o alimento. Na próxima refeição, apresentar o mesmo gosto, a mesma consistência, a mesma temperatura e a mesma colher – pois são fatores a menos para ele estranhar. Assim, logo o bebê se habitua.

É não sustentável, pois a cada refeição será necessário disposição, disponibilidade e todo aparato de guerra para o bebê comer. E basta ele não comer que terá de vir tudo em dose mais caprichada, ou seja, muito mais desgastante. É quando começam a surgir as explicações justificando o fato de a criança não comer (como alguém lembrando que a bisavó também não gostava de papinha), ou que desde o nascimento do irmão que ele... Tudo isso se transforma também num grande sofrimento para o bebê quando chega a hora de comer, pois ele depende de agrados diferentes a cada refeição.

O comer e o dormir têm de fazer parte das ações naturais autônomas para qualquer ser humano. Na realidade, essa autonomia é natural para qualquer animal. O humano leva mais tempo, pois o mundo dos humanos é muito mais complexo e a autonomia depende muito mais de um preparo pós-nascimento do que requer outro animal, e que rapidamente se torna independente para comer e para dormir.

Entre os maiores problemas infantis estão a obesidade, a má alimentação, a desnutrição que acabam resultando em gastrites, distúrbios intestinais como obstipação (prisão de ventre), encoprese (fazer cocô nas fraldas ou cuecas em idade escolar) e desenvolvimento de doenças como diabetes, hipertensão, etc. A maioria dos problemas são adquiridos por falta de conhecimentos, tornando a prevenção o seu melhor tratamento. Essa prevenção começa desde a amamentação no seio até a adoção nas dietas das saudáveis verduras e frutas. É importante que os pais conheçam essa prevenção para obter melhores resultados na educação dos seus filhos.

INFÂNCIA

A passagem de RN para Bebê e deste para Criança (ou Infante) é sucessiva e muito imperceptível, pois se registra pelo nível de desenvolvimento e não porque um ciclo tenha se encerrado completamente para começar outro. O que se usa é a idade aproximada. Neste tópico, vamos refletir sobre o ciclo denominado por Infância e veremos como quanto mais soubermos sobre os quesitos de Educação Sustentável dirigidos para essa fase, melhores pais seremos, melhores famílias teremos e, como consequência, ganharemos um Brasil melhor para se viver.

Valores intangíveis fazem falta para a maioria dos brasileiros, mas são necessários para que cada pessoa atinja melhores resultados com suas próprias competências desenvolvidas. Tais valores cobrem amplos aspectos de nossas vidas e os exemplos são inúmeros. Um filho pequeno que manda nos seus pais, sem competência, sem valores intangíveis, se torna um *tirano*. Um aluno que agride seu professor. Um zelador que acha que é dono do prédio. Um motorista que abusa do veículo sob seu comando. Um patrão que explora o seu empregado. Um empregado, desde domésticas a altos executivos, que surrupia o que o patrão não percebe. A corrupção impune, que é a regra no meio político-administrativo de hoje, etc.

Voltando à questão da educação infantil, o que podemos perceber é que quando os pais não colocam limites nas inadequações dos filhos e se submetem a caprichos abusivos, além de não ensinarem os valores intangíveis, estão reforçando a delinquência, o abuso, desencadeando um sofrimento familiar, que se espalhará para a sociedade.

Já disse que as crianças hoje têm acesso às escolas muito cedo, e convivem menos com seus pais a ponto de a atmosfera social concorrer fortemente com o clima familiar. Isso significa que os conhecimentos e os valores vigentes à escola e à região onde o filho frequenta passam a fazer parte dele, talvez com maiores envolvimentos vivenciais e emocionais do que aqueles estabelecidos entre ele e seus pais. Mesmo que os pais cultivem valores intangíveis, estes não serão sustentáveis se não forem transmitidos ao filhos. Ao contrário, o filho geralmente demonstra em casa o que aprendeu fora de casa: um palavrão, um comportamento diferente, etc. Essa demonstração é sinal que o aprendizado do entorno social e escolar foi mais forte do que o do clima familiar.

A etapa mais importante da vida para formar os valores intangíveis é a infância, pois na adolescência os filhos estão mais independentes em busca dos próprios interesses. Sugiro que se lembrem das definições dos 10 valores intangíveis da Educação Sustentável que apresentei no primeiro capítulo deste livro: 1. Meritocracia; 2. Relação custo-benefício; 3. Aprender a aprender; 4. Ética; 5. Religiosidade; 6. Cidadania; 7. Gratidão; 8. Pragmatismo; 9. Disciplina e 10. Assumir responsabilidade e consequência dos seus atos. Esses são os mais conhecidos e frequentemente citados.

Há outros valores intangíveis tão ou mais importantes, mas que são menos conhecidos, portanto menos praticados na educação familiar no nosso país. Vejamos alguns: 11. Saciedade; 12. Felicidade; 13. Resiliência; 14. Empatia; 15. Simpatia; 16. Boas maneiras; 17. Cuidar dos outros; 18. Cuidar do ambiente que frequenta; 19. Relacionar-se com pessoas que agreguem valores e não os distorçam; 20. Ter fé.

> ## O filho geralmente demonstra em casa o que aprendeu fora de casa: um palavrão, um comportamento diferente, etc.

Formação de valores intangíveis

Vamos agora ver um pouco mais de perto a que se referem esses últimos valores intangíveis que acabei de citar.

Saciedade sustentável

Saciedade é uma satisfação que substitui a desagradável sensação de fome. O índice de massa corporal (IMC) registra um padrão internacional de peso ideal ou saudável. Assim, abaixo do índice saudável estão os magros (leve, moderado e grave) e acima estão aqueles com sobrepesos e obesos (grau I, severo e mórbido). O IMC depende da alimentação (em quantidade e qualidade) e da atividade física. A saciedade sustentável é caracterizada pela preservação do índice saudável do IMC, que resulta em excelente qualidade de vida, previne doenças e sofrimentos desnecessários.

No Brasil, 40% das crianças sofrem de obesidade. A maioria dessas crianças não respeita o *ponto de saciedade* e come exageradamente e se mexe de menos. Ignora o seu ponto saudável de saciedade, que se fosse conhecido e atendido, não as transformariam em crianças tão obesas. A saciedade avisa que a fome não existe mais e que se deve parar de comer. Pois se comer a mais vai engordar e se parar de comer antes de sentir-se saciado vai emagrecer.

Um dos conhecimentos que falta é o educacional. A saciedade é o limite entre o comer mais e parar de comer. Essa medida tem que valer para tudo na vida. Sempre há um momento em que continuar é exagero e o educado é parar. O equilíbrio custa esforço de conter a vontade. Se passar do adequado, tudo pode prejudicar: trabalhar demais, comer demais, exercícios demais, dinheiro demais, poder demais, etc. Todos temos de trabalhar, comer, exercitar, ter dinheiro, ter poder. Não existe uma medida que venha de fora, mas deve haver um equilíbrio emocional que traga satisfação e não sobrecarga.

A ambição desmedida leva à "obesidade mórbida" seja do que for. A criança tem de receber limites externos para conter as suas mais diversas vontades. Por exemplo, evitar excessos ao ver televisão, lidar com joguinhos eletrônicos, de internet, de comer, de ter brinquedos, de brincar, de gritar, de bater, etc. Crianças que podem

148 Educação Familiar

fazer o que quiserem, sem limites, estão aprendendo a desenvolver a obesidade mórbida, isto é, mesmo que não tenham nem onde guardar mais brinquedos nem brinquem com todos os que possuem, sempre fazem birra para conseguir mais um. É um "obeso mórbido" por brinquedo.

Cabe aos pais estabelecer um limite para que ele comece a aprender a ficar saciado com o que tem. Os pais são obesos mórbidos em atender os desejos ilimitados dos seus filhos. A obesidade é uma doença familiar que atinge os desejos mórbidos dos filhos e a necessidade mórbida dos pais em atendê-los.

Felicidade sustentável

Cada pessoa cria um critério próprio para definir sua felicidade, pois ela envolve várias culturas e contextos de tempo e local geográfico, além da história pessoal e familiar. Assim, dois irmãos gêmeos idênticos podem sentir felicidade de maneira diferente, se pensarmos neste conceito pela concepção da Felicidade Sustentável.

A palavra feliz vem do latim *felix,* que significa fértil. Por definição, feliz é a pessoa fértil, aquela que realiza, que produz, que inova, que sustenta. Lembra, nesse sentido, alguns dos pilares da Educação Sustentável: *Quem faz aprende / quem aprende produz / quem produz inova / quem inova sustenta / quem sustenta é feliz.*

Felicidade Sustentável é uma sensação afetiva prazerosa de amor na qual cada pensamento, emoção, sentimento e ação tem a intenção de integrar a produção do bem sustentável do seu meio ambiente com as pessoas, estejam elas onde estiverem e a qualquer tempo. Pode sentir-se feliz, por exemplo, uma pessoa que é reconhecida pelo bem que já fez, pois esse *feedback* é o que consagra a ação sustentável. Buscar ser feliz é uma filosofia de vida que transcende a própria vida material no tempo e no espaço.

Quanto mais se é jovem, mais se confunde felicidade com saciedade. A diferença fundamental é que a saciedade é cíclica, resulta do ato de saciar uma vontade. Enquanto a Felicidade Sustentável é uma sensação de paz e de equilíbrio físico, psicológico, ambiental e relacional, transcendo a pessoa, o espaço e o tempo.

A criança tem de aprender a manifestar a sua saciedade e agradecer a quem a provê ou a ajuda. Pega um presente e sai correndo sem agradecer? Ela pode estar satisfeita, porque tem um desejo seu satisfeito, mas não pode estar feliz, pois foi egoísta. Egoísmo não combina com nenhuma felicidade, muito menos com a sustentável. Basta perceber, nesse caso, que o comportamento que a criança aprendeu chama-se satisfação egoísta (Se estou satisfeito, danem-se os outros!).

A criança ainda não entende o conceito de Felicidade Sustentável, mas esse entendimento começa com o afastamento do egoísmo. Está feliz? É a pergunta básica que os pais já fazem ao filho. Seria bom retomar o conceito da felicidade numa conversa relaxada de final de dia, quando estiverem no trânsito mais sossegado, por exemplo; e dizer que todos estavam felizes juntos e ninguém estava sofrendo ou se sacrificando para você ser feliz. Estar feliz e maltratar um garçom que nos serve, por exemplo, não é felicidade, mas sim exploração desnecessária de um poder. O comportamento educado, quem deve ensinar são os pais. Se não ensinam, estão se dispondo a serem explorados futuramente pela criança, ou seja, não estão sendo sustentáveis, mesmo que estejam provendo bem o filho.

Ninguém sente falta do que não conhece. Se uma criança não conhece gratidão nem sabe o significado da palavra obrigado, é preciso ensinar. Antes do ensinamento o melhor é perguntar para uma criança: o que é obrigado? Então completar a resposta dela. Por mais que os pais agradeçam tudo para todos, se o filho não agradecer tem de ser ensinado. Pois o sentimento de gratidão é um forte componente da felicidade. Ingratidão, inveja, vingança, ambição e ciúmes não combinam com felicidade. "Obrigado(a)" tem que ser dito clara e gentilmente, com os olhos nos olhos. É uma felicidade poder agradecer e um prazer receber um sincero **muito obrigado!**

Resiliência

Esta palavra veio emprestada da física e significa que um material ou objeto volta à sua forma original depois de atingido de alguma forma. Para mim, o melhor exemplo é a bola de futebol que volta ao seu normal após ser violentamente chutada. O que aconteceria se chutássemos um vaso com a mesma força? Nosso corpo também é muito resiliente. Ficamos doentes e voltamos ao normal. Brigamos, choramos, sofremos, ficamos cheio de dores e febre, de cama e alguns dias depois voltamos a correr e brincar no parquinho.

Os pais gostariam bastante que nada faltasse na família, que tivessem paz, alegria e que todos fossem felizes. Como a vida é dinâmica, ela tem altos e baixos. Dificilmente se consegue viver sem problemas. Felicidade não é não ter problemas. Felicidade é ter resiliência para compreender, enfrentar, superar o problema. Problemas e crises passam e a vida sempre continua.

Sofrimentos existem para nos ensinar a não sofrer outra vez. Se a gente não aprende vai continuar sofrendo do mesmo mal. Brigou na escola? Por que brigou? Você errou? Peça desculpas. Se ele desculpar, você já aprendeu que o que você fez não foi bom, portanto, não deve fazer outra vez.

Resiliência não é passividade, ser vítima sem reação, mas é recuperação. Antes de se julgar um infeliz, veja primeiro tudo o que você tem, repare nas pessoas que não têm e pense outra vez que diferença lhe faz não ter aquele brinquedo que você até brigou para ter.

Convivendo com uma pessoa feliz, ninguém imagina os problemas e dificuldades que ela já superou. A resiliência nos torna cada vez mais forte e preparados para enfrentar novos problemas e desafios, não somente como uma luta pela sobrevivência, mas também como um sábio experiente porque conhece o caminho das pedras parece aos outros que flutua sobre a água.

Uma criança que aprende a superar a birra sofre menos, portanto fica mais feliz, produz mais alegria e vive bem melhor; isso estimula outras pessoas a serem melhores com ela. Porque não há felicidade que seja eterna, como se houvesse uma redoma de blindagem contra as contrariedades e dissabores da vida. A felicidade está em não abandonar a escola por causa de uma matéria ou professor, não desistir de um campeonato pela derrota em um jogo, não renunciar a um cargo por frustração.

A felicidade está não só em ficar feliz com o que se consegue, mas também em saber lidar com o que não se consegue. A felicidade está, de vários modos, na resiliência. Mas a resiliência pode estar exagerada quando uma pessoa acostuma-se a suportar sofrimentos no lugar de recuperar-se e defender-se deles, e acaba também habituando as pessoas a se aproveitarem dela. A resiliência é sustentável quando o sofrimento ensina sobre o que causou tanto sofrimento e nos prepara para não sofrer do mesmo mal duas vezes.

> Felicidade não é não ter problemas.
> Felicidade é ter resiliência para compreender,
> enfrentar, superar o problema.

Empatia sustentável

Você fica com pena do cachorrinho abandonado na rua? Quando você olha para outra pessoa sofrendo, ou precisando de ajuda, o que você faz? O que você sente quando maltrata seus pais? O que você faz com alguém que maltrata você? E se esse alguém o trata bem?

Tudo o que sentimos ao perceber o que se passa com outras pessoas chama-se empatia. Quando é usada para o bem, para melhorar as pessoas, ela é sustentável. Não é sustentável quando alguém

Educação Familiar

sentindo que uma pessoa está fragilizada e impossibilitada de reagir tira vantagens da situação.

Quando um filho tira vantagens dos pais porque eles não conseguem negar um presente, mesmo que não mereça, mostra que tem empatia, mas a está usando para benefício próprio. O filho está se "aproveitando" da generosidade dos pais.

Quando um aluno pratica o *bullying* com outro é porque ele identificou a incapacidade do abusado de reagir, portanto, além de ser um egoísta, ainda pratica um mal físico, psicológico e social sobre quem não reage. Por que ele não tenta praticar o *bullying* com alguém mais forte que ele? Porque é um covarde diante de um forte e valente diante de um fraco. É um aluno traiçoeiro que no momento em que o forte fraquejar, vai querer tirar proveito pessoal. Ninguém merece um colega desse tipo, não é verdade?

Antes de cuidar do cachorrinho na rua, do colega que é abusado, pratique em casa o ato de cuidar dos seus pais. Os pais têm que demonstrar mais as suas fraquezas, ou cansaço no final do dia, para ensinar aos filhos a praticarem a empatia sustentável, que é perceber as necessidades dos pais e ajudá-los no que puderem.

Não é isso que costuma acontecer. A mãe, repito, tem o hábito horrível de se sacrificar pelo filho, deixando suas necessidades para depois para atender caprichos. Essa atitude da mãe costuma habituar o filho a ser egoísta e a pensar que a mãe não faz nada que ele quer, quando se trata de algo que a mãe realmente não consegue fazer. Esse comportamento da mãe não educa o filho a perceber as necessidades dos outros e com isso ele não desenvolve a empatia sustentável.

A empatia se torna sustentável quando o filho toma uma atitude de poupar o pai ou a mãe cansada e ajuda ativamente no que ele ou ela tem de fazer. Interessante é que os pais esperam que o filho aprenda a ajudar por ver o pai ou mãe ajudar. Se ele somente vê, o que ele vai aprender é **ver o pai cansado** e não a **ajudar o pai**

cansado. Para ajudar, tem de partir para a realização da ajuda e não ficar somente na vontade. Quanto mais ajudar, mais empático o filho se torna.

Simpatia sustentável

A simpatia é mais controlável que a empatia, pois ela é o que sentimos sobre a outra pessoa, enquanto a última é o que sentimos sobre o que a outra pessoa está sentindo. Em geral, agimos em função do que sentimos no nosso corpo e não em função do que sentimos a respeito dos sofrimentos dos outros. Assim, com a simpatia tomamos a iniciativa de expressar o que sentimos primeiro, enquanto na empatia há uma espécie de compaixão, a iniciativa de ajudar quem precisa.

Temos uma incrível capacidade de percepção que foge à consciência e que nos faz reagir instintivamente. É tão rápida que uns chamam de intuição, outros de sexto sentido. Essa percepção nos leva diretamente a estabelecer um critério que indica "se gostei ou não gostei da pessoa que estou vendo pela primeira vez". Para chegarmos a essa conclusão, usamos tantas referências que nem sequer temos consciência delas.

Mas se analisarmos com mais calma, podemos perceber alguns detalhes como movimentos, expressões, rugas, olhares, cor de olhos, pupilas dilatadas ou não, cabelos e uma infinidade de dados que, somados, caracterizam uma figura passível de ser apreciada ou não. Assim, torna-se mais fácil atribuirmos tal percepção a algo desconhecido como intuição ou sexto sentido.

Fazemos dois tipos de avaliação sobre uma pessoa: um deles quando gostamos dela, e outro quando não gostamos. É incrível acreditar que aquela pessoa, tão detestada por mim, pode ser amada por outra pessoa, a ponto de achar que falamos de pessoas diferentes.

Muitos pontos considerados para essa avaliação são altamente subjetivos e até preconceituosos. Podemos nos enganar redonda-

> # Fazemos dois tipos de avaliação sobre uma pessoa: um deles quando gostamos dela, e outro quando não gostamos.

mente. Pessoas caladas são tidas como antipáticas na primeira impressão. Porém, à medida que estreitamos o relacionamento, elas não parecem ser tão tímidas; pelo contrário, são até simpáticas.

Para não errarmos, é preciso ficarmos abertos e receptivos para que sejamos aceitos, isto é, tornemo-nos o mais simpáticos possível. Todos sabemos que não se tem a segunda chance de causar uma primeira impressão. O nosso sorriso, em nossa cultura, faz a outra pessoa reagir também com um sorriso. E assim, tudo fica mais fácil. Difícil é transformar a primeira má impressão em boa. Portanto, um bom começo para um ótimo relacionamento é a sua simpatia e isso depende de você.

Civilidade

Mães gritonas têm filhos gritões. Pais brutos têm filhos brutos. Não precisa ensinar, porque os filhos acabam imitando os pais. Assim acontece com os preconceitos, intolerâncias, grosserias, uso de palavras, gestos, etc. Os filhos observam como um pai exerce autoridade e fazem o mesmo quando imitam autoridade. Os próprios pais não se percebem tão gritões, brutos, preconceituosos, intolerantes, grosseiros, mal-educados. Mas se prestarem atenção na maneira como os filhos se tratam entre si logo perceberão. Se em casa os irmãos não se respeitam, mas respeitam os pais dos amigos e os amigos na casa deles, significa que os filhos têm o verniz social. Brilho só por fora. Basta ter intimidade para mostrar a madeira podre. Podre por dentro.

Crianças copiam o que veem e se não corrigidas acham que é natural o que fazem, pois o fazer ensina. Lembro-me de um repórter que numa entrevista perguntou a um garoto de 6 anos o que ele achava de morar num bairro tão perigoso, sujeito a tantos assaltos e roubos e recebeu como resposta: "a gente acostuma".

Quando um filho tratar mal (gritou, ofendeu, agrediu, jogou objetos no chão, etc.) os pais, eles não devem atendê-lo, dizendo simplesmente "Você precisa aprender a ter modos" e, em seguida, pedindo educadamente "...e agora, você se retire. Quando vier com bons modos vamos conversar". Simplesmente deixe de atendê-lo e encerre o assunto sem gritos, escândalos, mágoas, etc. Essa fala não constitui uma bronca, mas sim, numa ação educativa. Educar é um gesto de amor. O interessado é o filho em aprender para poder ser atendido. Quando o filho vier educadamente conversar, mostrem-se tranquilos e satisfeitos e não deixem de atendê-lo educadamente. Se os pais vierem com ironia, tipo "aprendeu, hein?" ou "tá vendo como assim é melhor?" ou outras frases desse tipo, perderam uma bela oportunidade de ficarem calados. Bons modos atraem bons modos. Gritos e brutalidade atraem gritos e brutalidades... Assim o grosseiro que só tem uma camada de verniz de educação, vai ter que atualizar o seu miolo contaminado pelos maus modos.

Se um filho grita, tenha uma resposta na boca: "não sou surda e não vou atender enquanto não falar comigo com modos"; vire-se para o lado e cuide de suas próprias atividades, dando um chá de cadeira no filho e não reforce sua má-educação.

Assim como as vestes podem ser um cartão de visitas visual, as maneiras, boas ou más, identificam a educação comportamental. Boas maneiras fazem parte da civilidade e podem ser resumidas em quatro palavras: **com licença; por favor; obrigado** e **desculpe**.

Cuidar dos outros

Muitos filhos estão acostumados a serem cuidados mas não foram ensinados a cuidar dos pais, de outros adultos, dos funcionários, etc. Pelo contrário, o que os filhos estão aprendendo é maltratar os pais, explorar a culpa da mãe, ofender o pai porque "nunca está em casa", etc. Eles estão na idade de aprender tudo. Se os pais não ensinam, o que eles aprendem é o que eles mais praticam: egoísmo e egocentrismo.

Quando os filhos desenvolvem empatia, percebem que os pais estão cansados ou precisando de ajuda. Se não, nem isso os filhos percebem. Como esperar, então, que os filhos cuidem dos pais? Filhos agredindo os próprios pais estão aprendendo a agredir professores e outros adultos fora de casa. A base dessas agressões é a falta de educação, a falta de respeito ao próximo e à autoridade.

Em palestras, quando apropriado, falo que a longevidade está alcançando os pais de hoje. De fato, há muitos senis cadeirantes, que já não têm nem condições de cadeirar. Assim, um dia o filho se lembra de levar o pai para tomar sol. Leva-o com todo o carinho, mas esquece o pai esturricando ao sol. Diante disso, eu resumo: "Se ele nunca cuidou do pai, não vai ser agora que vai cuidar, e o pai vai morrer de pneumonia da noite..."

Os pais não devem ser os super-heróis dos filhos. Mesmo sendo humanos, afetivos, vulneráveis, os pais são líderes educadores em casa. Os líderes não só instigam o aprendizado mas também cobram resultados. Para os filhos cuidarem dos pais é preciso que os pais ensinem os filhos a ajudá-los. Peçam auxílio para atividades simples, companhia para sair, ir ao jornaleiro, dar uma volta com o cachorro, não importa qual a atividade, pois o interesse primeiro é mostrar **companheirismo**.

Os filhos estão acostumados com os pais como companheiros de brincadeiras. A proposta é que os filhos sejam companheiros nas atividades dos pais. Como companheiros, ambos põem a mão na massa, qualquer massa... Se os pais precisarem de ajuda específica, orientem os filhos como fazer para ajudá-los. É como estarem num barco a vela. O velejador que oriente qual corda puxar, para que lado pender o corpo, etc. O filho tem de sentir que o resultado também se deve a ele. Ninguém gosta de ser um companheiro inútil.

O bom companheiro percebe de que o outro precisa. Assim é que os filhos aprendem a ser companheiros dos seus pais. É dessa forma que um filho pode perceber quando seu pai ou sua mãe está num sufoco e ele pode ajudar. Nunca os pais devem dispensar a ajuda espontânea. Mesmo que no começo possa atrapalhar, com a prática o filho será bom companheiro.

Como vimos, é comum as mães carregarem as mochilas dos filhos, que vão totalmente livres, brincando ou brigando entre si. Talvez também preparem suas mochilas. Só falta às mães assistirem as aulas para os filhos aprenderem porque provavelmente algumas delas até lição de casa fazem por eles. Uma bela maneira, sem dúvida, de formar príncipes herdeiros e não sucessores empreendedores.

Cuidar do ambiente que ocupa

"Pela milésima e última vez vou arrumar o seu quarto" reclama a mãe para seu filho adolescente. "O quarto é meu e deixo como eu quero!" contesta o filho. Por que a mãe tem que continuar a arrumar o quarto? Quantas vezes ela já disse a mesma frase? Isso é consequência da má educação do filho de não cuidar do ambiente que ocupa. Quando pequeno, era pequeno demais para arrumar; agora está grande demais para não arrumar. Quem justifica não faz. Ela já justificou mil vezes, mas nunca foi a última. Dá para acreditar na mamãe?

Crianças que são capazes de empilhar cubinhos são capazes também de jogar cubinhos dentro de caixas. Mas não precisamos exagerar. A partir dos 2 anos de idade elas têm melhor condição de guardar se conseguiram pegar de onde estavam guardados. Se pegam de um saco, ou de uma caixa de brinquedos, já conseguem também guardar no mesmo lugar, se estiver ao alcance delas. Crianças acabam as brincadeiras quando esgotam a vontade, portanto os pais têm de ensinar que a brincadeira acaba somente quando todos os brinquedos são guardados. Na última olhada para o local onde brincou, devem comentar: Que bom, está tudo em ordem!

Com mais idade, quando as crianças já têm a noção do que é perder, pode-se aplicar um ensinamento: Quem não cuida do que tem, vai perder. Se você não guardar o brinquedo, vamos doar para uma criança carente. Doa a quem doer, tem que doar. É o custo do aprendizado. Não adianta esconder e, num belo dia, quando tudo está em paz, de repente o brinquedo faz tchramm! e aparece... Significa que não foi dado. A criança foi enganada. Por isso é importante que os pais levem o próprio filho para entregar o brinquedo a outra criança, no dia mais apropriado para essa doação forçada.

O adolescente não é dono do quarto. O quarto pertence à casa. Se ele não o arruma, não tem por que lhe entregar o quarto. Portanto, após deixar passar algumas oportunidades para não arrumar, combina-se um prazo. Assim que terminar o prazo, e ele continuar teimando em não arrumar, faça a reintegração de posse. Mas tiremos a porta e deixemos o vão aberto para a casa. O espaço, ao retornar a casa, deverá ser arrumado quando se arruma a sala. Por exemplo, o custo da sua privacidade é tomar conta do seu ambiente. Não existe "pra mim tá bom assim" quando o filho pertence à família. Longe de ser um pensionista, ele é um integrante da família.

Chama-se Cidadania Familiar esse cuidado com as pessoas e com o ambiente. Se há lixo no tapete, que o recolha quem o vir primeiro, mas todos devem prestar atenção em descobrir quem está "sujando", para que aprenda a manter limpa a sua "cidade".

Um costume que os pais poderiam adotar com as crianças mal--educadas é perguntar para elas, quando sozinhas, se as pessoas com quem tiveram e o local onde estiveram ficaram melhores ou piores a partir do momento que elas foram embora. É um exercício de reflexão que ajuda muito na Educação Sustentável.

> # Quem não cuida do que tem,
> # vai perder.

Relacionar-se com pessoas com bons valores

Cada vez é mais importante para a educação, os pais saberem quem são os amigos dos seus filhos. Não somente o nome e sobrenome, onde mora, filho de quem, onde estuda, etc., mas se possível quais são os seus costumes. Se todos os amigos do seu filho fumam maconha e só o seu filho não fuma, mas passa o tempo todo com eles, algo está muito mal explicado. Se o grupo todo é de repetentes e só o seu filho não é, existe algo estranho, como se todos fossem pobres e só o seu filho fosse rico; mesmo que não seja ostensivo, "a conta também não bate".

Há pais que ficam tão preocupados a ponto de ensinar os filhos a andarem somente com pessoas melhores que eles. Indiretamente esses pais estão dizendo para os filhos serem os piores da turma. Mas qual é o mal dessas diferenças, se o filho se sente bem assim?

Imaginemos um jogador de futebol regular. Se ele entra num time forte, ele é o mais fraco; se o time é fraco, ele é o melhor. O seu progresso dependerá do seu esforço e do meio que o estimula. Nenhum bom jogador vai passar a bola para o mais fraco se houver outro bom para receber e fazer o gol. O regular vai desaparecer. Num time fraco, o bom jogador pode se exaurir e o time não ganhar. O bom vai desaparecer. O time regular é onde o jogador regular vai ter mais estímulo para jogar melhor e se sobressair. É do time forte que sai o melhor jogador do campeonato. O bom jogador vai ser desclassificado junto com o time fraco.

Um cargo bom numa empresa boa com grande chance de crescimento para ambos vai admitir um funcionário que se relacione com as pessoas fracas do bairro ou com outro que tem importantes conexões com pessoas bem colocadas em outras empresas?

160 Educação Familiar

Como o clima familiar está influindo pouco em relação à influência do meio social, o mundo está se interessando pela pessoa e sua rede de relacionamentos; não só saber de que família procede, mas também qual é a sua rede social, quais são os seus interesses, onde se encontram os seus amigos. A rede de amigos é um valor oculto que não se informa no currículo profissional, mas quem tem uma boa rede costuma ser mais valorizado do que quem não a tem.

Se uma família não usa palavrões, mas o filho pequeno solta uns palavrões em casa, em algum lugar ele aprendeu. Se foi na escola, provavelmente não foi o professor que ensinou, mas aprendeu com seus coleguinhas. Mais tarde, a maconha entra na vida do filho muito mais por parte dos amigos do que dos traficantes.

Se os pais procurarem conhecer os amigos dos filhos desde crianças, quando chegar a adolescência já existe o hábito, portanto haverá menos resistência do que querer "controlar os amigos dos filhos independentes". A melhor maneira de conhecê-los ainda continua a ser a grande sabedoria de os pais receberem sempre os amigos dos filhos em casa, desde a infância.

Ter fé

A nossa inteligência, a partir da puberdade, é dotada do pensamento abstrato, que é a capacidade de elaborar hipóteses, criar linhas de raciocínios, tirar conclusões, buscar soluções inusitadas, espiritualizações, etc.

Nenhum ser humano, mesmo que admita que possa, quer morrer. Ele quer viver. A essa pulsão Freud chamou de instinto de sobrevivência. Ele quer deixar uma herança de vida para além da sua morte, necessidade que Freud denominou de instinto de perpetuação da espécie. Não precisa ser humano para agir assim, basta ser do reino animal vertebrado. O que diferencia a espécie humana é ir além desse ponto. Para nós, não basta sobrevivermos nem perpetuar a nossa espécie. Queremos crer em algo maior que justifique a nossa existência. Precisamos acreditar em ideias, em hipóteses, e não só no que cabe no âmbito tridimensional da matéria.

Muitos valores intangíveis não se veem, não se medem, não se pegam, mas é possível sentir que existem: religião, religiosidade, amor, amizade e tantos outros valores já descritos neste livro.

Fé é ato de acreditar no que sente ou pensa, capaz de fazer com que uma pessoa aceite desafios, enfrente o desconhecido, supere obstáculos, suporte frustrações, domine seus instintos, resolva problemas, crie soluções, busque sempre dar um passo além, dê um significado à suas ações, enfim, que justifique sua existência.

Uma pessoa onipotente coloca-se no ápice da sua pirâmide de poder. Um religioso tem o seu Deus no ápice da sua religião, e ele tem uma posição dentro dessa pirâmide. O religioso ganha a força da sua religião. O onipotente está sozinho. Um grupo geralmente é mais forte que um indivíduo.

Uma criança teme o público e se esconde atrás das cortinas. Quando sabe que os pais estão na plateia, ela se sente fortalecida e avança para o palco. A criança sentiu fé, isto é, sentiu-se mais forte com a confiança que os pais depositaram nela. Mas se ela não tivesse nenhuma competência, de nada adiantaria ter entrado no palco. Portanto, a fé aumenta a competência na arte dessa criança. De nada adianta o religioso só rezar, pois se não fizer a sua parte não há como seu Deus o ajudar.

Numa família em que uma criança esteja no ápice do poder da pirâmide familiar, ela estará sozinha, por mais que os pais se submetam a ela. Uma birra a que obedece, uma falta de educação aceita inverte a hierarquia do poder. Como não tem competência para mostrar, ela exibirá sua ignorância, sua má-educação. Entretanto, só a própria família aceita tal falsidade, pois ninguém no mundo a reconhecerá como poderosa. Essa criança está sendo mal educada pelos seus próprios pais.

Valores intangíveis no Japão e no Brasil

O Japão está no extremo oposto do Brasil não só na localização geográfica, mas também na questão da cidadania, principalmente no que se refere à formação dos valores intangíveis. Tem-se notícia da pronta recuperação do Japão em relação aos estragos que o tsunami de março de 2011 provocou, restabelecimento em que não faltaram as demonstrações de solidariedade coletivas do próprio povo, que não mediram esforços para ajudar os atingidos com extrema eficiência, respeito, carinho e civilidade. Não faltam o desprendimento de dividir o que se tem, de, mesmo precisando, recusar ajuda para que os mais necessitados fossem ajudados; demonstrações de cooperação de todos, de civilidade, de solidariedade, de ajuda mútua, de honestidade, etc.

> Os alunos no Japão, do 1º ao 6º ano, devem aprender ética no trato com as pessoas. Quando é ensinada de fato a ética no Brasil?

No Brasil, em janeiro de 2011, tivemos as chuvas na região serrana do Rio de Janeiro que destruíram cidades como Petrópolis, Teresópolis, Nova Friburgo e outras que sofreram enchentes e deslizamentos. Até hoje as cidades não foram reconstruídas, as pontes não foram refeitas, o povo continua mal atendido. Recentemente foram encontrados eletrodomésticos dentro de um galpão, que foram doados aos flagelados, mas lá ficaram depositados para ser entregues só com interesses eleitoreiros. O povo precisando tanto e as geladeiras enferrujando num galpão. A generosidade e a solidariedade do povo brasileiro foram grandes, manifestadas por envio de materiais de extrema necessidade às vítimas. Esse material já foi furtado pelo caminho e mal chegou ao seu destino, demonstrando que também existe falta de educação tremenda.

Para pensarmos um pouco sobre a diferença de comportamento que as pessoas, de modo geral, apresentam nesses dois países, vejamos como o cidadão japonês é preparado desde a infância:

- No Japão, os alunos limpam suas escolas todos os dias, por 15 minutos, juntamente com seus professores. Isso seria possível colocar em prática no Brasil? As crianças poderiam até aceitar, mas como reagiriam seus pais?
- Empregado de limpeza no Japão é chamado de "Engenheiro da Saúde" e ganha de 5 a 8 mil dólares por mês. Para exercer essa atividade está sujeito a provas escritas e oral. No Brasil, a ameaça que os pais simples fazem aos seus filhos que não querem estudar é: "O que você vai ser quando crescer? Lixeiro?" como se isso fosse a mais humilhante e pobre profissão a ser seguida.
- Os alunos no Japão, do 1º ao 6º ano, devem aprender ética no trato com as pessoas. Quando é ensinada de fato a ética no Brasil? Qual o modelo político da ética para o povo brasileiro?
- Não há avaliação nenhuma do 1º ao 3º ano, pois o objetivo da educação no Japão é incutir os conceitos de desenvolvimento do caráter. No Brasil, a falta de avaliação promoveu a aprovação sistemática pelo Ensino Fundamental e Médio, política que acabou diplomando alunos analfabetos funcionais após onze anos de bancos escolares.
- O Japão é constituído por ilhas vulcânicas, sujeitas a centenas de terremotos anuais e, mesmo assim, conseguiu tornar-se a terceira maior economia do mundo. O Brasil é o quinto maior país do mundo em extensão, sem terremotos, furacões nem tsunamis, onde "em se plantando tudo dá".
- Não há empregados domésticos no Japão, apesar de ser uma das populações mais ricas do mundo. Os pais são os responsáveis pela casa e pelos filhos. O Brasil quase entrou em crise

quando em março de 2013 o Senado aprovou a lei para regulamentar a profissão de empregada doméstica em todo o território nacional.

- Mesmo tendo um país tão rico, com o 2º maior PIB do mundo, os japoneses só se servem do que vão comer e comem tudo. Nenhum alimento é desperdiçado. O Brasil, com o 8º maior PIB, tem alimento sobrando e parte da população não tem o que comer.

- Os ultramodernos trens de alta velocidade, também conhecidos como trens-bala, por sua velocidade beirar os 300 km/hora, no Japão, apresentam um atraso de sete segundos (sete segundos!) por ano. Em São Paulo, perde-se em média de uma a três horas no trânsito das grandes cidades. Apesar de existirem horário de chegadas e partidas dos coletivos, aviões, metrôs, há supressão de horários sem aviso-prévio, tumultos, acidentes em que os prejuízos em tempo e dinheiro são incalculáveis.

- As crianças em idade escolar escovam os dentes e usam fio dental após as refeições na escola para manterem a saúde. No Brasil, costuma-se reclamar dos médicos, e o país não investe em estrutura básica como hospitais, centros de saúde, etc.

- No Japão, há a preocupação em formar uma geração para um país que a vai receber. Dadas as condições que o Brasil oferece a essa geração de crianças e adolescentes, qual é a esperança de os brasileiros terem um país com que tanto sonham?

Enurese noturna ou fazer xixi na cama

Um dos problemas mais frequentes e evitáveis na infância é o da enurese noturna, que é a falta de controle sobre o ato de urinar. Quando esse descontrole acontece durante o sono da noite, chama-se enurese noturna, ou como é popularmente conhecido o ato de "fazer xixi na cama".

Das crianças até 5 ou 6 anos de idade, 15% delas apresentam enurese noturna. Na faixa que vai até os 10 anos, essa porcentagem já diminui para 5%; entretanto, mesmo adultos convivem com esse problema em uma porcentagem que pode chegar até a 1% deles.

Nas crianças, a enurese noturna vai desaparecendo conforme elas amadurecem. Se as enureses começam a incomodar, e as crianças querem adquirir o controle sobre o ato de urinar, existe um método que pratiquei em casa com um amiguinho do meu filho, e que inclusive indiquei a vários pacientes, tendo resolvido na maioria das vezes o problema (ver página 168).

Para o sucesso da aplicação do meu método, o mecanismo psicológico da enurese deve ser compreendido e os diagnósticos médicos sobre a enurese (que a classificam como doença, sistêmica ou neurológica, ou do sistema gênito-urinário), ou mesmo que indicam causas mais localizadas, como infecções, inflamações, ferimentos, estados psíquicos de consciência alterada pelo uso de drogas, dores e febres, intoxicações, – ou até mesmo simples imaturidade neurológica e muscular do sistema urinário – têm de ser afastados.

Fazer xixi na cama é diferente de enurese noturna

Ao cuidar de alguns enuréticos noturnos resistentes a vários tratamentos, inclusive medicamentosos, e outros pacientes que atestavam o problema, descobrimos que o caso não é similar a uma incontinência urinária, quando não se tem o controle sobre a micção. A maioria das pessoas que faz xixi na cama sente o prazer de alívio que o urinar provoca. A umidade da urina não incomoda a pessoa que urina, porque a urina, quando é eliminada, tem a mesma temperatura do corpo; o que incomoda a ponto de acordar o urinador é quando ele percebe a diferença de temperatura entre a urina que esfria e o corpo que mantém a temperatura normal.

Então, o que incomoda a ponto de acordar o urinador é o fato de a urina esfriar. Quando acorda, sente-se mal porque descobre que acabou de urinar e não é comum voltar a dormir num lugar urinado. O prazer que sente é o mesmo prazer que sente ao urinar acordado, num ato voluntário.

De fato, sentir, ou perceber, a urina escapar por qualquer tipo de incontinência vesical é angustiante e não prazeroso. O prazer de urinar é característico de quem controla a micção, e não de quem tem descontrole (pois este se sente tremendamente incomodado). Por isso, torna-se mais apropriado chamar este ato de **fazer xixi na cama** e não de **enurese noturna**.

Também estudei o que acontece com a mente do urinante durante o ato de urinar. A bexiga, quando cheia, manda um aviso para a mente tomar uma atitude. A pessoa passa a sonhar que quer urinar e vai procurar um lugar para esvaziar a bexiga. Quando encontra um local possível, ela urina num gesto ativo de micção e não porque não conseguiu manter o controle e a urina lhe escapou. Na verdade, a mente acredita no sonho como se fosse realidade e envia uma ordem para a bexiga urinar.

A mente não se distraiu, nem se confundiu. Com o sonho que ela mesmo criou, justificou a ordem de micção. Assim, uma ordem dada num sonho serviu para o corpo real, ou seja, o sonho foi criado para justificar a micção e a pessoa não ter de acordar. Quando no sonho essa pessoa não encontra o local adequado, isto é, o sonho não justifica a micção, o estímulo da bexiga ao cérebro continua e o urinante entra em forte angústia, por ver-se sem saída e acaba despertando. Em suma, se o sonho justifica, a criança faz xixi na cama sem acordar; se não justifica, ela desperta.

Educação e xixi na cama

Quando a pessoa tem uma educação fortemente enraizada e não se aceita urinando em qualquer lugar, mesmo no sonho acaba

> # Com mais idade, o gênero masculino faz muito mais xixi na cama do que o feminino, inclusive na faixa dos adultos.

por não encontrar um local adequado e na angústia da bexiga cheia e na ansiedade por não encontrar o lugar desperta e segue rapidamente para o banheiro a fim de se aliviar.

Portanto, o grande diferencial está na educação da pessoa. Quando ela se permite fazer xixi atrás da árvore, no poste, na grama, num muro, na piscina, no chuveiro, ou em qualquer outro lugar, ela facilmente encontra local para urinar. Se a pessoa é educada e só faz xixi no banheiro, não encontrando o banheiro acaba acordando angustiado e ansioso.

No caso dos sonhos não é diferente. As pessoas que fazem xixi na cama sentem-se mais livres e fariam, ou já fizeram, xixi em qualquer lugar. Nos sonhos, essas pessoas sempre acham um local para urinar, sonhando ou acordado, mesmo que seja na cama... As pessoas educadas, mesmo que encontrem banheiro (ele está ocupado, fora de uso, a fila de usuários está longa, etc.), acabam acordando.

A descrição dessa psicodinâmica explica que esse costume de fazer xixi na cama não é enurese, nem incontinência urinária, e sim um ato consciente de urinar; e o local permitido pelo sonho para depositar a urina foi a cama. Portanto, repetimos, a denominação mais correta deveria ser: fazer xixi na cama.

Já não é o que acontece com as crianças. De fato, até os 5, 6 anos de idade todo o sistema urinário não está suficientemente amadurecido e realmente não se tem o controle do ato de urinar, portanto, o que as crianças pequenas apresentam é realmente enurese noturna. Mesmo assim, a enurese noturna é mais frequente nos meninos do que nas meninas. Isso porque os pais cuidam mais

Educação Familiar

das filhas para que elas façam xixi em locais adequados do que dos filhos, que têm mais liberdade de fazer xixi em qualquer lugar.

Com mais idade, o gênero masculino faz muito mais xixi na cama do que o feminino, inclusive na faixa dos adultos. No entanto, mulheres que tiveram filhos podem apresentar mais a incontinência urinária que os homens.

Como superar o costume de fazer xixi na cama

⊙ O treinamento para essa superação se aplica a partir do momento em que o filho larga a fralda e não solta o xixi em qualquer lugar. Às vezes pode até soltar, mas porque está muito envolvido por alguma atividade. Entretanto, em geral, se o filho vai para escola e consegue não soltar xixi no meio da aula, já é um bom momento para treinar esse controle.

⊙ Restringir líquidos a partir da tarde.

⊙ Não tomar líquidos após anoitecer.

⊙ O menino dá a sua última urinada antes de dormir, observando todos os passos. Atenção: Ninguém pode nem deve fazer nada para ele. Ele tem de aprender acordado o ritual de urinar e só aprende quem pratica: a. erguer a tampa do vaso sanitário; b. levantar o assento da tampa do vaso sanitário; c. urinar no vaso sanitário; d. abaixar o assento levantado; e. abaixar a tampa; f. apertar a descarga antes de dormir.

⊙ O último adulto da família que for deitar, ou três horas depois que o urinante dormiu, deve acordá-lo para que ele vá andando, sozinho e urine no vaso sanitário. Não adianta carregar o filho dormindo. Ele precisa despertar e caminhar sozinho de bexiga cheia, procurar o vaso sanitário e urinar. Fazê-lo apertar a descarga do vaso, pois tudo isso faz parte da educação a aprender para finalizar a urinada. Voltar para a cama, andando sozinho. Nada de o adulto carregar a criança para a cama dele. O aprendizado faz parte da sua autonomia, do seu cuidado para urinar. Caso não possa contar com quem estiver acordado, algum adulto tem de acordar para estabelecer esse ritual.

- O primeiro adulto que acordar entre três e quatro horas da manhã, desperta o urinante para que ele repita o ato inteiro de urinar no vaso sanitário, inclusive apertar a descarga. Se não houver adulto que acorde tão cedo, alguém terá de ser designado para acordar e despertar o urinante, acompanhando o seu ritual de micção completo.

- Assim que o urinante começar a despertar sozinho, nada de ficar na cama. Levanta e vai urinar no vaso sanitário, aperta a descarga e depois se quiser e puder que volte para a cama e durma um pouquinho mais.

- Assim o urinante passa a urinar antes de a bexiga encher porque é despertado com essa finalidade duas vezes durante o sono da noite. O número de vezes pode ser aumentando até três vezes pois o urinante pode estar viciado em fazer xixi na cama, mesmo que a bexiga não esteja cheia. A bexiga existe para acumular urina, para não termos que eliminá-la assim que a urina se forma.

- Seguindo esses preceitos, até hoje não conheço nenhuma pessoa que não tenha melhorado bastante seu mau hábito de fazer xixi na cama.

- O despertar do urinante é fundamental para que ele perceba a sua bexiga cheia e tome a iniciativa, acordado, de fazer xixi, não na cama, mas no vaso sanitário e por educação terminar apertando a descarga. Não é justo para os outros ficarem apertando a descarga para ele. A saudável sustentabilidade está em ser autônomo e cortar a dependência do desnecessário. Para que essa educação seja válida: o urinante não pode ser levado no colo, ou ir se apoiando no adulto, tombando pelo caminho; se cair que se levante; jamais ficar parado em pé na frente do vaso sanitário e o adulto soltar o pipi dele para urinar é proibi-

170 Educação Familiar

do; receber aplausos porque urinou no vaso; não apertar a descarga; voltar carregado já capotado de sono.

⊙ O adulto urinante tem de pôr um despertador para acordá-lo no meio da madrugada para que não faça xixi na cama (muito menos na geladeira ou despensa), mas no vaso sanitário que está no banheiro, cuidando para não fazer aquele desagradável barulho na madrugada, à maneira de uma mangueira aberta jogando água do alto numa tina de água lá embaixo... Não precisa anunciar que está fazendo xixi para todo mundo, pois é uma intimidade sua e que só a ele diz respeito.

PUBERDADE

A infância, que é a fase de aprender a viver, dá lugar à puberdade que é a fase de desenvolver as suas próprias ferramentas físicas básicas para toda a vida. A sabedoria de mãe recebe os ensinamentos da sua própria puberdade feminina, mas se houver um filho, receberá também os da puberdade masculina. A mulher poderá ser melhor mãe para a filha se souber lidar também com o gênero masculino.

Para mim, a puberdade já é a primeira parte da adolescência, pois é quando por estímulo biológico o cérebro começa a amadurecer e lança ordens para que o corpo todo também se desenvolva e amadureça.

As sementes das mudanças pubertárias já estão no DNA da espécie e germinarão na estação do surgimento e amadurecimento fisiológico das características sexuais secundárias, resultantes da conjuminância de variáveis como:

> A mulher poderá ser melhor mãe para a filha se souber lidar também com o gênero masculino.

Sabedoria de mãe e de pai   171

- idade cronológica (feminina entre 8 e 12 anos e masculina entre 9 e 14 anos);
- condição física de saúde (equilíbrio saudável entre peso e altura, com discreto ganho de peso feminino);
- condição ambiental (na praia, mais precoce que na montanha);
- latitude da Terra (atraso maior quanto mais distante da linha do Equador);
- herança genética (pais com puberdade tardia ou precoce).

O cérebro envia ordens a todo o corpo para que ele se desenvolva e amadureça. As maiores mudanças são percebidas nos seguintes pontos:

- Cérebro, desenvolve a capacidade de pensamento abstrato que não existia na infância.
- Testículos e ovários, promovem o surgimento das características sexuais secundárias (CSS).
- Ossos engrossam e crescem.

Sem o pensamento abstrato, o humano não conseguiria transformar informações mais elaboradas em conhecimentos, nem estabelecer a relatividade e conexões entre as variadas versões (raciocínios, pensamentos, hipóteses e deduções) sobre o mesmo tema. Uma criança com pensamento concreto não poderia ser autossuficiente nem ter autonomia comportamental em uma sociedade moderna.

As crianças não sexualizam seus relacionamentos. Entre elas o relacionamento é singular: As meninas acham os meninos "bobinhos" e estes as chamam de "chatas". O surgimento das CSS ocupa boa parte da energia psíquica, pois as mudanças corporais, hormonais e mentais além de escapar do seu controle voluntário, promovem sensações e sentimentos novos, bem diferentes dos já conhecidos, além de capacitações psicológicas e corporais que ainda nem têm condições de aquilatar.

CRISES NATURAIS NO DESENVOLVIMENTO PUBERTÁRIO

A puberdade é uma fase crítica com basicamente duas movimentações internas: a psíquica e a corporal, movimentações essas que até então estavam em equilíbrio na criança. Comparo a passagem dessa fase com o equilíbrio de um paraquedista descendo ao solo no seu paraquedas. Desce pelo ar com um formato de cogumelo aberto, que é o velame, células de nylon que inflam com o ar. A descida equilibrada é controlada pelo *slider* usado pelo paraquedista, um comando de abertura do velame, que se abre ou se fecha mais visando regular a velocidade e a direção da descida (regida pela lei da gravidade).

Não é preciso ser um especialista em paraquedismo para compreender o que é crise. O crescimento pubertário (para cima) é um movimento biopsicológico constante, sem controle próprio, que vai parar quando o jovem chegar à adolescência.

Quase todos os adultos passaram pela puberdade, mas há exceções. Ausência de puberdade é como se o velame se enrolasse todo e não se abrisse. Pode o pensamento abstrato não aparecer e a pessoa ficar num nível de conhecimento de deficiente mental que não lhe dá autossuficiência de adulto, como pode haver um acionamento acidental no paraquedismo, o que é uma raríssima exceção.

Na infância, a mente e o corpo permanecem numa mesma vertical, que marca a linha do equilíbrio. No amadurecimento pubertário, a parte mental (o velame) "puxa" o corpo (paraquedista) e a linha se inclina saindo da vertical e provocando a crise; então, um desequilíbrio é produzido. A mente fica sem base orgânica cerebral. É muito pensamento abstrato para pouco cérebro. Com o desenvolvimento do cérebro na mesma direção, a linha se verticaliza outra vez e assim volta o equilíbrio: o pensamento tem base orgânica que o sustenta. Portanto a crise é marcada pela inclinação da linha vertical que existe entre a mente e sua base biológica, o cérebro.

Na parte biológica, o amadurecimento das características físicas sexuais "puxa" a mente. Primeiro surgem as mudanças corporais e o esquema mental fica para trás. É muito hormônio para pouco cérebro. Depois o esquema mental compreende esse amadurecimento e volta ao equilíbrio.

No paraquedismo, o tempo para a descida, dependendo da altura em que o velame é aberto, é de seis minutos após uma queda livre do avião por 45 segundos em média. Enquanto isso, a puberdade leva uma média de três anos de evolução. Uma descida sem grandes tumultos é aquela na qual predomina o formato de cogumelo, com o velame aberto como um guarda-chuva sobre a cabeça do paraquedista. A descida está em equilíbrio entre o peso do paraquedista e a abertura do velame. Um vento muito forte "empurra" o velame, que passa a "puxar" o paraquedista para o lado. Se o paraquedista não souber lidar com o *slider* ele vai descer em lugar diferente do previsto. Ou se o paraquedista aumentar muito o peso e o velame não suportar, eles passam a "puxar" o velame para baixo, ou seja, perdeu-se o equilíbrio planejado.

ETAPAS DE DESENVOLVIMENTO DA PUBERDADE
A puberdade caracteriza-se pelas alterações predominantemente comportamentais e predominantemente corporais.

Confusão pubertária (comportamentos atrapalhados)
O pensamento concreto infantil é lentamente acrescido do pensamento abstrato adulto e, nesse momento, as crianças apresentam comportamento atrapalhado na escola: meninos com 11 anos de idade têm dificuldades que podem culminar em repetências, geralmente no 6º ano; meninas com 11 anos já estão mais amadurecidas que os meninos e não encontram dificuldades na escola. Os

motivos da crise: muita movimentação mental para nenhuma alteração corporal.

Oposição pubertária

É mais fácil para a mente se posicionar contra alguma ideia do que ter uma ideia própria. Assim a sua força hormonal, principalmente a testosterona, provoca uma sensação de poder que é praticamente gasta em ser do contra. Por isso, na oposição pubertária a criança sente-se forte fazendo o contrário do que se pede, não por ser uma escolha sua, mas como forma de competir com o poder de quem tem autoridade. É muito hormônio e pouca cabeça para administrar isso, é a testosterona em ação no comportamento competitivo, de enfrentamento, de ir contra qualquer ordem. Essa oposição é mais comum nos meninos do que nas meninas. Quanto maior for a oposição, aparentemente sem justificativa, maior é a insegurança que o púbere está sentindo.

Timidez pubertária

É a defesa natural da mente diante de tamanha mudança corporal. Os púberes perdem a noção do esquema corporal, uma representação mental do próprio corpo físico. Cada mudança leva um tempo até a mente criar o esquema corporal, e quando isso acontece o corpo já não é o mesmo. Então, como sair de casa, ser visto pelas outras pessoas num corpo que ainda não é dele? Os púberes detestam chamar a atenção sobre o corpo tão desengonçado e desastrado.

Estirão pubertário

É o resultado dos hormônios de crescimento e maturação que faz com o que o corpo cresça e amadureça. É muito conhecido como estirão do adolescente, mas na realidade é ainda pubertário, pois são as transformações corporais que resultarão na maturidade sexual na adolescência. As meninas crescem para todas as direções (para a frente: seios; para trás: bumbum; para os lados: quadris; para o alto: um pouquinho) e os meninos mais para cima que para os lados. Crise: a mente se descontrola com tanta mudança corporal.

Estirão desastrado e timidez masculina

O corpo cresce fora do seu controle e mais rápido do que a capacidade de adaptação a ele. Na realidade o que cresce velozmente são os ossos do fêmur. Chegam a crescer até 2 cm por mês. Não parece que está crescendo, mas esticando, daí o nome estirão. O jovem nem chega a se acostumar e vem mais crescimento.

Como se sente inseguro internamente, pois desconhece o seu próprio corpo, o estirante evita se expor, e frequentemente não gosta do que vê, pois sai das proporções às quais já está habituado. Seu esquema corporal (imagem mental do seu próprio corpo) nem bem se forma e já não serve mais, ou seja, não tem tempo para se firmar.

Suas roupas já não o protegem mais, as roupas novas não se encaixam como gostaria, pois falta onde quer e sobra onde não quer, perde a firmeza do seu andar, a coordenação motora fica desastrosa, sua mente não sabe o tamanho das suas mãos e as enfia em lugares que acabam por derrubar bules, esparramar açúcar ao adoçar o café e derramar café no pires ou na camiseta, etc.

Tira zero, mas não vai para a frente na sala de aula seja para que for. Chega atrasado, vai entrar de mansinho na sala e tropeça na carteira do colega derrubando tudo... É um escândalo! Posso até estar exagerando nessa descrição, mas a verdade é que todos se sentem um pouco "garibaldo" desajeitado, com narigão, pés grandes,

> Crise: a mente se descontrola
> com tanta mudança corporal.

Educação Familiar

voz rachada, sem ombros, um tanto engraçado, um tanto ridículo, facilmente rejeitável.

Mutação masculina e pênis

É o engrossamento da voz, resultante do crescimento e engrossamento das cordas vocais que surgem na frente do pescoço e que se caracterizam como o pomo de Adão: uma protuberância que aparece externamente e que, dentro da garganta, se constitui na cartilagem tireoidea. Quem quiser saber se o estirante vai crescer mais, basta olhar para o "pomo de Adão": se estiver ainda arredondado como o pescoço, vai crescer mais em altura. Para de crescer quando "o pomo de Adão" fica pontudo. Isto é, pode crescer um pouco mais porque as vértebras podem lentamente crescer alongando a coluna por alguns centímetros a mais.

A voz sofre uns falsetes, que se alternam entre sumir a voz, ou afinar, ou engrossar a ponto de pigarrear para voltar ao normal. Procura responder em voz alta e de repente a voz some. Vai cochichar no fundo da classe e de repente, no meio do silêncio dos colegas, vem aquele vozeirão. Todos os colegas riem porque eles também estão passando pela mesma desgraça. Alguns são mais sensíveis, sofrem demais e chegam a querer evitar sair de casa, de frequentar aulas, etc.

A voz, de emissão automática (sem pensar) e voluntária (consciente), é produzida pela passagem de ar pelas cordas vocais que se contraem para soltar um som agudo e relaxam para o grave. A mutação começa quando as cartilagens da laringe crescem e a cada mudança de comprimento e de espessura o ar que passa por elas tem de ser regulado e acertado por tentativas e erros. Daí o sofrimento todo pelo qual os meninos passam. Isso não acontece com as meninas. Por mais que um homem possa se travestir de mulher, o pomo de Adão não tem como ser disfarçado.

Quando a voz engrossa, a puberdade masculina acaba e começa a adolescência propriamente dita. Nesse momento, uma das grandes preocupações dos púberes é o crescimento do seu pênis, que não acompanha o estirão corporal. O pênis também se desenvolve, mas o seu crescimento não é tão grande como é o crescimento físico. Até parece que o pênis está encolhendo. Tudo piora se o púbere engorda, pois pênis não engorda. Aí ele tem certeza de que o seu pênis é pipi de criança e não se troca na frente dos outros nem morto. Os magricelinhos costumam usar cuecas, maiôs e shorts para dar um volume compensatório do tamanho que eles acham que um pênis normal deveria ter. É quando os modelos externos judiam muito dos púberes, pois eles se medem pelos artistas de filmes pornográficos que têm pênis anormalmente grandes.

Volumoso e vergonhoso estirão feminino

Além de ganharem peso é mais comum para as mulheres um crescimento para todos os lados mais do que para cima, tornando-a volumosa. A maioria sente vergonha desses volumes, mas algumas das púberes podem se sentir orgulhosas e até meio exibidinhas.

De tais volumes, um dos que mais consomem energia psíquica é o crescimento dos seios. Se não crescem, se crescem demais, se são uniformes, se são meio estrábicos como se os mamilos formassem as pupilas dos olhos. Há púberes que tentam ocultar o crescimento dos seios puxando os ombros para a frente, dobrando a coluna no mesmo sentido, justamente para formar um buraco na base dos seios e com isso criar uma imagem em que os seios despontam menos para a frente. Na realidade, acabam quase que escondendo os seios pela postura meio esquisita que assumem.

Ao contrário, quando querem exibir os seios que mal estão começando a aparecer, elas jogam os ombros para trás e o tórax para a frente, dando destaque a eles, que mesmo assim, às vezes, pedem enchimentos, bojos, etc.

Também preocupam os volumes que aparecem dos lados, como os quadris e atrás, como o bumbum. Os ossos da pélvis se alargam para receber a futura gravidez. As púberes comparam-se umas às outras, mas formam imagens de como gostariam que seus corpos fossem. Geralmente se espelham em modelos, bastante emagrecidas com ossaturas diferentes das delas. Ossos largos precisam ser preenchidos por partes moles para não parecerem ossudas. Dificilmente elas serão como as esqueléticas modelos universais.

> A maioria sente vergonha desses volumes, mas algumas das púberes podem se sentir orgulhosas e até meio exibidinhas.

Menarca sem gogó

É o surgimento da primeira menstruação da vida, coroando uma série de desenvolvimentos e amadurecimentos internos corporais e hormonais. Ela pode vir abundante e exuberante ou com manchas tímidas no absorvente feminino externo. Os absorventes íntimos, aqueles que se introduzem na vagina podem atrapalhar ou apavorar a menininha. Assim que ela tiver maior familiaridade nada a impede de usar os absorventes internos. Mas é preciso analisar antes os prós e contras de cada absorvente, interno ou externo. A maior liberdade reside em poder usar os dois, isto é, um ou outro, dependendo das circunstâncias, e não os dois simultaneamente, a não ser em casos indicados por profissionais da área. Esta é uma conversa ótima para se ter em casa, com a mãe; fora de casa, com amigas, pois é um tema comum já que a menstruação acontece a cada mês nas mulheres férteis.

Tomar hormônios, evitar gravidez, TPMs, amenorreias, metrorragias, crescimentos indevidos e falhos, pelos, ganhos ou perdas de peso, etc. – tudo fica mais fácil e as medidas mais sustentáveis se esclarecidas por profissionais da área: ginecologistas, obstetras, endocrinologistas, etc.

É preciso lembrar também que a menarca é a característica feminina, e o pomo de Adão é a masculina.

COMO LIDAR COM OS PÚBERES?

Pouco há para ajudar a não ser compartilhar, ouvir, compreender, explicar, ensinar com muita paciência e cuidado para não piorar uma mente e um corpo desastrado pela puberdade. O tempo cura muitos conflitos pubertários. Tempo para o sapo virar príncipe e tempo para despertar a princesa sonolenta. Todas as etapas fisiologicamente passam, mas alguns comportamentos podem subsistir para outras idades, trazendo problemas relacionais. Há pessoas que se conservam rebeldes sem causa (oposição pubertária) até a velhice, infernizando desnecessariamente a vida de muita gente à sua volta.

Uma bela estratégia para os pais que querem algo que o púbere simplesmente se recusa a fazer é provocá-lo, fazendo um comentário, com certo desdém: Você não é capaz de fazer algo, e se for, prove que é capaz. Ele pode aceitar o desafio porque sua onipotência não suporta ser questionada. Mas se não conseguir, transforma tudo em favor do seu poder, isto é: Não fiz porque EU não quis. A onipotência pubertária feminina nem aparece muito, a não ser em competições com colegas por algum motivo justificado, mas nunca pelo simples poder de dizer não.

A púbere aceita muito mais que você compartilhe primeiro a dificuldade dela, se abrindo para que ela compartilhe com a sua. Ela aceita imposições porque sente que você está ao lado dela, e torce por ela, mesmo que ela esteja sozinha. As mulheres fortalecem-se entre si e são mais resolutivas sentindo que não estão sozinhas.

Os púberes de ambos os sexos sofrem, pois sua mente busca respostas aos questionamentos que fazem sobre "o que está acontecendo comigo? É normal? Estou doente? Sou anormal?" Como começa um processo de independência mental dos pais, eles não querem perguntar diretamente a eles por vergonha e timidez e fi-

Educação Familiar

cam buscando respostas no seu meio de convivência, se não buscarem no mundo virtual.

Para essas perguntas, os pais poderiam responder seriamente que o filho(a) é normal, sim. É tão normal que está mudando como todos os normais mudam na puberdade. Que a puberdade passa e que todos os púberes gostariam de hibernar e acordar somente quando ela tivesse passado. O que há de diferente é que cada um passa a conhecer o que não conhecia antes e reage como consegue e pode... uns sofrem mais outros menos.

Amigos e medo das imaginações

Por questões hormonais e culturais a puberdade feminina não é tão tumultuada nem tão revoltada quanto a masculina. Cada gênero sofre fortes influências relacionais caracterizadas pelos seus hormônios. A ocitocina faz com que duas púberes se relacionem e a testosterona que dois púberes vivam entre a amizade e a competição/rivalidade.

Quando a mãe permite à filha convidar as amigas para a sua festa de aniversário, geralmente ela se atrapalha pela grande quantidade de relacionamentos que tem e entra em conflito por não saber se convida ou não a amiga da amiga, que não é tão amiga dela, mas ficaria mal não convidá-la.

O púbere tem tão poucos amigos que se atrapalha quando a mãe oferece essa mesma possibilidade. É melhor um adulto ajudá-lo a listar as pessoas que podem ser convidadas entre seus amigos, colegas, vizinhos e parentes, pois ele mesmo vai se lembrar de uns pouquíssimos. Geralmente, ele nem quer comemorar o aniversário.

Com o surgimento do pensamento abstrato, a mente começa a exercitá-lo criando hipóteses. Atendi uma garota de 11 anos que começou a sofrer cada vez que o seu pai saía para viajar. Todos os familiares tentavam convencê-la de que nada aconteceria, mas o medo dela continuava a ponto de agarrar-se no pai, tentando proibi-lo de sair da casa.

Em consultas comigo, ela lembrou ter assistido na TV que um avião caiu e todos morreram. Ela ficou horrorizada, pensou nos familiares dos passageiros e imaginou os sofrimentos deles todos. Quando descobriu que o pai viajava de avião, imaginou que o avião cairia e seu pai morreria. A filha deu realidade à sua imaginação. "O avião pode cair" virou a certeza de que "o avião vai cair". "O pai pode morrer" virou "O pai vai morrer". Uma perfeita confusão pubertária. Trabalhamos a separação consciente da fantasia com a realidade. A filha ficou tranquila e deixou o pai viajar.

A possibilidade abstrata vira certeza concreta porque o pensamento concreto está ainda atuante. Ele não some de repente. Ele vai dando lugar ao pensamento abstrato que vai surgindo e aumentando aos poucos e o concreto cai em desuso.

Medo pubertário masculino

Foi me trazido pelos seus pais um púbere de 11 anos, maior que a média em altura e peso do que os seus pares na escola. Sempre dormiu sozinho, no seu quarto escuro e de portas fechadas. Detestava dormir com o seu irmão dois anos mais novo e quis um quarto só para ele. Dois anos depois começou a se incomodar com a porta fechada e passou a deixá-la aberta; depois quis luz indireta no quarto e acabou indo dormir no quarto do irmão que não o queria; foi então dormir no tapete, na porta do quarto dos pais. Seu irmão passou a brigar com ele e o ofendia chamando-o de medroso e outros nomes piores. Os pais perceberam que ele não estava bem quando passou a aceitar as ofensas do irmão. Ele sempre fora ofensivo. A reclamação dele: não se sentia bem no escuro.

Após algumas consultas, descobrimos o problema: era medo de ser assaltado. Os pais nem perceberam, mas o púbere, antes de se incomodar com a porta fechada, quando ia deitar, verificava as portas e as janelas se estavam todas fechadas. Era sua vontade e os pais acharam até bom esse costume. Ele tinha ouvido comentários dos colegas que um ladrão mascarado tinha entrado de noite na casa vizinha à escola e roubado "muita coisa" e acabou matando um rapaz que dormia sozinho.

Desde esse dia começou a se garantir de que ninguém entraria em casa de noite, por isso é que trancava a casa toda antes de dormir. Mas com seu pensamento abstrato começou a imaginar que alguém entraria em sua casa, depois no quarto dele. Portanto, deixou a porta aberta para fugir rapidinho, e, nesse caso, melhor seria enxergar o caminho com a luz indireta. Não tinha armas em casa, mas armou-se com um taco de beisebol ao lado da cama. Quando achou que o roubo seria iminente, foi para o quarto do irmão.

Ele, que sempre fora valente, ofensivo, não sabia como explicar o seu medo. A confusão pubertária transformava qualquer barulho em ladrão atacando. Trabalhamos o sistema mental de projetar para fora de si o medo que estava dentro da mente dele, principalmente quando os olhos não enxergavam nada. O ladrão mascarado atacava como um ninja. Assim como foi se instalando, o medo de ser assaltado no escuro no seu próprio quarto foi se dissipando à medida que ganhava mais conhecimento sobre esse mecanismo mental.

Oposição pubertária

As complicações relacionais com os próprios pais surgem quando os púberes estão já mais seguros de si e passam a negar porque é a primeira resposta que lhes surge e ainda não sabem o que querem. É a fase da oposição pubertária (ver página 174).

A testosterona aumenta muito na puberdade masculina e promove grandes aumentos na impulsividade, na irritabilidade, na agressividade (que vira violência), na raiva (que vira ódio), na intolerância, na impaciência, no falar alto, que vira grito e no grito, que se transforma em berros, mesmo que afirme que não está bravo, nem irado, nem gritando... O púbere masculino valoriza a força, a luta, a competição, a vitória, a conquista, a vingança, a coragem, o

> ## Os púberes de ambos os sexos usam a oposição para procurar o que querem dentro de si, e a agressão para se imporem.

destemor, o risco, a punição justa, mas fica feroz e com ódio de "querer matar" se a punição for injusta.

Detesta ser chamado de criança, tomar conta dos mais novos, mas adora mandar neles, judiar e fazer pouco... Prefere sair com pessoas mais velhas, mas não com adultos. Adora uma boa briga, após a qual pode fazer novo amigo. Sente-se fortalecido quando enfrenta ordens, não atende pedidos, mostra-se mal-educado e não se incomoda com os sofrimentos dos outros.

Em casa, o púbere pode agredir a mãe. Na rua, se alguém a ofende, ele a defende com socos e pontapés. Pode voltar para casa com olho roxo, mas feliz porque não "arregou" (não se acovardou) e se levou a pior, jura vingança.

Os púberes de ambos os sexos usam a oposição para procurar o que querem dentro de si e a agressão para se imporem. Essa oposição não é contra a mãe, mas sim uma forma para se organizar. Uma filha não sabe o que vestir. Pergunta para a mãe: "Que roupa eu ponho?" A mãe cuidadosamente escolhe levando em consideração aonde vai, o clima, a temperatura, com quem vai, etc. E sugere: "Por que não aquela blusa?" A filha, toda poderosa, critica a escolha da mãe e pega outra blusa. Ela se baseou na escolha da mãe para se organizar e encontrar o que vestir.

Uma das respostas aprendidas mais precoces é o NÃO. Ninguém diz SIM para um bebê mas o bebê escuta muitos NÃOS. O bebê não aprende muito bem a negativa, pois basta insistir e a mãe o deixa fazer. A mãe pergunta: Você quer? Bebê, faz não com a cabeça, mas pega com as suas mãos. A futura birra será uma extensão desse aprendizado. A mãe fala NÃO, mas o birrento sabe que consegue o SIM se fizer escândalo. Mesmo que a sua memória consciente ainda não funcione, há memória corporal, situacional, etc.

ADOLESCÊNCIA

Adolescência, um processo de desenvolvimento biopsicossocial, é a passagem entre a infância e a idade adulta. Costumo dividi-la em duas partes: a puberdade e a adolescência propriamente dita, tratada simplesmente como adolescência.

Pelo conceito biológico e mental, o começo ativo da puberdade marca o final passivo da infância. Expliquei nas páginas anteriores todo o surgimento ativo das mudanças corporais e psicológicas da puberdade, bem como do seu desenvolvimento com amadurecimento.

A entrada biológica para a adolescência é o final do amadurecimento das características físicas sexuais secundárias manifestadas por comportamentos e funcionamentos diferentes entre os gêneros masculino e feminino. As maiores diferenças estão na menarca, no gênero feminino, que é a primeira menstruação da vida da mulher, e na mudança de voz, quando termina o estirão físico do rapaz.

A adolescência como processo social é um amadurecimento social intimamente relacionado com as mudanças biopsicológicas. É importante para o adolescente ver de perto o seu ciclo vital.

ADOLESCÊNCIA: SONHO DE LIBERDADE

A adolescência é um processo psicológico, familiar e social. Filhos de humanos precisam se tornar independentes dos seus pais. É a fase em que o seu nome passa a ser mais importante que o sobrenome, numa alusão de que tudo agora é com ele e não mais com os pais dele. É um debutante de uma vida nova em busca de sua própria identidade. É quando se começa o Ensino Médio, o segundo grau de ensino. Nos Estados Unidos, os filhos vão fazer o High School em outras cidades longe dos pais.

Agora que recém-equipou-se com as ferramentas biológicas para cumprir o instinto de sobrevivência e perpetuação da espécie, seus relacionamentos afetivos envolvem sexo, com ou sem amor. Na realidade, os adolescentes com conhecimentos nessa área logo descobrem que não existe a liberdade total, pois a gravidez é um fator biológico que traz uma responsabilidade que não estão ainda em condições de arcar. É como ganhar um carro sem saber dirigir. Ou aprende a dirigir ou não deveria sair dirigindo. Assim também nenhum adolescente deveria partir para a vida sexual sem antes conhecer a prevenção contra a gravidez.

O grande desejo de todos os adolescentes é serem independentes e terem autonomia comportamental. O problema é que o adolescente quer também fazer o que tiver vontade, sem custo nem perda, esperando que o mundo repita o mimo que recebeu em casa. É impossível viver somente na vontade. Não há vontades sem escolhas. Escolhas envolvem perdas, sempre. Senão deixa de ser escolha e passa a ser caminho.

Em zona de conforto não se aprende. Quem não aprende não cresce. É quando dentro dele surge a necessidade de mudança da rede de relacionamentos. Ele quer amigos que se tornam mais importantes que sua família. Faz parte do seu desenvolvimento construir novos conhecimentos com as novidades boas e más de suas relações sociais: relacionamento afetivo-sensual-sexual, drogas, aventuras de risco, formação de turma, comparações, competições, rivalidades, briga por territórios, viagens, etc.

LIBERDADE COM RESPONSABILIDADE

O grande conflito interno do adolescente é a luta entre a independência que quer ter e a dependência que tem dos pais para sobreviver. Muitos adolescentes querem sair, ou fugir, de casa, não porque tenham lugar para ir, mas porque em casa não querem ficar. O que mais os adolescentes detestam nos seus pais é quando são tratados como crianças.

É um preço caro que os pais pagam quando não educam seus filhos aplicando o princípio de que é com a responsabilidade que se conquista a liberdade. Liberdade não se ganha de presente. Liberdade se conquista cada vez que se assume e atende à responsabilidade.

Quem simplesmente perdoa as falhas não educa. Os pais são os únicos que os adolescentes ainda aceitam como autoridade para cobrar pelos seus erros, fazê-los arcar com as consequências de suas falhas, por causa da dependência legal e financeira que realmente existe.

Está perdida a família onde quem manda é o adolescente. Até parece que o adolescente que faz uma vez já se autoriza a fazer outra vez, não importa se está certo ou errado. Portanto a simples permissão não educa para a liberdade. Ela tem de ser conquistada, com as consequências pela responsabilidade desenvolvida.

Essa busca de independência é tão grande que muitos adolescentes não namoram para não perder a liberdade de sair com seus amigos. Isso ocorre principalmente com rapazes e garotas que querem ter liberdade a qualquer custo, mesmo que nada façam com ela.

Há muito exagero na necessidade de liberdade, no anseio de ficar de férias (de um mês a um ano, fazendo nada ou viajando), porque não aguenta ir para a escola todos os dias. É o adolescente prisioneiro da própria liberdade. Essa prisão revela forte conflito emocional que mais atrapalha do que ajuda. Principalmente quan-

> Os pais são os únicos que os adolescentes ainda aceitam como autoridade para cobrarem pelos seus erros.

do a vida exige dele algumas obrigações. Livre ou não, o adolescente tem de estudar.

Aliás, o filho não deve ter a opção de estudar ou não. Estudar é alimentar a mente na construção dos conhecimentos, é o oxigênio da respiração. Não adianta não querer oxigênio. O organismo precisa e ponto final, sem oxigênio a pessoa morre. Sem estudo o filho querido torna-se um analfabeto limitado, sem qualidade de vida, que luta pela sua sobrevivência a cada novo dia.

ADOLESCÊNCIA: UM PROCESSO PSICOSSOCIAL

A entrada para a adolescência é essencialmente biológica, marcada pela menarca na garota e mudança de voz no final do estirão no rapaz. Daqui para a frente seus corpos não mais sofrerão mudanças tão radicais, apenas vão amadurecer, ganharão músculos e gorduras com distribuições próprias conforme o gênero masculino e feminino.

Entretanto, a sua mente e as possibilidades sociais de realizações se expandem tanto que se torna difícil querer classificá-las. Mas todas elas têm em comum algumas características comportamentais que tornam os adolescentes únicos na família e na sociedade a ponto de parecerem iguais uns aos outros. Vejamos a seguir algumas dessas características.

Rebelde

"Não sou **rebelde**. O que não gosto é que mandem em mim. Não sou empregado de ninguém. Tenho minhas ideias próprias. Odeio quando meus pais me tratam como criancinha. Será que eles não percebem que eu cresci, que sei pensar sozinho, que sei o que quero, que sei o que é importante para mim? Tenho de me impor, se não eles não me respeitam. Eu não sou igual a eles. Eles ficam falando sempre as mesmas coisas. Sou diferente deles. Eu sou mais eu. Sou eu que mando em mim..."

Sozinho em casa

"Adoro ficar **sozinho em casa**, trancado no meu quarto, detesto que fiquem me cobrando. Eu sei das minhas obrigações. Acho legal o meu irmão mais velho, mas ele nunca sai comigo nem me leva pros programas dele. Odeio levar meu irmão menor para sair comigo, um fedelho metido a besta que não entende das coisas, que acha que já é grande. Ele é um chato que gruda no meu pé..."

Turma

"O que gosto realmente é ficar com a **turma**, mesmo não fazendo nada. Sair sozinho é uma fria. Não tem graça ir a show sozinho. Turma é sempre zoeira. Sempre rola alguma coisa pra fazer, na hora a gente vê... Tô pronto para o que acontecer. O pessoal de casa não entende e fica ligando toda hora para saber se estou bem, o que estou fazendo. Detesto dar satisfação pros outros... Quando eles ligam nem gosto de atender. Ficam me tratando como criança na frente dos meus amigos. Pago o maior mico com eles."

Matérias escolares chatas

"Ir para a escola é legal, mas o que atrapalha são as aulas. Professores horríveis, **matérias escolares chatas**, não me interessa em nada o que estão falando. Ainda bem que fico "ligado" no meu iPhone. Gosto de um ou outro professor que conversa com a gente, que é legal. Tem uns professores que só de ver já dá sono. Bom mesmo é juntar o pessoal e ficar ali, chegar antes, para ficar no "portão". Lá rola tudo... Tem um professor que é até legal, ele fala coisas interessantes, de um jeito que eu entendo, brinca com a gente."

Meu território

"Meu quarto é **meu território**. Ele tem a minha cara, o que gosto do jeito que gosto. Detesto quando arrumam meu quarto, depois não acho nada no lugar. Mãe fuça tudo, revira tudo, diz que é para fazer faxina, mas sei não, meu quarto não está tão bagunçado como ela fala. Ela é "noiada" com mania de limpeza. O pai só abre a boca para dar bronca, para pegar no meu pé. Pai segue o que mãe fala... Dá vontade de morar sozinho. Eu sei me cuidar... Um dia apronto a mala e... fui!"

Lição de moral
"Mamãe fica achando que sou criancinha e me enche de conselhos quando estou saindo de casa. Deixo-a falar a mesma ladainha de sempre... Parece que ela não sossega se não falar, e papai fica me dando **lição de moral**, ditando regras, o que devo ou não fazer... É uma pegação no meu pé, e não me deixam em paz, no meu canto."

Decoreba
"Detesto estudar para prova. É uma **decoreba** só. Depois esqueço tudo. Não sei pra que estudar. Queria mesmo é descolar um trampo e ganhar um bom dinheiro. Não quero ser como meus pais que só pensam em trabalhar e controlar a grana. Meu pais querem que eu estude e acham que não tenho nada mais a fazer... O futuro não me incomoda agora, é o meu futuro e não o deles."

Não aguento
"O que me dá nos nervos é ter de esperar. **Não aguento!** Posso não ter o que fazer, mas esperar não é comigo, me aborrece, dá sono. É uma perda de tempo. Quando vem uma ideia à cabeça, tenho de fazer logo, no sufoco, meu coração dispara e todo o resto me parece lento."

Internet
"A internet foi feita para mim. Basta eu conectar e estou em outro mundo, no qual posso tudo, na hora em que quero; se gosto, adiciono, curto, se não gosto, deleto; sei o que meus amigos estão fazendo, troco as maiores ideias, já chego falando, saio no meio da fala de

qualquer um, se o cara está enchendo despacho-o num clique e no outro já estou paquerando alguém. O mundo está na minha tela, traduzo o que não entendo e meu português vira qualquer língua, rapidinho, pelo tradutor da própria internet. Falo com qualquer um, importante ou não, de qualquer idade, sem barreiras, sei que apareço para muita gente, sou reconhecido por outros que nem conheço. Falo com garotas sem nenhum problema, invento o que gostaria de ser. Baixo filmes, músicas, programas, jogo a qualquer hora, quanto tempo quiser, com quem nem conheço, mas de quem já sou amigo. Do meu quarto para o mundo que volta ao meu quarto... Para a tela não existe dia nem noite, o que é bom. A gente senta depois do jantar para entrar um pouquinho na internet e quando vê já são três da manhã..."

Maconha

"O que deixa meus pais furiosos é eu falar sobre **maconha** com eles. Alguns amigos fumam de vez em quando e nada acontece. Eles também escondem dos pais que fumam maconha. Eu já falei para meus pais que tem pai que deixa o filho fumar maconha. Se colar, fica mais fácil eu usar também. Parece que a escola não liga, pois tem sempre gente vendendo maconha perto da escola. Só experimentar não mata ninguém. Eu nunca vou me viciar em nada. Quem se vicia é fraco. Quem dança é trouxa. A gente para quando quiser. Não existe essa de a droga mandar na gente. Prefiro fumar maconha e ficar "esperto" do que ser um nerd. Dá mais adrenalina. Ser nerd queima o filme com as garotas."

Ponta-cabeça

"Aquela garota me vira de **ponta-cabeça**. Aí deixo de ser eu e abro mão de tudo por ela, até da minha família. Passo a noite em claro, pensando nela, imaginando o primeiro beijo e depois dos beijos, e depois... Somos almas gêmeas. Tudo fica melhor quando estou apaixonado, menos estudar... Perco até o almoço para esperar vê-la passar toda lindinha, a me olhar. Mas de amanhã não passa, abrirei meu coração para ela."

Apaixonada

"Minha amiga vive **apaixonada** pelo meu amigo. Ela se abre comigo, toda animada, cabeça feita, pede para dar uma força, mas não falar tudo para ele para que não fique "se achando"... Ela diz que o adora e até as amigas dela já sabem, mas na semana passada ela estava apaixonada por uma outra pessoa. Eu, que a acho legal, ela nem repara em mim. Diz que para ela sou um irmão... Grrr."

Não pagar mico

"Tenho uma colega superinteligente que "só tira 10", mas é bem fechada, igual a sua boca. Só abre a boca para responder certo para o que o professor pergunta e ninguém se lembra. Não dá raiva, porque ela não é exibida nem metida. Muito tímida, ela não tem amigos. Fica sozinha, paradinha, no canto do pátio. Ela é boazinha e ajuda todo mundo. Assim como eu, algumas pessoas se preocupam com ela, mas ninguém fica com ela para **não pagar mico**..."

> O que deixa meus pais furiosos é
> eu falar de maconha com eles.

Velozes e furiosos

"Adoro dirigir. Pena que não tenho carta e muito menos carro... Acho o máximo os filmes **Velozes e Furiosos**. O primeiro filme foi em 2001. Já estão anunciando o sétimo para lançar em julho de 2014. É adrenalina pura; bandido/mocinho, o cara tem de ser antenado; muita aventura; garotas fortes, até saradas e duronas; brigas e competições iradas; velocidades e riscos de altas tensões; ricos e poderosos; não levam desaforo para casa; resolvem tudo no pau; trato é trato; traidor é punido; carro é extensão do corpo, pronto para qualquer racha; vida de morcego, dormir de dia, viver à noite... Fatalidade: no dia 1º de dezembro de 2013, o ator Paul Walker, 40 anos, protagonista dos filmes **Velozes e Furiosos** "morreu quando ocupava o banco do passageiro de um Porsche que pegou fogo ao bater em um poste e em uma árvore na cidade de Santa Clarita, no condado de Los Angeles". [Veja em: http://info.abril.com.br/noticias/cultura-nerd/2013/12/velozes-e-furiosos-7-nao-sera-cancelado-apos-morte-de-paul-walker.shtml (visitado em 3/12/2013.)]

Fazer sexo

"Adoro transar, **fazer sexo**. Namorar é bom por causa do sexo. As minas só querem sexo com amor, querem namorar. Fazer sexo sem ter que namorar é o máximo. Tenho amigo urubu para quem "qualquer carniça serve". Quanto mais bebo, mais legais ficam as garotas. Doenças e gravidez é pra quem não saber fazer as coisas. Detesto camisinha, mas é melhor usar do que ser pai... Não adianta eu esquecer a camisinha, pois a garota não esquece..."

Sugiro que o leitor preste atenção em cada afirmação feita com o propósito de situar o adolescente. A intenção é contribuir para estabelecer o diálogo com o adolescente e assim facilitar o relacionamento familiar. Muitas dessas passagens não significam que eles não amem seus pais. Parece-lhes que o que fazem independe do amor que sentem pelos pais, inclusive porque muitas vezes, nessas horas, os filhos não estão pensando nos seus pais, envolvidos com o que têm de fazer... O que escrevo não são, necessariamente, afirmações que os filhos costumam fazer, mas servem como indicadores da forma como eles pensam.

QUANDO TERMINA A ADOLESCÊNCIA?

No Brasil, a lei considera a responsabilidade penal absoluta a partir dos 18 anos, quando o adolescente não é mais assitido pelo Estatuto da Criança e do Adolescente (ECA).

Para a maioria dos pais, a adolescência não termina nunca, pois, enquanto os filhos precisarem, estão eles de prontidão para atendê-los. Para a mãe, filhos são ligações eternas que não dependem de idade. São os filhos que por se sentirem em condições saem para ter vida própria, independentemente dos cuidados e dos recursos dos seus pais.

Há três ou quatro gerações, os filhos não programados nasciam porque "assim era a natureza". Proles de mais de 10 filhos eram comuns e os filhos tinham a obrigação de ajudar os pais. Quando o ofício ou a propriedade do pai não garantia a sobrevivência de todos, eram os filhos que tinham de sair de casa para conseguir sobreviver. Foi o tempo das migrações internas no Brasil, em que os jovens iam para onde havia melhores condições de trabalho. Primeiro saíram os filhos e, décadas depois, também as filhas.

Muitos daqueles que saíram de casa, tiveram de trabalhar muito, complementar os estudos e tiveram muito menos filhos. As mulheres se emanciparam, também estudaram como os homens e começaram igualmente a trabalhar. Assim, os novos desenhos familiares surgiram: pai e mãe trabalhando fora, dois filhos indo para escola desde os dois anos de idade. Muitas dessas pessoas venceram na vida e quiseram dar aos seus filhos o que não tiveram na sua infância e adolescência. De modo que deram tudo o que podiam, sem medir os custos e criaram príncipes herdeiros em lugar de sucessores empreendedores.

Príncipes herdeiros nunca se tornam adultos. Mantêm a disposição de filho adolescente que tem tudo do bom e do melhor e nada produz. Os pais desses príncipes deveriam ser reis, mas viraram súditos dos filhos. Os príncipes herdaram reinados, mas, não tendo competência para administrá-los, acabaram com o reinado construído pelos pais. Estes, mesmo podendo se aposentar, continuam trabalhando pois têm de sustentar não só a si próprios, como também os príncipes, suas esposas e filhos. É comum também os príncipes se separarem e deixarem a conta das pensões alimentícias para seus pais, que de reis não têm nada.

Hoje há adultos que trabalham, ganham razoavelmente bem, mas moram nas casas dos pais como se fossem adolescentes, usufruindo de tudo o que é possível: casa, comida, roupa lavada, incluindo frequentemente o carro com todos os gastos e encargos, mais os cartões de crédito, as contas bancárias, o lazer, o hobby, enfim, praticamente tudo mais o próprio salário, pois os pais nada exigem dele.

Tais filhos não têm sustentabilidade, estão é sendo sustentados pelos pais, mesmo que sejam tratados como adultos fora de casa. Muitos desses filhos falam sobre ou até exigem morar sozinhos, mas não saem de casa se tiverem que assumir a própria sustentabilidade. Funcionam como crianças e os pais também os tratam como crianças, com a única diferença de que os brinquedos para esses filhos custam muito mais.

Já atendi pais que se aprisionam nesses filhos com sacrifícios pessoais totalmente desnecessários e prejudiciais a todos, mesmo que aparentemente os filhos estejam sendo beneficiados. Na verdade estão prejudicando-os, à medida que alimentam a incapacidade que esses filhos têm de resolver seus próprios problemas. Um exemplo bem comum, nesses casos, é o pai que entrega o seu carro de uso pessoal para o filho, pois este teve sua carta e carro apreendidos pela lei.

Se conhecessem os princípios da Educação Sustentável, talvez a vida fosse totalmente diferente, com os filhos sendo mais parceiros sustentáveis do que eternos dependentes como estão hoje.

> ## Para a maioria dos pais,
> ## a adolescência não termina nunca.

Quando uma mãe me pergunta quando a adolescência de seu filho vai passar, não importa qual a idade dela, sempre revela que algo no relacionamento com o filho não está bem. Mãe, que geralmente suporta tudo, ou quase tudo do filho, jamais faria essa pergunta se estivesse bem com ele. E o que sempre constato é que há sofrimento calado dos pais que, por mais amor que sintam pelo filho, sentem-se também abusados.

Por outro lado, há também sofrimento do filho, que aparentemente age como um príncipe, mas a sua autoestima está baixa, pois, mesmo que não manifeste, tem consciência de que não tem a autonomia e o respeito que gostaria de ter. É capaz de acusar os pais de que a responsabilidade de ele ser príncipe é dos próprios pais que nunca cobraram nada, nem insistiram para que estudasse, e muito menos lhe mostraram a realidade da vida.

O princípio fundamental da Educação Sustentável é permitir que os pais consigam ajudar o filho a desenvolver o seu potencial na mais alta performance possível, procurando sempre ensinar o que o filho não sabe, mas cobrar o que já ensinou. Pais que não cobram estão no mesmo nível de pais que não ensinam, pois o que confirma o saber é a prática do que se sabe, e não a simples recitação do que deveria fazer como um decoreba faz.

Por fim, vale a pena repetir aqui os pilares da Educação Sustentável:

Quem ouve esquece.
Quem vê imita.
Quem justifica não faz.
Quem faz aprende.
Quem aprende produz.
Quem produz inova.
Quem inova sustenta...
... e quem sustenta é feliz!

Capítulo

3

Amor de mãe e de pai

▼

TSUNAMI DE OCITOCINA

Após o parto, quando pegou pela primeira vez a pessoinha recém-nascida no seu colo, a mãe sentiu-se tomada por uma felicidade tão grande que a sua vida mudou para sempre. Acabaram-se os maus pensamentos, os temores, os receios; finalmente as expectativas caíram por terra com a maravilhosa realidade: a criança é linda e está perfeita. Um alívio imenso e novas esperanças: externamente, uma completa e feliz realidade, internamente, um tsunami de ocitocina!

A minha suposição é que a mãe faz, naquele momento, uma promessa tão forte, real e verdadeira para si mesma, que tal juramento acaba se transformando em missão. Ela percebe durante a gravidez inteira um ser humano crescer dentro do seu útero. Começa a sentir os seus movimentos, depois os chutes, até que se forma aquele barrigão e o peso aumenta inexoravelmente.

Entretanto, jamais consegue ver esse ser em formação, mesmo se acompanhar as imagens dos exames a que se submete. Agora, porém, tem a criança no seu colo. Tão pequenina, tão frágil, tão dependente, tão fofinha, tão entregue, completamente envolvida pelos seus braços e sente que podia lhe dar todo o carinho acumulado dentro de si.

O tsunami de ocitocina não irrompe na hora do parto. Portanto, independe de que o parto seja natural, por cesariana, com ou sem anestesia, consciente ou inconsciente, ou por qualquer outro método convencional ou não. Esse tsunami se dá quando a parturiente já está mais consciente e toma a criança recém-nascida no colo pela primeira vez.

Minha hipótese é que a visão e a sensação desse momento são os fatores responsáveis pela descarga de toda a ocitocina existente no organismo da mulher, ou de algum outro hormônio ainda desconhecido. Essa conjectura, no entanto, necessita ser estudada pelos especialistas, principalmente pela neurociência, para que seja verificada a sua validade.

Mas a verdade é que, diante dessa pessoinha, uma nova sensação se apossa da mãe. Não existe e não existirá ninguém mais importante que essa criança, nem mesmo o próprio amado marido que lhe parecia ser o amor da sua vida. E, assim, esse sentimento maravilhoso se transforma em missão:

> Minha vida será totalmente dedicada a ela. Farei tudo para ela. Serei tudo para ela. Satisfarei seus mínimos desejos. Esteja onde estiver, estarei sempre ao seu lado. Nada lhe faltará. Não a deixarei sofrer um pingo de frustração. Coitado de quem a prejudicar.

Aconteça o que acontecer, nunca a abandonará, ela será sempre o seu filho, o filho querido do seu coração. É uma deliciosa sensação de onipotência, a capacidade de amar, prover e cuidar de um filho, que nunca sentira antes. "Não mais conseguirei viver sem essa criança." Essa indescritível e encantadora sensação pode tomar conta dessa mãe e acabar se tornando maior que ela mesma. Uma missão que ultrapassa ela própria, pois lhe toma a alma. Uma espiritualidade compartilhada somente pelas mulheres mães que

MÃES SÃO UNIFORMEMENTE ÚNICAS

Cada mãe é única, mas é muito parecida com outras mães únicas. Ninguém tem mãe igual, mas todas elas se parecem. Não é raro as mães relatarem, algumas com lágrimas de emoção, as incríveis sensações que tiveram: "não tenho palavras para explicar"; "senti um negócio aqui dentro (no peito) que o coração disparou e não pensei mais em nada"; "um calor imenso no peito"; "senti algo muito grande, visceral, fiquei exacerbada, capacitada, energizada para enfrentar tudo o que viesse"; "lembro até hoje dos olhos abertos, olhando para mim, talvez sem enxergar... eram olhos grandes, brilhantes, ativos, vivos..."; "nunca senti algo assim"; "as dores do parto sumiram"; etc.

Mas nem todas as mulheres deixam-se levar por tamanho enlevo. Algumas podem se preocupar muito com o futuro dessa criança ao pensar "no que o mundo está passando"; outras podem achar que a responsabilidade sobre a criança é tão grande que talvez não suportem: "Como fazer para criar esse bebê se nem mesmo eu tenho o que comer? Quando estava dentro do útero eu não via a fome do feto, mas como aguentar uma criança chorar de fome?"

Essa missão é vívida e tem seus altos e baixos. Vai tomando contornos próprios de acordo com as características pessoais dos seus envolvidos, pois, à medida que a individualidade se forma, a

> Cada mãe é única, mas é muito parecida com outras mães. Ninguém tem mãe igual, mas todas elas se parecem.

criança se torna cada vez mais independente e autônoma. Tal missão costuma entrar em conflito, a cada passo de independência da criança, uma vez que esta não vai mais precisar (nem querer tanto) a dedicação materna.

A partir desse ponto, algumas mães podem entrar em sofrimento e contrapor-se aos filhos, que buscam autonomia e independência. Na realidade, o que essas mães desejam é o bem da criança, desde que esta não escape do seu controle e rompa o cordão umbilical.

O que pesquisei a partir dos meus relacionamentos, estudos e prática clínica é que o tsunami de ocitocina pode ocorrer com todas as mães do mundo. Esteja essa mãe onde estiver, sozinha ou acompanhada, independentemente do idioma, da cultura, da religião, do nível social, do nível educacional, seja qual for a latitude, longitude ou altitude em que estiver, seja qual for a sua profissão, ela vai ser invadida pelo tsunami de ocitocina.

É claro que nem todas as mulheres sentirão efeitos idênticos, pois eles dependem da combinação de dois fatores fundamentais: da quantidade da ocitocina existente e da qualidade da sua capacidade relacional.

MÃE NUNCA DESISTE DOS FILHOS

O tsunami é realimentado dentro da mãe cada vez que ela amamenta no peito o seu filho. De fato, durante as mamadas muita ocitocina é produzida, mas nada que se compare ao tsunami. Penso também que a ocitocina funciona como anestésico, pois muitas mulheres ao amamentarem são sugadas tão fortemente pela criança que os seus sensíveis mamilos acabam ficando feridos. A dor que sobrevém piora com o surgimento dos dentes na criança, mas logo passa ao ser substituída pelo prazer da amamentação. Foi dessa mesma forma que ela deixou de sentir a dor durante o parto. Já bem diferente é amamentar com mamadeiras.

Um fato que sempre me chamou a atenção foi a durabilidade e a resistência desse amor de mãe. O nosso cotidiano é rico de exemplos nesse sentido. Raramente a mãe desiste do seu filho, independentemente de sua idade: paciente em coma não importa há quanto tempo, quando todos já desistiram, está lá a mãe a zelar por ele; mães jamais desistem de procurar pelos filhos desaparecidos; filho presidiário, cumprindo pena perpétua, tem a sua mãe sempre o visitando; mães querem invariavelmente saber o que está acontecendo com o filho, esteja ele onde estiver; faça o que fizer, "meu filho será sempre meu filho!" declaram elas enfaticamente.

Conheci uma psicoterapeuta, há três décadas, que era radical com as mães e chegava até a exigir que elas tomassem atitudes muito difíceis em relação a seus desobedientes filhos. Surpreendi-me quando, num programa vespertino de televisão dedicado às mulheres, ela se desculpou pelo fato de ter sido tão radical e pouco compreensiva com as mães.

Segundo ela, agora que deu à luz um filho, entende perfeitamente as mães e compartilha com elas as dificuldades de lidar com os filhos, pois, mesmo que saiba o que tem de ser feito, não consegue pôr em prática.

De outro lado, mães desnaturadas também existem. Quando uma mãe não corresponde ao tradicional comportamento materno esperado, ela sai do seu natural e vira uma desnaturada. É taxada de egoísta, interesseira, desligada, imatura, enfim é aquela que perdeu a cabeça.

Há ainda a questão das madrastas. Talvez a madrasta adote para si os filhos do marido que ficam aos seus cuidados, porém tudo pode mudar quando ela tem seus próprios "rebentos". O vínculo com os descendentes naturais, normalmente, é mais forte do que com os filhos dos outros. Assim, a "madrasta" dos filhos do marido se transforma em mãe dos seus filhos. E mãe, não podemos esquecer, é quem sente o êxtase do tsunami de ocitocina.

MAIS MÃE QUE MULHER

Os homens têm natureza hormonal diferente da das mulheres, e suas ações, sob o domínio da testosterona, são diametralmente opostas às produzidas pela ocitocina, principalmente no que se refere às relações humanas. Um homem sem filhos e outro com muitos filhos não apresentam diferenças corporais em razão da paternidade. Seu corpo não sofre nenhuma alteração física como sofre o corpo da mulher. É evidente que o homem também pode ficar feliz com o nascimento de um filho. Mas não é possível comparar o tsunami de ocitocina, responsável por mudar a vida da mulher, com o pico máximo de ocitocina que ocorre no homem durante um orgasmo sexual com a duração de somente alguns minutos.

Essa diferença de grau de sensações também se transfere para o ambiente familiar e leva a resultados distintos. Não é difícil notar, por exemplo, que nas famílias em conflito todos os relacionamentos podem ficar abalados em diferentes níveis. Assim, enquanto os conflitos entre o casal geralmente são muito mais sérios a ponto de levar a uma separação, conflitos entre irmãos acabam se resolvendo sem a separação dos pais.

Já o conflito entre gerações talvez seja um dos mais desgastantes e piora muito quando os pais assumem posições antagônicas. Desse modo, quando há disputas entre pai e filhos, geralmente a mãe pende mais para os filhos em detrimento do marido, enquanto o pai pende mais para a esposa do que para os filhos.

O pai sofre pelos efeitos da testosterona, isto é, tem reações causadas por perda do poder, competição, traição, rivalidade, vingança, agressividade, violência, raiva, ódio. Diante desse panorama, ele nem sempre protege o filho, mesmo que diga que tudo faz "para o seu bem". O filho, por sua vez, não entende, pois o pai também não explica, e se pergunta: "Ele me agride pro meu bem?"

O sofrimento da mãe, no entanto, ultrapassa a sua pessoa e atinge a maternidade, e ela sofre decepção, mágoa, tristeza, impotência, desânimo, depressão, mas não deixa de agir em sua proteção missionária de mãe. Ela explica tudo, até demais, às vezes, e impõe regras, controla e cobra porque quer ver bons resultados, fazendo valer seu instinto protetor.

Em sua maior parte, famílias se desfazem pela separação conjugal dos pais. Na separação, os bens são também divididos. Geralmente a mãe fica com os bens afetivos, que são os filhos, e o pai com os bens materiais (dinheiro, propriedades, empresas, etc.). Quando o conflito conjugal continua, mesmo após a separação, o pai não paga a pensão dos filhos e a mãe não deixa o pai ver os seus filhos. Ou seja, cada um preserva para si os seus bens.

IMAGEM DA MÃE BOAZINHA

Extremamente carinhosa, doce, meiga, a mãe boazinha é aquela que aparece nos cartões comemorativos do Dia das Mães. Parece estar sempre amamentando. O centro de sua vida é o filho. Ele é a sua razão de viver. A mãe boazinha está totalmente à disposição do filho e se considera inteiramente responsável por tudo o que ele faz. Está sempre de bom humor e disposta a agradar seu filhinho. Essa imagem fabricada pela sociedade fica impressa na cabeça da mulher desde que ela é criança e é reforçada quando se torna mãe.

A imagem de mãe boazinha, que doravante chamarei simplesmente de imagem, não combina em essência com a missão de mãe despertada pelo tsunami de ocitocina, que é toda energizada, ativa, que luta para proteger e prover os seus filhos. Ao contrário, a imagem é de momentos de ternura, de bondade, de bem-querer, de amor, do gargalhar mútuo. Combina com falar baixinho como fazem essas mães quando amamentam, quando brincam de pega-pega num gramado numa manhã de sol, com o pano de mesa forrando o chão para o lanche, ou ainda quando contam historinhas para a criança dormir.

A mãe ama todos os filhos igualmente e trata-os de maneira igualitária, embora saiba dar mais atenção para o filho mais necessitado. Nem concebe que possa haver preferência por um filho. Torna-se crítica com as mulheres que não se empenham em ser boas mães e afirma que não sabem educar. Ela, por sua vez, é aquela que aguenta tudo e "engole todos os sapos" dos filhos.

É impossível uma mulher preencher completamente tal imagem, pois não corresponde à realidade. Mas, se for esse o modelo de mãe que a mulher traz dentro de si, ela quer se igualar a ele para se sentir uma boa mãe. Aliás, há uma confusão muito grande que faz a mulher acreditar que ser mãe boazinha é ser boa mãe. Triste engano. Boa mãe é aquela que educa bem os seus filhos, preparando-os para serem materialmente independentes dos pais, embora afetivamente continuem sempre a manter uma boa relação.

É raro ver fotografia de mãe com filho adolescente. As cenas são sempre com criancinhas. Aos adolescentes, a imagem não chega: é impossível ser boazinha desse jeito com eles. O filho cresce e o caminho biológico é se tornar independente. Nunca o filho irá corresponder exatamente ao que a mãe espera dele. Ela tenta infantilizar o filho, às vezes inconscientemente, fazendo tudo para que a dependência permaneça. Assim, anseia para que sua vontade venha a se tornar necessidade. Ocorre, entretanto, que, se ela alcança tal objetivo, a tendência é que esse filho venha a se tornar um dependente tirano.

> A mãe ama todos os filhos igualmente e trata-os de maneira igualitária, embora saiba dar mais atenção para o filho mais necessitado.

COMO COMEÇOU A EXISTIR A MÃE BOAZINHA?

No começo da humanidade não existia a figura de pai. Isto é, existia o pai, mas não se conhecia a figura de pai na acepção que temos hoje do termo, muito menos a "função" de pai. O que existia era a família em torno de uma mãe que possuía filhos, homens e mulheres, vivendo no mesmo grupo. Era uma estrutura conhecida como matriarcado, em que tudo girava em torno da grande-mãe. Os homens faziam os serviços pesados e saíam por meses em busca de caça. As mulheres e as crianças ficavam com a grande-mãe e viviam da coleta de frutas, de sementes, de raízes e do que conseguiam pescar e caçar no entorno de onde viviam.

Não havia vida de casal (homem-mulher) nem o esquema de família (pai-mãe-filhos). O que havia eram relações sexuais sem vínculos conjugais, mas não com as mulheres da mesma família, da mesma grande-mãe. Assim, após as relações, os homens voltavam para a casa da sua grande-mãe. Esse esquema durou enquanto os homens eram nômades e sobreviviam se alimentando das suas caças e coletas.

Então, entre 12 e 7 mil anos atrás, as mulheres lentamente foram descobrindo que das sementes jogadas nasciam novas plantas. Com isso, passaram a fazer plantios e deixaram de necessitar tanto das grandes caçadas efetuadas pelos homens para sobreviver. Começaram também a criar pequenos animais para se alimentarem. Com essas descobertas, abandonaram a condição de nômades, pois já não havia a premência de se deslocar em busca de alimentos.

Dessa forma, o nomadismo deu lugar ao sedentarismo, que não apenas trouxe melhor qualidade de vida, como fez surgir as primeiras propriedades. Deu-se início também ao surgimento da tecnologia, com a confecção de ferramentas, instrumentos e armas.

Entretanto, com o sedentarismo, muitas famílias da grande--mãe passaram a viver mais próximas. Isso fez com que alguns homens começassem a se apossar de pertences alheios, enquanto outros começaram a proteger suas propriedades. Iniciaram-se então os conflitos, as disputas, os homens passaram a defender a própria família e atacavam as outras. Desse modo, os homens começaram a dominar pela força e a submeter toda a família da grande-mãe vencida. Os vencedores eram donos de tudo o que conquistavam: posses, animais, plantações, incluindo até as pessoas dominadas.

Foi dessa situação que surgiu a lei do mais forte, quando os mais fracos, as mulheres e as crianças tornaram-se propriedade dos homens dominadores. Tal situação perdurou e com o tempo surgiram vilas, cidades, avanços tecnológicos, a escrita; e cá estamos nós vivendo o machismo até hoje. A verdade é que as mulheres tiveram de se submeter para sobreviver e cuidar dos seus filhos. Necessitaram ser passivas e boazinhas para agradar seus donos.

Na divisão de tarefas, os homens tornaram-se cada vez mais fortes enquanto as mulheres passaram a cuidar cada vez de mais filhos. Muito tempo se passou e foi somente no século passado que elas começaram a se emancipar da dominação masculina. Então, diante de tudo o que foi dito, o que se pode concluir é que a mãe boazinha surgiu como resultado do machismo que se instalou desde épocas remotas.

CONFLITO ENTRE MULHER EMANCIPADA E MÃE MACHISTA

Mesmo que a mulher tenha se emancipado, a imagem continua produzindo machistas em casa. De fato, ela fabrica e perpetua o machismo porque chama a filha para acompanhá-la na cozinha enquanto fala ao filho para ficar com o pai na sala. Assim, os machistas ficam à espera que as machistas cuidem de tudo. A conclusão a que podemos chegar diante dessa situação é que a responsabilidade sobre a permanência do machismo é muito mais dos pais do que dos filhos.

> **Essa herança machista se manteve até hoje por causa dessa educação dos costumes, perpetuada pelas mães ao educar os seus filhos e filhas.**

Se a mãe não estiver em casa, por exemplo, a filha irá para a cozinha enquanto o pai e o irmão irão para a sala. Mesmo que o filho esteja sozinho com a irmã, será a irmã que irá para a cozinha. Do mesmo modo, se a filha tiver um namorado, este irá para a sala com os homens da casa, enquanto isso, a namorada do filho será convocada para ir com as mulheres para a cozinha. Dessa maneira, a mãe repete a sua mãe, que repetiu a sua avó, e, se retroagirmos mais, chegaremos à época em que o instrumento de poder era a força física.

Essa herança machista se manteve até hoje por causa dessa educação dos costumes, perpetuada pelas mães ao educar os seus filhos e filhas. Nesse sentido, a tendência de cristalização desse cenário de dominação masculina é muito forte e somente o que pode mudar o rumo do machismo é a Educação Sustentável.

Para explicar melhor, pode-se afirmar hoje que a filha da mulher emancipada não deixará de trabalhar, pois já recebe o chip emancipado. Terá que trabalhar inclusive para não sentir que desperdiçou tudo o que aprendeu e sentir que pode produzir dinheiro. Afinal, a filha tem a mesma ou até uma formação profissional melhor que o filho.

No entanto, se pode equiparar-se profissionalmente ao homem, por que é ela que vai para a cozinha? Racionalmente ela sabe que não precisaria, mas acaba indo porque é boazinha, porque quer agradar o companheiro... Na realidade ela não é boazinha, pois mesmo que suas ações sejam praticadas por amor, ela está ajudando a manter uma situação que o mundo, ao contrário, procura mudar para melhor.

Se quiser romper esse círculo vicioso, a filha deve chamar o companheiro para irem juntos à cozinha. Pois, ao ter essa atitude, ela o ajuda a se libertar do seu machismo. Isso mesmo, o homem tem de emancipar-se do próprio machismo para funcionar como homem apenas, o verdadeiro companheiro da mulher. Na realidade, tem de começar a mudar também na sua própria casa o que ele já está mudando no seu trabalho.

Enfim, não chego ao ponto de dizer que a mãe dessa filha seja culpada, mas, sem dúvida, é responsável, junto com o pai, por aceitar passivamente a continuidade desse costume machista. Portanto, é mais que necessário que o companheiro vá com a filha para a cozinha e depois que ambos sigam juntos para a sala. Mesmo porque eles, como namorados, querem sempre fazer tudo juntos, não querem ficar distantes um do outro um minuto sequer.

COMPLETANDO A EMANCIPAÇÃO DA MULHER

Com a emancipação, a mulher ascendeu um importante degrau fora de casa com boas repercussões dentro de casa. Ela trabalha fora, exerce cargos bons, compõe as finanças, dá novos rumos econômicos e de qualidade de vida à família, contribuindo às vezes até mais que o próprio marido.

Se usarmos como referência os pontos de partida e seu respectivo crescimento, pode-se dizer que a mulher emancipada começou praticamente do zero e o seu marido começou com 100%. Mesmo que a emancipada não tenha chegado à meta desejada, comparada ao homem, ela cresceu muito, enquanto o homem machista decresceu um pouco.

Entretanto, ela ainda vive um conflito. A mulher conquistou, após uma luta árdua e pesada contra o machismo, um chip novo que usa fora de casa, no trabalho e na sociedade, mas dentro de casa continua utilizando o chip machista na educação dos seus filhos.

Essa mãe poderia, isto é, deveria trocar o chip que usa em casa pelo chip da Educação Sustentável. Ela tem condições para isso conforme já vimos no primeiro capítulo quando discorremos sobre as bases teóricas e práticas dessa proposta.

O maior instrumento do trabalho hoje é o conhecimento, e não mais ferramentas como o martelo e a enxada. Não custa repetir:

> **Não se** usa martelo nem enxada para trabalhar com internet, ou para consertar computadores.

À citação acima acrescento um entendimento específico sobre essas e outras ferramentas que são de uso individual e só podem ser utilizadas consecutivamente. Aliás, este é um funcionamento característico do cérebro masculino (executar uma atividade de cada vez). O cérebro feminino, ao contrário, é multitarefas, isto é, as mulheres podem executar várias atividades simultâneas. É o que acontece com o mundo do conhecimento quando são usadas várias habilidades ao mesmo tempo. Assim, o homem ou faz pão ou queijo enquanto a mulher faz pão de queijo. Esclareço, com bom humor, essas diferenças entre pai e mãe, homem e mulher, no meu livro *Homem Cobra, Mulher Polvo*.

Mas não foi somente o machista que libertou a mulher para a emancipação. Foi a própria mulher que se capacitou em valores válidos para o mundo do trabalho e conquistou sua independência financeira, autonomia social, poder político, competência administrativa, etc., para concorrer no mesmo mercado em que o homem reinava absoluto. A mulher fez valer a sua capacidade multitarefas para ser profissional e mãe ao mesmo tempo. Entretanto, como vimos nos capítulos anteriores, está pagando o preço da culpa por sua emancipação.

Todas essas questões não se resolvem com martelo, nem com enxada, nem com força física, nem sob o comando de alguém. As soluções têm de vir como resultado de uma modificação pessoal que só pode ser alcançada do ponto de vista da Educação Sustentável, que deve aflorar dentro de cada mulher, de cada homem; ambos solucionam tais questões com a construção de conhecimentos conquistados a partir da busca efetiva por informações, que podem ser encontradas em todos os lugares. É bom lembrar, no entanto, que só informações não têm capacidade para mudar as pessoas, embora possam nortear seus conhecimentos.

EMANCIPAÇÃO DO HOMEM

É muita inovação falar que o homem tem de se emancipar do seu machismo. Não sou visionário ou sonhador. Sou realista. Sempre haverá lugar para os machos neste planeta. Significa que não precisamos todos deixar de ser machos. O que precisamos é que, pelo menos em uma parte da vida, sejamos homens como gênero masculino, a parte em que podemos nos transformar em educadores sustentáveis.

As mulheres sabiam o que queriam com a sua emancipação: viver mais naturalmente como mulheres e deixar de se submeter ao machismo. Aspiravam comandar a própria vida sem que isso fosse encarado como rebeldia sem causa, ter quantos filhos quisessem, ter vida sexual mais satisfatória, etc. Elas se prepararam durante gerações em um movimento progressivo.

Há homens sensíveis que já estão manifestando suas sensibilidades e sentimentos sem medo de serem taxados de mulherzinhas ou de algo que lhes desagrade mais. Há pais lidando com casa e filhos porque ficaram desempregados e suas esposas passaram a ser "arrimo de família".

Entretanto, a maioria dos machos tirou proveito da emancipação sexual das mulheres para levar uma vida mais livre (ter vida sexual sem compromissos). No final do século passado, as garotas "ficavam" com rapazes por uma noite, ou parte da noite. O sonho dos machistas estava se realizando: ter uma noite ou algumas horas de namoro sem ter compromisso. Hoje, no entanto, há maridos sendo "largados" por suas insatisfeitas esposas. Mas, como o espaço aqui é curto para mais delongas machistas no campo social, vamos pensar um pouco sobre a imagem do pai.

O homem, que está perdendo o lugar como macho, em sua função de pai perdeu mais espaço ainda. Porque se antes, na posição de macho, o filho obedecia ao comando do seu olhar, agora o contesta. Na realidade, o homem foi levado a pensar que a imagem do pai-herói era tudo o que se exigia dele. Então, quando deixa de representar essa imagem, não sabe mais como ser pai. Em seu lugar, está surgindo uma nova imagem, a do pai legal. O pai legal abre mão de sua função para ser companheiro, parceiro e amigo do filho.

No entanto, assim como na adolescência a mãe boazinha é negada pelo filho que a faz sentir-se como se não existisse, o adolescente contesta também a figura de pai, e este não sabe mais como lidar com isso. Ele não pode mais usar a autoridade paterna, que aliás nunca exerceu pois detestava as suas características: paciência curta, voz grossa e mão pesada. Para ele bastou sofrer como filho de um pai assim. Jurou que não repetiria essa experiência com o próprio filho. Mas não há como se impor como amigo de um adolescente, uma vez que amigo é uma escolha voluntária dele e de mais ninguém, nem mesmo dos seus pais.

HOMEM E SUA PATERNAGEM

A família mudou o desenho tradicional da pirâmide de poder pai-mãe-filhos. Agora a pirâmide tem no seu ápice os filhos e a mãe na base com o pai no subsolo. Talvez o subsolo seja um tanto humilhante, quem sabe um incompetente auxiliar da mãe em casa, mesmo que seja um importante diretor numa empresa internacional. O desenho se complica

> **Em novos desenhos familiares, não é raro as crianças valorizarem mais o pai ou a mãe ausente do que os novos companheiros da mãe ou do pai presente.**

quando os ex-cônjuges com filhos comprometem-se em novas uniões estáveis com ex-cônjuges de outras uniões também com filhos.

Em novos desenhos familiares, não é raro as crianças valorizarem mais o pai ou a mãe ausente do que os novos companheiros da mãe ou do pai presente. Nessa situação, a fala mais comum é um mal-educado "Você não é minha mãe (meu pai)" e com isso o adulto em questão é desautorizado na frente de todos.

Um homem ouve de forma diferente da mulher uma frase com esse teor. Geralmente a mulher contemporiza, dá um tempo, espera outro tanto, conversa de outra maneira e dilui o peso dessa afirmação agressiva. Mas um homem, quando ouve a mesma frase, vai fundo e se posiciona claramente como não pai e pronto, vai para subsolo relacional.

O que observo é que as mães estão sendo mais pragmáticas, pois não têm mais tanto tempo quanto gostariam, e com isso surge uma exigência maior sobre os filhos. O pai, para compensar, acaba sendo mais flexível. Essa flexibilidade ou permissividade pode torpedear a ordem da mãe. Assim, o pai acaba sendo empurrado para o porão. Piora a sua situação quando pede para a mãe não ficar tão brava com o filho, pois afinal ele é tão pequeno, ou que mal faz o filhinho com o que está fazendo? A mãe se sente desautorizada e desclassifica o marido.

Alguns pais, de tanto quererem ser legais com os filhos, acabam entrando no pelotão de filhos como se fosse um filho temporão dessa mãe, que é a mulher dele. O casal tem três filhos, isto é, o pai tem três filhos, mas a mãe tem quatro, pois trata o marido como filho "temporão". É como se o marido passasse a funcionar como o quarto filho. Moral da história: a família fica de ponta-cabeça.

Está cada vez mais frequente o pai, após a separação, querer ficar com os filhos, ou reivindicar um tempo maior de convivência com eles; pratica também a alienação parental, usando os filhos para obter vantagens pessoais em detrimento da mãe. Ou seja, está abandonando o padrão antigo de pai, ex-cônjuge da mãe, que arrumava uma nova união estável e esquecia ou negligenciava os filhos que ficaram com a mãe. Sua obrigação terminava quando cumpria o pagamento da pensão alimentícia.

Temos de reconhecer que o pai está deixando em parte de funcionar como machista, principalmente com os filhos; está muito mais participante na convivência familiar e bastante envolvido na educação dos filhos, apesar de suas interferências dependerem ainda da vistoria e da aprovação da mãe. Estrategicamente, a mulher ainda usa a palavra do pai como a "última palavra", aquela que encerra o assunto, de fato ou simplesmente uma "mãenipulação", isto é, usa o pai para reforçar o seu ponto de vista ou vontade.

> **Atenção, pai.** Para ser mais assertivo, focado e manter uma autoridade masculina não machista inerente à Educação Sustentável, é bom começar a ler sobre educação de filhos para, depois, trocar ideias com a mãe dos seus filhos e começar a construir sua paternagem, com características próprias.

CASAL: SUSTENTABILIDADE DA ESPÉCIE

Tendo como referência os instintos mais básicos (da perpetuação da espécie e da sobrevivência), o casal formado pelo homem e pela mulher é o menor conjunto de pessoas de maior sustentabilidade que existe na Terra, se considerarmos o espaço de tempo a partir da concepção até a morte dos indivíduos. Desse ponto de vista, se sobrarem na Terra duas ou mais pessoas do mesmo sexo, a espécie humana se extingue, por maiores que sejam os sentimentos e ligações que possam existir entre elas. Mas basta que haja uma pessoa do sexo complementar para a espécie não se extinguir em uma única geração.

Entretanto, se continuarem os genes de uma única fonte, masculina ou feminina, também a espécie poderá se extinguir pelos problemas provocados pela consanguinidade. Ainda bem que existem outros casais e bilhões de outras pessoas para o convívio social, para que cada um possa se relacionar com quem escolher ou até mesmo viver sozinho se isso for autossustentável. O casal não é indissolúvel como é o relacionamento de cada um de seus componentes com os filhos, e o certo é que cada ex-cônjuge acaba formando uma nova união estável pela força de casal.

A perpetuação da espécie é o grande pilar da sustentabilidade. A sua única exigência é que haja a complementação sexual no encontro do espermatozoide com o óvulo, independentemente de qualquer diferença; basta que sejam da espécie humana, saudáveis e férteis.

Engana-se quem usa o termo "sexo oposto", pois na realidade o masculino e o feminino têm sexos biologicamente complementares: a protuberância masculina é complementada pela reentrância feminina. Ambos formam um todo. É como a mão e a luva. Não são opostos, são complementares. A mulher tem mais hormônios e corpo adequado para gravidez, parto e amamentação, enquanto o homem está mais adaptado para proteger os seus, atacar os outros e se unir para guerrear, dominar ou acabar sendo dominado.

O espírito agregador de família, o proteger, o prover, o olhar por todos sem descuidar de cada um, a empatia, as manifestações extraverbais de comunicação, a esperança, a criação, a doçura, a meiguice, o colo, o abraço, o nutrir, o proteger, o prover, enfim, todas aquelas necessidades que uma criança ainda não consegue expressar são oferecidas pela mulher, regida pelo hormônio ocitocina que, segundo o pesquisador Paul Zak, torna a mulher afetiva, cordial e generosa.

Já o espírito desbravador, competitivo, lutador, agressivo, violento, cruel, frio, de matar ou morrer, de justiça, de condenar, de escravizar, de dominar, de tomar à força o que não é seu, de seguir regras, de aventuras, de correr riscos, de enfrentar o desconhecido, de conquistar mais do que precisa para garantir qualidade de vida, conforto material, segurança (e outros instintos do homem) é regido pelo hormônio testosterona, que faz do pai um jurássico com paciência curta, voz grossa e mão pesada.

Olhando para a história dos seres humanos, é fato que o momento do parto deixa a mulher e o filho totalmente à mercê dos seus predadores, da mesma forma como na hora em que a mãe se entrega para a amamentação. Não fosse um homem a protegê-los nesses instantes, seriam comidos, a mãe e o filho. Por isso, no casal, um dos indivíduos adultos provê o filho enquanto o outro cuida dele, até que cresça e adquira, por sua vez, a capacidade de formar um casal sustentável. E assim caminha a humanidade.

> A perpetuação da espécie é o grande pilar da sustentabilidade.

TESTOSTERONA E OCITOCINA SE COMPLEMENTAM

Para prover a família, o homem precisa da testosterona. Graças a ela, ele sai de casa, vai matar animais, defender a família. Uma mulher com ocitocina não mataria uma formiga. O homem mata o animal, traz para casa e todos comem. A mãe fica pensando que aquele animal poderia ter filhotinhos. Coitados dos filhotinhos dele! E poupa-o da morte.

Como o homem é mais forte, a alternativa é comer o que ele traz, ou as crianças passarem fome. Quanto mais o homem tem testosterona menos ocitocina ele tem. E quanto mais ocitocina tem a mulher, mais ela quer manter a figura da mãe boazinha, molinha, permissiva ou bobinha.

No reino animal, existem as brincadeiras de crianças. Quando os gatinhos, ursinhos e outros mamíferos estão brincando, por exemplo, parece que estão brigando. É efeito da testosterona. Os americanos têm uma expressão interessante: *rough and tumble*. São aquelas brincadeiras de mão, de deitar e rolar, de luta corporal, que começam como brincadeira até que os envolvidos passam dos limites e partem ou não para a briga. Depois de baterem um no outro, ficam mais amigos e felizes do que se não tivessem brigado. Isso é amizade de homem.

O pai quer brincadeira de mão, quer deitar e rolar com o filho, criancinha ou nenê. Pega-o assim que acabou de mamar e joga-o para cima, na maior farra. A mãe acha um horror e diz: "Não faz isso"... nem acaba de dizer e o nenê regurgita tudo na cara do pai. A mãe gostaria mesmo é que o marido desse colo, como ela faz. Aí o homem não pode brincar como o filho como gostaria. O marido chega da rua e quer pegar o nenê, sem antes lavar a mão. A mulher não deixa. Ela o faz lavar a mão. Ele não gosta e reclama. É muita testosterona e pouca higiene.

O fato é que deve haver equilíbrio entre ocitocina e testosterona no casal. Nenhum deles deve mandar o tempo todo, mas ambos devem estar presentes no casal. Porém, não sabendo disso, não conhecendo o funcionamento dos hormônios, as pessoas recorrem às próprias fantasias para explicar o comportamento do outro. Quando a esposa quer carinho, o homem fica pensando que ela quer agarrar no seu pé, prendê-lo, dominá-lo. É a leitura testosterônica sobre um gesto ocitocínico. A mulher espera que ele a reconheça como mulher e tenha condutas que às vezes não são próprias dele. Daí surgem os desentendimentos. Eles terão de aprender e se adequar.

Não se pode tratar a mulher como homem, ou vice-versa. Por isso, não existe uma maneira certa e única de educar sustentavelmente os filhos. Não dá para ser mãe nem pai perfeitos. Mas é possível para cada mulher ser a melhor mãe que ela possa ser. Também é possível ao homem ser o melhor pai que ele possa ser.

Capítulo

4

Desenvolvimento da personalidade na integração relacional

▼

AJUDANDO O FILHO A SER ÉTICO E FELIZ

Uma pessoa é considerada íntegra quando em uma determinada ação ela recorre ao que tem de melhor em seu potencial, no âmbito dos valores tangíveis e intangíveis, para conseguir um resultado eticamente sustentável.

Ainda que os outros não percebam, uma pessoa que não faz tudo o que pode (mesmo consciente do que deve fazer) sabe que errou, que não fez o melhor possível, embora o resultado tenha sido bom. Diante dessa situação, se cultivar valores intangíveis como honestidade, ética e caráter, ela fica com "a consciência pesada" por ter feito algo errado e não é feliz.

Pertencer à sociedade tem suas vantagens, mas também tem seu preço. Seres humanos estão aptos para muitas ações, porém é necessário que elas sejam desenvolvidas sempre visando o bem de todos e não devem prejudicar outro cidadão, mesmo que ele não esteja presente. A esse modo de agir se dá o nome de **consciência de cidadania e civilidade**.

Ninguém sente falta do que não conhece, mas sofre as consequências da ignorância. Por isso, se uma pessoa não conhece uma

Desenvolvimento da personalidade... 221

regra e a transgride, tal desconhecimento é considerado um ato culposo. Já, se tem conhecimento da regra, o ato passa a ser doloso. No caso de perda de prazo de pagamento em banco, por exemplo, paga-se multa, seja esse ato considerado culposo ou doloso. Visto dessa maneira, podemos dizer que, quanto mais uma pessoa conhece as regras, mais oportunidades ela tem de viver bem.

Essa capacidade de conhecer e viver dentro das regras estabelecidas caracteriza uma pessoa integrada ao meio em que vive, pois ela tem mais facilidade de estabelecer uma integração relacional como outra pessoa, que é o resultado excelente do relacionamento entre duas pessoas. Será esse enfoque que vamos adotar neste capítulo para descrever o estabelecimento do clima relacional entre mãe e filho recém-nascido.

Neste ponto, torna-se imprescindível que nos refiramos às premissas da Educação Sustentável como ferramenta de trabalho. De fato, o objetivo da Educação Sustentável é promover a formação de um filho ou aluno que seja de alta performance e integrado consigo próprio e nos seus relacionamentos de modo que venha a se constituir em um cidadão ético capaz de contribuir para a melhora de nosso país.

O meu objetivo é ajudar pais e educadores em geral a educarem suas crianças e adolescentes, sinalizando quais são e quando as ações educativas alcançam melhores resultados durante a formação da sua personalidade.

Assim, escrevo baseado na minha teoria de desenvolvimento biopsicossocial do ser humano, já parcialmente apresentada no livro *Puberdade e Adolescência: desenvolvimento biopsicossocial.*[1] Essa teoria deu origem à Teoria Integração Relacional, base de todos os meus livros, palestras, entrevistas e atendimento em consultório

---

[1] TIBA, Içami. *Puberdade e Adolescência*: desenvolvimento biopsicossocial. São Paulo, Editora Ágora, 1985 (esgotado).

privado a crianças, adolescentes, famílias, pais, professores e educadores em geral.

Explicando melhor, **Integração Relacional (IR)** é o campo energético formado entre duas pessoas íntegras cujos valores tangíveis e intangíveis da Educação Sustentável transcendem o relacionamento envolvendo o ambiente que as circunda. Desse mesmo ponto de vista, é preciso observar que as pessoas são diferentes entre si, não só em idade mas também em competências e interesses.

É de se notar ainda que na vida pode haver a IR entre semelhantes e diferentes. Nos relacionamentos entre diferentes, estão os complementares educador-educando, pai-filho, feminino-masculino, patrão-empregado, etc. Nos relacionamentos entre semelhantes estão os colegas, os amigos, os familiares, os profissionais, etc.

> O meu objetivo é ajudar pais e educadores em geral a educar suas crianças e adolescentes, sinalizando quais são e quando as ações educativas alcançam melhores resultados durante a formação da sua personalidade.

UMA VIDA INTEIRA PARA APRENDER

A vida material, entendida como aquela que começa quando nascemos e acaba quando morremos, tem várias etapas. Dessas etapas focalizarei os aprendizados que existem para melhorar nossa própria qualidade de vida e a das pessoas ao nosso redor e, consequentemente, do mundo no qual vivemos, sempre com o objetivo de obtermos uma vida longa, plena e feliz.

Para a Educação Sustentável é importante que conheçamos os momentos adequados e as ações apropriadas que ajudam a compor uma personalidade saudável e sustentável no sentido de ser uma fonte inesgotável de alegria, de independência, de intenção de melhorar tanto as pessoas quanto o lugar por onde passamos. Para que tal cenário se realize, é necessário que a Educação Sustentável se inicie com a integração da pessoa consigo mesma e com todas as pessoas que lhe são significativas.

Raciocinando desse ponto de vista, é natural concluirmos que as crianças dependam dos adultos, assim como é natural também que esses adultos, na sua velhice, dependam dos seus filhos que já estarão adultos. Mas não é o que estamos verificando atualmente quando é comum encontrarmos adultos jovens e maduros dependendo dos seus pais quase velhos sem estar preparados para cuidar dos pais que lhes serão um estorvo quando estiverem senis. Esses adultos jovens não estão sendo sustentáveis e talvez os seus cansados pais nem percebam em que falharam. De fato, esses pais até podem não ser culpados, mas são responsáveis pelos filhos não serem sustentáveis.

Não quero de maneira nenhuma robotizar os filhos, nem tirar-lhes o brilho e a alegria de viver, mas não posso deixar de ajudar os pais que desejam filhos humanos, éticos, responsáveis, cuidadores e carinhosos – ao contrário dos zumbis robotizados, constantemente postados na frente do computador; nem aqueles arrogantes que se colocam sempre acima dos outros nem muito menos machistas que abusem dos mais fracos.

Vale sempre lembrar que nem o computador nem a internet são vilões, pois são apenas instrumentos cumprindo suas funções para a atividade realizada pelo ser humano. Já a arrogância e o machismo são produtos da ignorância que a Integração Relacional e a Educação Sustentável ajudam a combater.

Mau uso das novas tecnologias pode ser encontrado num exemplo recente reportado pela mídia. De fato, no mesmo dia, em 21 de outubro de 2013, duas jovens, uma da região Sul e outra do Nordeste do Brasil, cometeram suicídio pela mesma razão:

viram-se expostas na internet em sua intimidade e não suportaram enfrentar o que elas mesmas fizeram diante de câmeras acopladas nos seus computadores.

É evidente que não podemos culpar a internet de ser a grande causadora desses suicídios, mas, se alguma culpa existe, ela tem de ser atribuída aos seus usuários de uma maneira geral. Pois, se hoje é comum os filhos utilizarem as mídias sem tomar os devidos cuidados, tal como as duas jovens suicidas fizeram, há também os usuários que divulgam o que veem, sem nenhuma empatia com as vítimas. É a atitude típica de usuários robotizados (ou viciados). Porquanto nada justifica essa divulgação que ficará armazenada no mundo virtual, podendo ser acessada de qualquer lugar por qualquer pessoa.

Com esse exemplo, não estamos criticando o uso da rede e das tecnologias voltadas para a comunicação, mas sim alertando para o seu mau uso, quando elas deixam de ser um instrumento para a conquista do crescimento das pessoas. Na verdade, construir conhecimento é o resultado de um aprendizado e deveria ser bastante prazeroso poder utilizar um instrumento capaz de melhorar a qualidade de vida de todos.

Afinal, historicamente sabemos que o conhecimento guia e alimenta o homem que aprende a manejar sabiamente os instrumentos em prol de seu crescimento, assim como temos ciência de que nosso cérebro necessita para seu desenvolvimento dessa busca constante por conhecimento e aprendizagem. Pois, como todo mundo está farto de saber, o melhor meio de envelhecer e enrijecer seus movimentos é deixar a mente e o corpo em repouso, enquanto o ato de aprender mantém a vida. Aprender é sustentável.

TUDO COMEÇA NO CLIMA RELACIONAL

O recém-nascido precisa de uma proteção externa que envolva diretamente o seu corpo, pois foi interrompido o cordão umbilical, pelo qual recebia dentro do útero materno todos os nutrientes e o oxigênio de que necessitava. Além do mais, ao nascer, a criança não tem noção do que está acontecendo, vive no que chamamos de mundo caótico e indiferenciado. Ela olha para tudo pela primeira vez; no entanto algo já acontece dentro dela, pois sempre procura olhar nos olhos de quem a está olhando.

René Spitz, no seu livro *O primeiro ano do nenê*, fez experimentos aproximando do recém-nascido diversos objetos e percebeu que, à aproximação de um rosto humano, o bebê fixava por mais tempo os olhos nos olhos de quem se aproximava. Em sua pesquisa, Spitz foi reduzindo cada vez mais a figura do rosto e constatou que o bebê fixava seus olhos até chegar à letra T. Ao chegar a esse ponto máximo da minimização dos sinais do rosto, o Dr. Spitz concluiu que para o nenê a linha horizontal da letra T podia representar os olhos enquanto a linha vertical, o nariz.

Spitz chamou esse indicador de Gestalt Sinal. De fato, se aproximarmos uma cruz dos olhos do recém-nascido, veremos que ele fixa também os olhos nela. Na verdade, o nenê não está fixando os olhos numa cruz, portanto não há nenhum sentido de religiosidade nesse ato. Ao contrário, é algo instintivo, característico da espécie humana. Talvez tenha a ver com os primórdios do instinto de sobrevivência, com o fato de identificar alguém da mesma espécie, ou reconhecer sua própria mãe.

Hoje sabemos algo mais. Sabemos que a mãe, ao olhar para o seu recém-nascido, aumenta o fluxo de ocitocina, o hormônio do amor. Provavelmente a neurociência consiga nos revelar também que a mãe, ao sentir-se olhada tão fixamente nos olhos pelo seu nenê, aumente igualmente seu fluxo de ocitocina.

Acredito que o recém-nascido consiga gravar dentro de si pela memória corporal ou cenestésica não somente o olhar da sua mãe, mas tudo o que o acompanha, como o carinho, o tom de voz, o calor humano, o abraço, a meiguice, a segurança, o conforto, o acolhimento, o cheiro, o amor todo como um conjunto de bem-estar. E entendo que essa capacidade não se desenvolve de uma única vez, mas a partir do somatório de ocasiões, em momentos diferentes: de paz, de tranquilidade, de fome, de incômodos, de sono, etc.

A este campo energético formado entre os olhares trocados entre a mãe e o filho recém-nascido chamo de **clima relacional**. A mãe, que já pode ter vivido um clima relacional com outro filho, sabe que cada clima relacional é único e não há dois iguais. Mesmo que o filho não se lembre no futuro, assim como a mãe não se lembra do clima relacional que manteve com sua mãe quando nasceu, essa vivência já faz parte do papel de filho que ele continuará desenvolvendo no futuro.

Creio que para o filho recém-nascido essas sucessivas e repetidas sensações cenestésicas de clima relacional de segurança, de calor humano, de ser abraçado, de estar meiga e docemente cuidado, são as bases fundamentais para estabelecer nele as **sensações de apego e de pertencimento** que futuramente darão origem à autoestima saudável, a base de um desenvolvimento numa boa personalidade. Assim o bebê, apesar de ainda nada saber, já está vivendo emoções que vão compor o seu papel de filho.

PAI CRIANDO CLIMA RELACIONAL COM SEU FILHO NENÊ

Mesmo que o pai não tenha feito nada para se aproximar do filho durante o período de gestação, a melhor fase para o estabelecimento do relacionamento pai e filho pode acontecer logo depois que a criança nasce. Nesse momento, o bebê está totalmente receptivo, pois não tem muito como reagir e qualquer ação que o pai tomar reverterá em lucros. Por outro lado, não fazer nada acarretará o prejuízo de esse filho não contar com a figura masculina do pai na formação da sua autoestima.

> ## O clima relacional criado pelo pai está assentado num ambiente em que impera a testosterona.

Na sua maioria, os homens não têm a cultura, a orientação familiar e muito menos a predisposição para criar o clima relacional. Assim como é certo que nem a sua mãe, ou esposa, ou sogra sequer sabem que o homem também pode criar tal clima. Entretanto, na tentativa de criar esse clima, o homem não deve estabelecer comparação com as atitudes tomadas pela mãe do seu filho recém-nascido. Isso porque o clima relacional estabelecido pela mãe é formado com muita ajuda da ocitocina. Enquanto isso, o clima relacional criado pelo pai está assentado num ambiente em que impera a testosterona.

Assim, embora o caminho que o pai tem de percorrer seja o mesmo daquele percorrido pela mãe, ele terá suas diferenças. Pois, tratando-se de diferentes pessoas e hormônios, é natural que os caminhos sejam também distintos; entretanto, um caminho não é melhor que o outro, pois ambos se complementam. A verdade é que o gênero masculino pode dispor de docilidade, meiguice, carinho, como tem quando ama outra pessoa ou um animal de estimação, apenas ele apresenta uma maneira diferente de expressar essas emoções.

O que o pai não deve fazer, entretanto, é repetir a atitude de seu próprio pai quando ele nasceu. Nem a de seu avô, que agiu exatamente da mesma forma quando seu pai nasceu. Afinal, festejar o nascimento com amigos e parentes, do lado de fora do quarto do nenê, pode ser uma comemoração da sua alegria, porém é um ato que de imediato exclui fisicamente o nenê, não permitindo sua participação. E se faz isso costumeiramente sob a alegação de que os homens são barulhentos e fumam charutos para festejar, enquanto as mulheres só querem pegar o recém-nascido no colo.

Para esses homens, como de resto para qualquer machista, o filho passar a existir apenas a partir do momento em que ele começa a corresponder às expectativas paternas: que entenda o que eles falam, que respeite sua autoridade e ordens, que fale em vez de choramingar, que a hora de comer seja respeitada e que não brinque com comida, etc. Ou seja, o pai machista entra em ação quando os filhos já têm muita vida interior sem contar com ele. Não à toa é comum uma criança considerar o pai um intruso no seu clima relacional com a mãe.

A melhor forma de esse pai proceder é pegar à sua maneira o nenê no colo para que ambos fiquem confortáveis e empregar na ação todo o seu lado meigo, carinhoso e afetivo; adoçar a voz, olhar no fundo dos olhos da criança, sem nenhuma preocupação de não estar fazendo direito, pois com a prática irá se aperfeiçoar. O filho receberá tudo sem nenhum parâmetro anterior e somente o que perceberá é o quanto o pai está cada vez melhor e mais carinhoso.

Normalmente, o pai vai se permitir expressar todos esses sentimentos quando se transformar no "avô babão", como seu avô fez com ele, como o bisavô fez com o pai dele. Mas então o carinho vai para o neto e não para o filho. Portanto, é melhor que comece agora, que é o tempo certo para o filho. Esse pai de hoje tem de saber que está emigrando para essa área totalmente nova de relacionamento. Desse modo, o pai também terá condições de estabelecer o seu clima relacional com o seu filho.

Não é demais lembrar ainda que o pai deve ficar alerta para praticar essas ações de estabelecimento do clima relacional em todas as oportunidades que surgirem. E não impor tais demonstrações ao filho só porque chegou em casa, pois esta é uma prática machista. Não é porque você está pronto para dar carinho que o outro tem de aceitar. Clima não admite imposição, chefia, nem autoritarismo. Clima exige compartilhar, liderar e estabelecer cumplicidade.

Pesquisas mostram que o nascimento do filho provoca a diminuição da produção de testosterona do pai, o que lhe facilita liberar mais o seu lado afetivo e não competitivo. Não adianta estar presente para ser pai, é preciso participar, criar um vínculo especial entre pai e filho e assim ajudar a formar uma personalidade mais completa dentro do seu gênero, seja masculino ou feminino. É assim que o homem se liberta do seu próprio machismo e pode oferecer uma alternativa existencial de melhor qualidade comparada com a que ele viveu.

Afinal, não será uma propriedade a mais, mais ações na bolsa, mais fama, um carro mais novo, mais status no trabalho por "não perder tempo com o filho, que não entende nada ainda" que impedirão uma tendência, cada vez mais frequente, de haver filhos adolescentes (e adultos) problemáticos, num cenário de drogas, gravidez precoce e abandono escolar.

EDUCAÇÃO VEM DE BERÇO

O que é educação hoje para a maioria dos pais? E o que é o berço? Até há duas gerações poderia se falar que educação vem de berço, pois as famílias eram mais estáveis nas suas composições (tipo pai – mãe – filhos). Os filhos permaneciam mais tempo em casa até começarem a ir às escolas e a mãe estava bem mais presente. Não havia computadores para o grande público, nem internet, nem ao menos o celular, e as grandes viagens ocorriam com a família.

As refeições eram feitas em casa, e comer fora era programa para se fazer com a família. As crianças se divertiam fora de casa, na rua com vizinhos e amigos da escola. Mesmo que os cônjuges se separassem, os filhos de um modo geral continuavam com a mãe, que mantinha a vida familiar. Se iniciassem novas uniões, estas eram estáveis e tinha-se uma continuidade do espírito de família.

> Quando se fala em berço, fala-se em clima familiar, onde existem regras claras de convivência, em que há direitos e deveres.

Hoje há casais que vivem separados e pais que, mesmo casados, moram em casas separadas; e é a casa da mãe que mantém mais a estrutura familiar onde os filhos ficam mais tempo. O modelo de vida familiar que os filhos estão recebendo hoje tem diferentes formatos, compondo-se com irmãos de diferentes DNAs, isto é, seus componentes não têm a mesma consanguinidade.

Explicando melhor: mãe com novo marido, em união estável, vive com os filhos do seu antigo casamento e os filhos dessa união que se juntaram com os filhos do antigo casamento do novo marido. Se essa união estável se tornar instável e houver separação, filhos não consanguíneos voltam com o pai deles. Isto é, os filhos na maioria das vezes ficam mesmo é com seus próprios genitores. Mas, para todos esses filhos, qual a estrutura de berço que fica?

O sucesso dessa convivência de duas ou três ex-famílias depende muito de como os seus conviventes lidam com as diferenças. Se lidarem positivamente, isto é, aprenderem a conviver com as diferenças, a nova família irá sobreviver bem. Mas, se permanecerem como subgrupos autônomos numa mesma casa, a vida fica complicada. Assim, uma regra estabelecida para as crianças, o filho do marido pode não aceitar, ou os filhos dessa mãe podem repudiar "palpites daquele que nem é meu pai".

Quando se fala em berço, fala-se em clima familiar, no qual existem regras claras de convivência, em que há direitos e deveres. Ali não cabem "folgados" que "sufocam" outros conviventes, há um idioma e uma cultura em comum, uma hierarquia de poder, e não um poder absoluto. Há um padrão funcional com situações que não são aceitáveis e outras que são recomendadas, levando-se em conta as diferenças individuais, desde que não prejudiquem o grupo, que deve ser soberano.

No estabelecimento de um clima familiar deve-se levar em conta alguns pressupostos como veremos a seguir:

- ⊙ o estilo de convivência: se cada um faz o que quer ou não;
- ⊙ existência de um bar, ou estante de livros, ou altar;
- ⊙ se assistem à TV durante as refeições;
- ⊙ se cada um fica teclando o seu celular, mesmo nos momentos de "reuniões familiares";
- ⊙ o que fazem juntos;
- ⊙ se recebem amigos, parentes ou não recebem ninguém em casa;
- ⊙ se a casa é uma bagunça que a mãe tenta manter em ordem;
- ⊙ se todos cooperam quando a ordem da casa está a cargo somente da família, sem a presença de empregadas nem avós;
- ⊙ se existem boas maneiras ou tudo é resolvido na base da gritaria;
- ⊙ se existe respeito, gratidão, ética, meritocracia ou outros valores intangíveis em exercício, ou só quando acontece um grande problema, etc.

Não é demais lembrar que os filhos não absorvem somente o que os pais acham que ensinam. Absorvem também o modo como estes comem, se comunicam, se ajudam, se ironizam, aproveitam--se dos outros, as músicas que ouvem, etc.

A geração de pais que está na faixa dos 25 aos 45 anos de idade hoje está, na sua maioria, com problemas para educar seus filhos. O que ocorre é que esses pais pertencem à geração Y, cujos pais, em geral, sustentaram tudo sem meritocracia, pois o que interessava era "ser feliz". Não aguentavam ver os filhos sofrer e com isso criaram verdadeiros príncipes herdeiros. Tais filhos, que foram igualmente ajudados e agradados pelos avós "babões", acabaram não

232   Educação Familiar

recebendo uma Educação Sustentável. E o pior: não têm base para educar seus próprios filhos, delegando-os a terceiros, inclusive para escolas onde essas crianças são simples transeuntes.

CLIMA RELACIONAL: BASE DA AUTOESTIMA

Ninguém se lembra do que lhe aconteceu nos primeiros meses de vida e a esse fato se dá o nome de "amnésia infantil", visto que bebês não têm capacidade de formar memória consciente. A pesquisadora Patrícia Bauer, da Universidade de Duke, nos Estados Unidos, descobriu que bebês têm memória, mas esquecem tudo muito rápido. (Ver http://noticias.terra.com.br/ciencia/interna/ 0,OI1419765-EI8147,00.html, visitado em 24/11/13.)

Acredito que a "amnésia infantil" deve se dar porque o cérebro não está suficientemente maduro para registrar os acontecimentos (memória de fixação), para que depois possa evocar os dados registrados pela memória (memória de evocação). Mas não é somente a mente que tem memória. Nosso corpo também registra através dos órgãos dos sentidos o que lhes compete.

O psicólogo Guy Tonella, bioenergeticista francês, no seu artigo **Memória Corporal e Identificações Primárias** resume a sua tese de que se formam constelações afetivo-sensório-motoras que impregnarão nossas percepções e pensamentos futuros e organizam-se padrões de apego que servirão de modelo para nossa sexualidade e nossas relações futuras. (Ver http://www.centroreichiano.com.br/ artigos/Anais%202009, visitado em 24/11/13.)

Em que pesem os grandes avanços tecnológicos alcançados pelo mundo, a área da medicina também conquistou muitos progressos. Desse modo, sabemos hoje a importância das primeiras etapas da vida material (do nascimento ao falecimento) para a formação da personalidade, e, nesse sentido, a educação também deu um grande passo. Entretanto, na agitação cotidiana de nossas vidas,

Desenvolvimento da personalidade... **233**

há um desperdício educacional muito grande no cumprimento dessas etapas.

De fato, sempre se soube da importância do relacionamento que a mãe estabelece com o seu filho, mas até há pouco tempo não sabíamos que viciamos o recém-nascido a dormir no colo, e que o fato de a criança fazer xixi na cama se dá mais por falta de educação do que por descontrole da bexiga. (Para saber mais a respeito, leia no capítulo 2, Sabedoria de Mãe e de Pai, o item **Viciando o recém-nascido a dormir no colo e Enurese Noturna ou Fazer xixi na cama**.

Portanto, quando se diz que a "educação vem de berço", deveríamos atentar para o que isso significa quando pensamos em termos de clima relacional, principalmente se levarmos em consideração que o clima relacional é um campo energético e afetivo mais denso que o clima familiar estabelecido entre a mãe e filho recém-nascido. Aliás, como já vimos, esse clima pode, e deve, se formar também entre o pai e o filho recém-nascido.

A função do clima relacional é envolver o bebê com uma aura protetora, carregada dos mais diversos conteúdos emocionais despertados a partir das relações estabelecidas pela mãe ou pelo pai. E o fato é que essa aura se torna tão mais protetora e saudável quanto maior for o amor manifestado por esses pais.

Já a indiferença, a frieza, a neutralidade ou a rejeição acabam dificultando ou até mesmo não formando tal clima e se, por exemplo, o vínculo com a mãe o nenê não se estabelece, ele pode falecer antes de alcançar os 2 anos de idade, mergulhado que estará em um lento sofrimento, num quadro que René Spitz chamou de depressão anaclítica.

Como hoje a maioria das mães tem poucos meses de licença-maternidade, é preciso saber otimizar esse pouco tempo para ajudar o filho a formar a sua **matriz de identidade** (termo utilizado por Jacob Levy Moreno, criador do Psicodrama, profundamente estudado pelo psiquiatra José de Souza Fonseca Filho, no seu livro *Psicodrama da Loucura*), criando as condições básicas para o desenvolvimento de uma excelente autoestima capaz de acompanhá-lo para o resto da vida. Aqui, é preciso lembrar que será desse mesmo material constituinte da matriz de identidade que serão formados os papéis desempenhados pelo filho futuramente.

Não podemos deixar de assinalar também que a autoestima é um valor intangível que faz com que uma pessoa estabeleça uma integração relacional consigo própria. Como o próprio nome diz, a autoestima faz a pessoa estimar a si própria, de forma saudável, criando uma condição de não se maltratar nem se autoagredir e muito menos promover a autodestruição. É afinal a autoestima que vai dar sustentabilidade de ser, ter e existir ao indivíduo. Mais que isso, uma das grandes propriedades de uma boa autoestima é a capacidade de amar o próximo, sem deixar-se explorar nem se desvalorizar, e, sobretudo, conseguir ter filhos sem se permitir escravizar por eles.

MATRIZ DE IDENTIDADE: BASE DA PERSONALIDADE

A personalidade de uma pessoa é a base psicológica que sustenta as suas características tangíveis e intangíveis refletidas nos diversos papéis que desempenha e que determinam a sua individualidade entre os demais seres humanos. É por isso que dizemos que cada indivíduo tem sua personalidade.

Por exemplo, o que espera uma mulher quando ela vai consultar um otorrinolaringologista porque está com dor de garganta? O normal é que o médico ouça a queixa, faça perguntas, examine, explique o diagnóstico, peça exames de laboratório, prescreva a medicação, cobre a consulta e marque o retorno. Tudo o que o médico fez está dentro dos direitos e deveres estabelecidos nos princípios do Conselho Regional de Medicina. Ou seja, o médico funcionou direitinho, cumpriu o papel que se espera de um médico. No entanto, se a mulher não tomar o remédio, ela não está cumprindo o papel de paciente.

Para exercer esse papel de médico, o indivíduo em questão teve de estudar medicina, especializar-se, estabelecer-se e receber um paciente por um determinado tempo. Na frente do paciente vai colocar todo o seu conhecimento em ação visando alcançar um bom e eficiente resultado. Para prestar o atendimento, ele fez estágios assistindo outros pacientes. Tomou o papel de médico (*role taking*), treinou essa função (*role playing*) e criou bons resultados (*role creating*), tudo dentro de uma filosofia de ação.

Mas é preciso lembrar que o médico exerce a sua profissão conforme sua personalidade que já está em formação desde o estabelecimento do primeiro clima relacional com sua mãe e seu pai. Se o machismo ou o preconceito ou a preferência ou qualquer outro valor intangível e tangível fizer parte dessa matriz de identidade, ele vai aparecer no papel de médico.

De outra forma, assim como uma pessoa, para exercer o papel de médico, precisa do papel complementar exercido pelo paciente, a mulher, para ser mãe, tem de ter alguém no papel de filho(a). O grande problema nesse caso é a confusão de papéis. Um marido que nada faz em casa costuma ser aceito pela mulher que faz tudo, da mesma forma como uma mãe faz tudo para seus filhos. Essa mulher exerce o papel de mãe, colocando o marido como filho e, se para o marido essa situação pode ser cômoda, para ela, mesmo negando, é uma sobrecarga desnecessária.

> Um marido que nada faz em casa costuma ser aceito pela mulher que faz tudo, da mesma forma como essa mãe faz tudo para seus filhos.

236   Educação Familiar

Diante das inúmeras situações que ocorrem nessa área, algumas questões se colocam. Por exemplo, como ser esposa de um filho? Como ficam os filhos com um pai que funciona como filho? Quais os traços comuns que estão se caracterizando para compor a matriz de identidade dos diversos filhos masculinos e femininos? Os filhos masculinos serão adotados no futuro por suas esposas como filhos? E as filhas mulheres, adotarão seus maridos ou companheiros como filhos? Perante tantos questionamentos, o que conforta é saber que a personalidade é viva, dinâmica, e por isso mesmo, passível de ser ampliada, restringida, mudada, inovada, conforme a motivação e saúde mental de cada um.

... E COMO SE FORMA O PAPEL DE MÃE?

No capítulo 2, **Sabedoria de mãe e de pai**, descrevo ao longo de vários subtítulos como se forma o papel de mãe, partindo da sua própria experiência de ser filha de todas as idades, brincando como mãe, imaginando ser mãe, observando diversas mães. É a etapa da coleta genérica de dados para ser mãe, etapa essa que chamo de **fase de aquecimento genérico** para o papel de mãe. Depois, já com condições físicas, psíquicas e sociais estabelecidas, ela entra na **fase do aquecimento específico** quando decide ser mãe. Já se preocupa ativamente em como receber um nenê, organiza-se materialmente para ter um bebê em casa. Quando realiza alguma ação específica para a maternidade, dizemos que está tomando para si o papel de mãe. Moreno, criador do Psicodrama, e Jayme Rojas Bermúdez, psicodramatista argentino que aperfeiçoou o método, chamaram essa etapa de **role taking**.

Uma grávida que compra livros, faz cursos e lê revistas está colhendo dados específicos para ter uma gravidez saudável e, quando parte para a prática, ou imagina situações como as condições de pré-parto, está praticando um treino para ser mãe; ou seja, está na fase denominada de **role playing**. Assim, quando nasce o nenê, ela já é mãe e pode pôr em prática tudo o que acumulou de conhecimentos para o bom desempenho desse papel.

A mulher estará pronta como mãe – sem depender dos outros – quando conseguir superar as situações inesperadas, fazendo inovações, dando um passo além dos que já conhecia. Nesse ponto, pode-se dizer que ela está na fase conhecida como **role creating**. Significa então que ela está madura no seu papel de mãe. É mãe de verdade: identifica-se, sente-se, pensa e age como mãe. Ela é a mãe integral, saudável, sustentável, pois cria soluções para velhos problemas e soluciona bem os novos problemas.

Entretanto, se mesmo com tanto preparo, há mães que estão mães, mas não são de fato mães, imagine-se então o que acontece com a gravidez precoce em adolescentes, geralmente com maior ocorrência nas classes mais desfavorecidas, em que reina absoluta a ignorância e a falta de condições materiais para sustentar a si próprios.

Como já vimos anteriormente, o clima relacional criado pela mãe no seu relacionamento com o filho recém-nascido ajuda-o a formar a sua matriz de identidade, na qual ficam registradas as memórias corporais e mais tarde são acrescidas as memórias mentais. Lembremos aqui que o registro é de praticamente tudo o que acontece na vida da criança, todas as ocorrências que atuam de fora para dentro e contribuem para o surgimento de sensações, emoções e mais tarde pensamentos.

Se o pai não formou esse clima relacional nem mais tarde brincou com o filho, pode ser que na matriz de identidade fiquem faltando, respectivamente, a figura de pai e o sentimento de segurança. Tais problemas vão determinar limites nos seus papéis profissionais e provavelmente esse filho se colocará mais como um filho que necessita de um pai profissional do que como um profissional capaz de desenvolver um papel de liderança.

Se houve ainda um discreto abandono da criança no clima relacional e essa situação não foi corrigida no clima familiar, esse abandono pode gerar baixa autoestima. Com isso, ficam registrados na matriz de identidade tanto o abandono como a baixa autoestima. Uma vez que os papéis são formados a partir dessa matriz de identidade, eles já se formam com essas deficiências e, portanto, os papéis que vão desenvolver já serão mais fracos do que o seu concorrente que, ao contrário, tenha tido uma matriz de identidade mais saudável.

Para finalizar nosso raciocínio, precisamos lembrar também que o papel de mãe, para existir, necessita do papel complementar, que é o papel de filho. E, no nível mais geral, podemos dizer que, se a mulher é mãe, ela tem um filho. Mas, se ela está mãe, pode ser que esteja circunstancialmente mãe, que mudando de cenário deixe de ser mãe. No entanto, quem é mãe de fato não abandona esse papel mesmo que esteja distante do filho.

> A mulher estará pronta como mãe – sem depender dos outros – quando conseguir superar as situações inesperadas, criando inovações, dando um passo além dos que já conhecia.

FORMAÇÃO DO PAPEL DE FILHO

Ao nascer, a psique do filho está praticamente em branco e tudo o que acontece com ele fica registrado apenas na memória corporal. Tal situação perdura até que ele amadureça o suficiente para conseguir registrar os fatos na memória de fixação. Depois disso, em fase posterior, poderá evocar pela memória de evocação os acontecimentos que estão armazenados na forma de lembrança.

Desenvolvimento da personalidade... **239**

O recém-nascido não sabe se identificar, nem é com isso que ocupa a mente. Se for chamado de bênção, desgraça, nenê, querido, é assim que vai se identificar e se chamar. Mais tarde, quando entender o significado de cada nome, sentir-se-á bem ou mal. Sentir-se bem fortalecerá a sua matriz de identidade, assim como poderá se enfraquecer se o sentimento for negativo. Uma matriz carimbada com a sensação de desgraça, produzirá papéis identificados com essa sensação.

Não é que praga de mãe pega. É o mau trato que gruda na criança e passa a desenvolver o papel de maltratado. Em outras palavras, a baixa autoestima faz-se presente e qualquer ação será prejudicada antes mesmo da realização. Caso não seja cuidada, a criança passará sua vida em segundo plano e somente uma psicoterapia eficiente poderá ajudá-la a conquistar um desenvolvimento normal, desenvolvimento esse que já estaria adiantado se a criança tivesse contado com uma Educação Sustentável.

Vale a pena os pais se empenharem em propiciar uma boa educação já com foco no futuro. Para isso, às vezes, os atos mais simples são importantes. Se o filho, por exemplo, gosta de ser chamado pelo nome, ou pelo apelido, seja onde for, principalmente entre seus amigos, os pais poderiam adotar a preferência dele e não chamá-lo como "bênção", "filhinho da mamãe!", "o filho mais lindo do mundo", "júnior", "filho", "sobrinho", "neto". Porque tratam-se de qualificações familiares e não identidades, que podem ser usadas na intimidade, mas ao serem usadas publicamente podem causar mal-estar.

À medida que o filho começar a ter iniciativas, deve-se estimular as positivas e desestimular as negativas, mesmo que se torne necessário estabelecer alguma proibição. Pois os filhos ainda não têm conhecimento e condições de assumir as responsabilidades e consequências das suas escolhas. Os filhos costumam entender que, se uma iniciativa foi admitida pela primeira vez, poderão repeti-la pelo resto da vida.

240   Educação Familiar

Deve-se ainda prestar bastante atenção no desenvolvimento de valores intangíveis que os pais devem procurar estimular nos filhos, através dos seus ensinamentos, práticas, cobranças de resultados e consequências caso não cumpram o que se comprometeram a fazer. Dez desses importantes valores já foram apresentados no item 4: **Valores intangíveis da Educação Sustentável**, no capítulo 1, e mais 11 não menos importantes no item: **Formação de valores intangíveis**, no capítulo 2 desta obra.

TAL PAI, TAL FILHO

Filhos homens têm como modelos comportamentais os seus pais. Se o pai for grosseiro com a mãe, o filho também será, pois ele segue o seu exemplo. Geralmente o filho consegue o que quer da mãe ao ter um comportamento idêntico ao do pai. Este, por sua vez, percebe que o filho foi grosseiro, mas nada faz, pois está consciente de que procede da mesma maneira. Dessa forma, o filho se sente autorizado a ser grosseiro com a mãe.

No entanto, ao marido grosseiro a mãe até se submete, seja por qual for o motivo, mas do filho não tem por que aceitar e reage. Ao tomar essa atitude, o pai interfere e acha que a mãe está exagerando em sua reação. Diante da posição do pai, a mãe pode acabar se submetendo ao filho grosseiro que assim verá, frequentemente, tais atos instalados em sua matriz de identidade. Quando isso acontece, tais características se manifestarão nos papéis que o filho vier a desenvolver.

PAI GROSSEIRO ENSINA O FILHO A SER GROSSEIRO

Pai que é grosseiro com o filho pequeno está ensinando-o a ser grosseiro também. O filho homem aprende a se submeter ao pai, que é mais forte, mas fica instigado a competir com ele e quando puder vai submetê-lo aos seus caprichos. Porém, o pai que conseguiu submeter o filho, por ser mais forte, usou uma lei machista e não educacional. Assim, esse filho tem na sua matriz de identidade o machismo. Portanto, é natural que em todos os seus papéis o machismo apareça, sob a forma de grosseria a outras pessoas que por qualquer motivo o contrarie. Quando chegar a sua vez de ser pai, o filho repetirá a atitude de seu pai. Para que isso não aconteça, terá de evoluir e aprender a conter o machismo que está na matriz da sua identidade e não somente na sua função de pai.

MÃE SUBMISSA NÃO É SOMENTE VÍTIMA, É EDUCADORA!

Mãe que se submete ao machismo do marido não está prejudicando somente ela mesma. O filho sofre junto com a mãe o machismo do pai. Se a mãe não aceitasse o comportamento do marido, o filho aprenderia a reagir. Entretanto, o filho presencia os pais formando um casal machista. Quanto mais cedo o filho viver esse clima familiar, mais ele vai carregar esse modelo na sua matriz de identidade. Assim, quando desenvolver dentro de si um modelo de casal, irá procurar quem se submeta ao seu machismo, como a sua mãe se submeteu ao seu pai.

O machismo pode não aparecer nitidamente no namoro, mas no noivado já dá os seus sinais e com a chegada dos filhos seu comportamento será muito semelhante ao comportamento do pai na sua infância. Provavelmente nem seu pai, como avô, nem sua mãe, como avó, sejam ainda tão machistas como eram, pois com a idade cai o nível de testosterona e eles já não necessitam mais manter as suas funções de heroicos trabalhadores. Os avós estão mais para sábios do que heróis, mais para deixarem legados do que conquistarem bens materiais.

No caso da filha, ela incluirá na sua matriz de identidade o que estiver vivenciando no seu clima relacional e clima familiar. A filha está gravando dentro de si o modelo de casal em que o homem é machista e a mulher submissa. Se está na sua matriz de identidade, esse modelo aparecerá nos diferentes papéis. Portanto, na sua escolha, ela pode aceitar um namorado bom, porém machista.

Como já dissemos, o machismo pode não se mostrar nitidamente no namoro. Mas traços de sentimentos de posse, brigas por qualquer motivo, intolerância por atrasos, etc. já são fortes sinais de que com o tempo ganharão poder e vão transformar num inferno um relacionamento que se iniciou tão bem.

O machismo surge mesmo quando houver maior segurança no relacionamento, quando existir mais poder e a presença de filhos. Pior ainda é quando passa a ser modelo para os filhos. Quando a mãe se submete ao machismo do marido, ela acaba educando os seus filhos também como mulher machista. Ela, que cresceu num mundo que tenta extinguir o machismo, é uma educadora machista!

PAIS EDUCAM SEUS FILHOS PARA O FUTURO

O futuro dos pais já está nas mãos dos filhos hoje. Não sabemos com qual tecnologia viveremos e como será o nosso mundo amanhã. Mas, para o amanhã, as sementes são plantadas hoje. A tecnologia vai avançar muito, e talvez também os costumes possam mudar. Portanto, os pais têm de se esforçar em buscar sementes válidas para um futuro cujo clima é incerto por não ser tão previsível.

A maioria dos pais está segura de que os estudos são necessários. Mas alguns pais não conseguem passar essa percepção e cobrar dos filhos o compromisso com estudos. Realmente os valores tangíveis podem mudar, mas o homem que lida com as tecnologias também precisa evoluir. O que deveria estar sempre presente, mas está sendo negligenciado, são os valores intangíveis. Cabe aos pais a reintrodução desses valores.

A intimidade criada pela convivência é muito boa e dá bastante segurança ao casal. A melhor fidelidade não é aquela conseguida pelos ciúmes, pelo medo de perda, pelo controle absoluto, pela fartura, mas sim a fidelidade que é despertada pelo amor. Essa mesma

> # O futuro dos pais já está nas mãos dos filhos hoje.

segurança dá liberdade de se poupar das boas maneiras, do respeito, da ética relacional, da cidadania familiar, etc. Com isso o casal relaxa no seu relacionamento. O mais folgado acaba incomodando o mais sufocado e começam as indisposições entre eles.

Um sinal de que esse relaxamento está acontecendo é quando o casal tem de trocar de roupa ao receber uma visita inesperada, mesmo que sejam amigos, ou precisam correr para arrumar a bagunça, etc. Por que toleram entre si essas vestimentas e a existência da bagunça? Esse modo de agir se reflete no comportamento, desenvolvendo um espontaneísmo, um excesso de simplicidade, que faz das pessoas quase trogloditas, mesmo que sejam amadas. Nesse clima, os filhos chegam...

Não é incrível como os filhos rapidamente adotam o espontaneísmo? Gritam, esperneiam, impõem, tiranizam, ditam as regras em casa. Com quem aprenderam? Alguns pais "inocentes" acham que são os outros que ensinam essa falta de educação. Pois é exatamente isto: os adultos podem não usar a educação que têm, mas os filhos, não tendo educação, não têm como usá-la.

Quando a matriz de identidade desses filhos não conta com a educação dos valores intangíveis, isso significa que repetirão em qualquer lugar o comportamento que têm agora em casa. Se pelo menos adquirirem a noção de que estão errados, eles podem não agir assim diante de pessoas estranhas, basta porém ter intimidade para a falta de educação aparecer.

Para quem já tem os valores intangíveis, ninguém poderá roubar, arrancar, tomar emprestado e não devolver, pois são pertences que estão na sua matriz identidade. Esses valores farão a grande

Educação Familiar

diferença no momento de um processo de seleção em que estejam sendo comparados com outras pessoas que se igualam nas competências tangíveis. E isso vale em qualquer que seja o tempo, presente ou futuro.

FILHOS COM TALENTOS NÃO NASCEM PRONTOS

A espécie humana nasce com oito tipos de inteligência, disse Howard Gardner, neurologista norte-americano, no seu livro **Inteligências Múltiplas**: Lógico-matemática; Linguística; Espacial; Físico-cinestésica; Interpessoal e Intrapessoal; Musical; Natural (reconhecer e classificar espécies da natureza) e Existencial (refletir sobre questões fundamentais da vida humana, em diferentes capacidades). O que leva, no entanto, ao desenvolvimento dessas inteligências é a educação que o homem recebe e as oportunidades que encontra. Isso pode acontecer desde que a criança aprenda uma habilidade e queira acertar sempre.

Seria interessante cada pessoa fazer o seu mapa das inteligências múltiplas. Assim descobriria quais são as inteligências mais e menos desenvolvidas e poderia verificar as melhores oportunidades que a sua família, sua época, sua região e sua cultura oferecem para o seu desenvolvimento pessoal e/ou profissional.

O professor de piano, músico e compositor Leonard Mozart viu seu filho Amadeus, de 4 anos de idade, brincar com o cravo que tocava com habilidade espantosa. Resolveu ensiná-lo a tocar e, com 5 anos, Amadeus já compunha e tocava minuetos. Leonard viu uma excelente oportunidade de ganhar dinheiro com a genialidade do filho e viajou pela Europa com Amadeus, então com 6 anos de idade, já tocando e conhecendo grandes músicos da época. Com 9 anos era autor de sinfonias e com 15 anos já havia compilado mais de uma centena de obras substanciais. Mozart é considerado um gênio musical que nunca foi superado. Morreu com 35 anos de idade.

Assim, todos os filhos têm seus respectivos mapas das inteligências múltiplas. Muitos sonhos dos pais são frustrados porque não coincidiram a vontade (motivação), a facilidade (inteligências envolvidas) e o prazer (gratificação) de realização (satisfação) dos sonhos dos pais com as realidades dos filhos.

AMADURECIMENTO RELACIONAL DO FILHO

O relacionamento mãe-filho recém-nascido está formado por duas pessoas totalmente diferentes entre si. A mãe é uma mulher adulta e totalmente responsável pelo seu filho recém-nascido. Mas o filho está iniciando a sua vida material com o seu primeiro clima relacional. É um relacionamento integral complementar mãe-tudo com filho-nada, pois cada um está com o seu ser integral. Não é exatamente assim, mas vale como explicação de que a evolução desse relacionamento deve levar à complementação de mãe-50% com filho-50% e chegará um dia fatal em que essa realidade corresponderá a mãe-nada (a não ser a saudade) com o filho-tudo.

Isso significa que uma pessoa (recém-nascida) começa a vida totalmente dependente de outra (mãe) e vai se tornando independente até ter vida própria. Quando a mãe começar a entrar em incapacidades, chega a vez de essa pessoa cuidar da outra até ela dar o suspiro final da vida.

Trata-se de um relacionamento único, pois não há outra mãe idêntica a ela no mundo nem um nenê idêntico. Uma combinação de dois indivíduos torna o relacionamento muito mais individualizado. Não existem dois relacionamentos idênticos no mundo. Os nenês em geral, recém-nascidos, são mais parecidos entre si, pois estão preponderantes às características da espécie em vez das pessoais, que ainda não estão formadas.

Relacionamento em Corredor Eu-Tu

Os estudiosos de recém-nascidos, a minha principal referência é o prof. René Spitz, são quase unânimes em dizer que a mente do recém-nascido está caótica e indiferenciada. A primeira relação que existe para o filho, ainda sem a psique funcionando, é fisiológica: mamilo da mãe-boca do recém-nascido. Entre o mamilo e a boca forma-se um campo de ação que cada vez ganha mais nitidez na mente da criança. O nenê não vê a sua boca, mas sente algo que nós chamamos de boca e dirige-a ao mamilo, encaixa e suga, num ato instintivo que já nasce com ele. O recém-nascido vê, mas não enxerga os olhos da mãe, sente carinho, mas não sabe de onde vem nem está interessado em saber, etc.

Quanto mais amadurece o cérebro, mais e maiores percepções o nenê vai tendo. Enquanto percebe somente o mamilo, para o bebê o mamilo é uma coisa solta, um "isso". O nenê também tem suas coisas esparsas e soltas. Quando ele consegue "ver", "sentir" e juntar as coisas da mãe, a mãe existe e, se a mãe sai do campo visual dele, a mãe não existe. Chega um dia em que todas as percepções do nenê se concretizam numa só pessoa, a pessoa da mãe, que para o bebê o isso (coisa) passa a ser Tu (pessoa).

Quando reconhece a figura da mãe, o nenê afasta estranhos da sua frente e quer a pessoa conhecida, sua mãe. Mas o nenê ainda não tem noção sequer para se preocupar quem é quem, ou o que é de quem. O nenê simplesmente continua amadurecendo e vai aceitando cada vez mais a figura da mãe. Para ela, o nenê já é o Tu, e dela para o nenê há o relacionamento Eu (mãe)-Tu (nenê), no entanto

> A primeira relação que existe para o filho, ainda sem a psique funcionando, é fisiológica: mamilo da mãe → boca do recém-nascido.

Desenvolvimento da personalidade...   247

o nenê simplesmente existe. Mas, como essa sua existência é o máximo e melhor que ele pode e consegue produzir, podemos considerar que exista o Eu (nenê)-Tu (mãe).

Forma-se uma espécie de túnel exclusivo onde de um lado está o Eu e do outro lado o Tu, formando o relacionamento pessoa a pessoa. Seria ideal que o primeiro Tu para o bebê fosse a mãe. Mas hoje essa possibilidade é praticamente impossível quando a mãe trabalha fora, porém ela pode compensar sendo a pessoa mais atuante nos momentos mais importantes: trocar fraldas, amamentar, etc. Ou seja, em vez de cuidar da casa, a mãe deve ficar mais com o bebê. Quanto mais tempo puder ficar nesse período, melhor será para esse relacionamento no qual o primeiro clima relacional do nenê está em ação.

O pai não pode nem deve ficar afastado do recém-nascido, pois o bebê somente constrói o Tu com a presença física dele. Não adianta a mãe falar com o bebê, "ele é teu pai!". Assim, o pai tem de ficar rondando o nenê e não chegar de repente e achar-se dono do relacionamento. Isso não deve nunca acontecer. Ser responsável é diferente de ser dono. O que pode acontecer é o filhinho olhar para o pai e estranhar a figura dele. Se ele forçar a aproximação, o bebê pode procurar a mãe para se proteger. Este é um aviso importante significando que o pai tem de estar mais presente.

Tu (mãe) ajudando o nenê

Para a mãe, o filho é um Tu (filho) e essa percepção é importante para ajudar o filho a desenvolver segurança, boa autoestima, apego e sensação de pertencer totalmente à mãe. Mesmo sendo para o filho uma Tu (mãe) total, uma mulher tudo para ele, ela pessoalmente é muito maior que o Tu (mãe), ou seja, o Tu (mãe) é uma parte dela.

A mulher tem outro lado que merece atenção e cuidados que é aquele de ela mesma se preservar, se cuidar, manter seus interesses

248 Educação Familiar

atualizados, sua vida sexual pelo menos satisfatória. Não deve se afastar da importante área de seus outros envolvimentos afetivos, inclusive a Tu (mãe) para outros filhos, ser Tu (companheira do seu marido) e ainda supervisionar as pessoas que cuidam da sua residência, mesmo que seja ela a única pessoa a fazer tudo isso.

Mesmo que a mãe abra mão da sua vida pessoal e se dedique a ser Tu (mãe), ela é muito mais do que o nenê precisa. O Tu (filho) dessa Eu (mãe) precisa muito menos do que ela tem a oferecer. Se não contiver tal hipersolicitude, pode viciar o filho a dormir no colo poucos dias após o nascimento, como já expliquei no capítulo Sabedoria de mãe e de pai, no item: **Viciando o recém-nascido a dormir no colo**.

A Tu (mãe) tende a acostumar mal o recém-nascido, e depois de ele ter crescido também. Se descuidar, será igualmente Tu (mãe) do neto. A mulher não deve ficar embevecida com o seu poder, pois esse excesso é o veneno na formação da matriz de identidade que não vai conhecer limites [pois a Super Tu (mãe) faz tudo], não aprenderá a esperar [pois a Super Tu (mãe) a atende imediatamente], não terá resistência à frustração, [pois a Super Tu (mãe) tudo faz para não frustrar o filho], vai querer comer tudo e a qualquer hora [pois a Super Tu (mãe) era um seio ambulante a correr atrás do filho, que mesmo brincando dispunha do mamilo na sua boca], que aprenderá a ser tirano com meses de idade, [pois a Super Tu (mãe) se submetia aos seus mínimos caprichos] e que terá dificuldades de se relacionar com pessoas estranhas, [pois a Super Tu (mãe) estabeleceu um túnel hermeticamente fechado que impediu a entrada de qualquer pessoa nesse relacionamento].

Quanto mais a Tu (mãe) conseguir que o filho se relacione com outras pessoas, mais saudável será esse filho. Principalmente o pai tem de se aproximar do seu filho, pois ela é mãe graças a esse pai, queira ela ou não, com a maior participação dele ou da sua mínima contribuição de DNA. Afinal, a Tu (mãe) não deve ser o modelo único a preencher a matriz de identidade do filho. Quanto mais cedo o pai começar a **fazer** o que quiser com o filho, melhor para o filho, pois ele vai conhecer o pai que tem.

Nenhum pai mata o filho por não saber fazer como a mãe gostaria que fizesse. Mas, quanto mais onipotente for a mãe, nada de diferente do que ela pensa irá servir ao seu filho. É fazendo que o pai aprende. Aprendendo, ele inova e cria, e, criando mais alternativas educacionais saudáveis, todos serão mais felizes.

Portanto a Tu (mãe) tem de se controlar para não querer que o seu Tu (marido) não se transforme num filho que, por "não saber fazer nada", nada faz, e ela o afasta do filho tornando o pai um homem sem função com o filho na própria casa. Longe de querer ser perfeccionista, a Tu (mãe) precisa ser saudável e conhecer a Educação Sustentável para poder aplicá-la bem.

Desenvolvendo um Tu (pai) junto com o filho

Um pai não deveria se intimidar pela onipotência da mulher afastando-se do seu filho. O que o pai tem de saber é que ele foi educado para ser Tu (pai) no relacionamento Eu (pai)-Tu (filho recém-nascido). Nem a sociedade sabe muito o que dizer para um pai fazer com seu filho. Não é à toa que o pai evitado é o jurássico pai que tinha paciência curta, voz grossa e mão pesada. A tal ponto que bastava ele falar para os filhos tremerem, seu olhar era o suficiente para os filhos imediatamente obedecerem. Atualmente, o pai adotou um comportamento que o levou ao extremo oposto, na tentativa de ser igual ao filho, ser o melhor amigo dele; mas, com isso, o filho não tem pai e muito menos o Tu (pai).

Sempre é tempo para se adquirir uma nova função, e o tempo certo é a pessoa quem faz, quando adquire os conhecimentos necessários para essa realização. Um pai para ser pai, hoje, tem de primeiro tomar o papel de pai (*role taking*) informando-se o máximo possível sobre essa atualização do papel de pai. Para tanto, torna-se necessário que busque livros educativos; que preste atenção em todos os meios de comunicação, quando estiverem abordando o tema da educação.

Quanto melhores forem as informações colhidas, melhores conhecimentos o pai irá construir e, com o filho recém-nascido, tudo o que ele fizer será aceito, pois além de o filho não ter nenhuma referência de pai anterior para comparar, ele não tem também muito como avaliar, ou seja, **tudo o que o pai fizer**, desde que não signifique uma grande incompetência, **fará bem ao filho recém-nascido.**

O Tu (pai) para o filho diminui a carga da Tu (mãe), que assim poderá ser muito mais tranquila e adequada porque provavelmente os excessos prejudiciais de supersolicitude poderão diminuir significativamente. E o grande beneficiado imediato é o próprio filho que ganha um pai desde o seu nascimento e, mais ainda, na adolescência, quando ambos, pai e filho, podem ser companheiros em muitas atividades esportivas, de lazer e de compromissos, mesmo mantendo a relação pai-filho.

O que o pai jamais deverá dizer, no entanto, é que ele é o melhor companheiro do filho, pois a vida do filho é muito maior que o companheirismo do pai. Fazemos essa afirmação só para lembrar ao pai que diz ser o melhor amigo do filho o quanto essa afirmação reduz a vida deste. Pois, ao dizer isso, está querendo dizer que, de todos os amigos que o filho tem, ele é o melhor. Portanto, os amigos dele não devem ser "grande" coisa, já que o seu pai nem é respeitado por ele, seu filho.

Não será num belo dia, em que a autoridade da mãe é desrespeitada, que o pai vai chegar como autoridade a ser respeitada, se o filho não tiver na história de sua vida uma ligação forte o suficiente para confiar nessa pessoa. Entretanto, o pai que pertence à matriz de identidade do seu filho, esteja onde o filho estiver, este levará o pai dentro de si.

Triangulação Relacional: Eu-Tu-Ele

Quando o bebê consegue formar um relacionamento **em corredor**[2], ele tem outros em formação. No entanto, ele consegue estabelecer somente um relacionamento em corredor de cada vez. Quanto mais se aprofunda no relacionamento em corredor, mais este se parece com um túnel reto e curto, com o bebê numa das extremidades e a mãe na outra. O bebê não vê mais nada em volta. Quando está em um corredor, ele fica totalmente dentro do túnel, como se ninguém mais existisse. Este túnel lhe dá segurança e, ao mesmo tempo, o bebê tem a sensação simultânea de controlar a mãe e de pertencer a ela. Aconteça o que for à sua volta, o bebê sente-se seguro, a salvo e amado pela Tu (mãe).

Quanto mais desenvolve a sua mente, mais aumenta a percepção e o nenê consegue perceber mais o que ocorre à sua volta, como outras pessoas. É natural, então, que estabeleça novos corredores. O túnel que se formou com a mãe é uma espécie de proteção estabelecida, mas ele não pode permanecer existindo, pois retardaria a formação de outros relacionamentos em corredor.

O nenê não forma esse corredor com todas as pessoas que lidam com ele e muito menos **o túnel**. O "corredor" é mais vulnerável ao ambiente, pois é aberto, enquanto o "túnel" é fechado, protegido, isolado dos perigos de fora. Caso o bebê não tenha uma pessoa que lide constantemente com ele (até o ponto de formar vínculo de segurança), o que acontece quando há constantes trocas de babás, o bebê pode entrar em depressão anaclítica e morrer, como já falamos, antes de chegar aos 2 anos de idade.

> O "corredor" é mais vulnerável ao ambiente, pois é aberto, enquanto o "túnel" é fechado, protegido, isolado dos perigos de fora.

[2] Ver conceitos no glossário, p. 312.

Com os pais ou substitutos constantes, o bebê estabelece o Eu (bebê)-Tu (mãe) e depois o Eu (bebê)-Tu (pai). Este Tu (pai) tinha para o Eu (filho) uma importância menor que o Tu (mãe), pelas suas aparições mais tardias e esporádicas que o tornavam menos conhecido e menos confiável. Até adquirir a condição de Tu (pai), o pai estava sendo menos importante para o bebê. Este o via como uma terceira pessoa, num relacionamento em corredor com maior distância, o Eu (bebê)-Ele (pai). Dessa maneira, o pai ameaçava menos o Tu (mãe). O Ele (pai) se transformava em Tu (pai) quando a Tu (mãe) se ausentava.

Desse modo se formam dentro do bebê os três sujeitos singulares: Eu, Tu e Ele, que equivalem ao próprio bebê, à sua mãe e ao seu pai. O amadurecimento mental continua, e agora o bebê percebe que entre o Tu (mãe) e Ele (pai) existe um relacionamento do qual ele não participa e não tem nenhum controle. Ou seja, percebe uma situação nova que desperta no bebê uma série de sensações, desejos e ações.

Para não perder o controle e segurança com o Tu (mãe), começam manobras mentais e ações para afastar o Ele (pai). É a psicodinâmica da triangulação que tira totalmente o bebê da zona de conforto do relacionamento em corredor.

Manobras rudimentares com o foco em Tu (mãe):

- ⊙ agarrar-se na Tu (mãe);
- ⊙ estender as mãos querendo ser pego no colo pela Tu (mãe);
- ⊙ chamar atenção chorando, gritando, esperneando, para que Tu (mãe) o pegue no colo;
- ⊙ oferecer o que tiver, ou seja, o que for, para chamar a atenção da Tu (mãe);
- ⊙ cair no chão, passar mal, machucar-se ou qualquer outra emergência grave para ser rapidamente socorrido pela Tu (mãe) e outras manobras, cuja mente ainda rudimentar for capaz de criar.

Manobras médias com o foco em Tu (mãe) e Ele (pai):

- introduzir-se entre Tu (mãe) e Ele (pai), controlando cada um;
- no relacionamento Tu (mãe)-Ele (pai), introduzir-se de costas para Ele (pai) sorrindo de frente para Tu (mãe);
- agredir, empurrar, ofender o Ele (pai);
- fechar-se num canto esperando ser procurado pela Tu (mãe);
- maltratar Ele (pai) e fazer "Campanha da Boa Imagem" para a Tu (mãe); etc.

Manobras sofisticadas envolvendo outras variáveis além do Tu (mãe) e Ele (pai):

- empurrar Ele (pai) com uma mão enquanto com a outra puxa a Tu (mãe);
- rivalizar, brigar, competir com o Ele (pai) para atrair a Tu (mãe);
- seduzir a Tu (mãe) com presentinhos, carinhos, canções;
- fazer "Campanha da Boa Imagem" com pessoas de quem Tu (mãe) gosta;
- fazer tudo para denegrir a imagem de Ele (pai); etc.

Manobras para o resto da vida:

- sedução;
- fofocas;
- traição;
- alianças;
- ciúme;
- inveja;
- fingimento;
- intriga;
- ironia
- e tantas outras quanto a mente humana é capaz de criar.

> ## Sigmund Freud, criador da Psicanálise, teorizou o Complexo de Édipo como o desejo desenvolvido pelo filho de matar o pai para casar-se com a mãe.

Circularização Relacional: nós

Todas as manobras citadas são praticadas pelo Eu (filho) para não perder o controle sobre a Tu (mãe) com o aparecimento do Ele (pai). Sigmund Freud, criador da Psicanálise, teorizou o Complexo de Édipo como o desejo desenvolvido pelo filho de matar o pai para casar com a mãe. Tirando a força da libido sexual, na triangulação relacional existe a defesa do já conhecido relacionamento em corredor Eu (nenê)-Tu (mãe) a ser protegido contra o intruso Ele (pai). Sem vínculos incestuosos, temos já no bebezinho mecanismos semelhantes de querer não perder o controle do Tu (mãe), afastando o Ele (pai) de qualquer maneira.

Pelas manobras podemos ter a ideia do desconforto que o Eu (filho) tem para abrir mão do poder em um relacionamento em túnel com a mãe, pois não lhe é nada fácil enfrentar uma situação nova. Quanto maior for o desgaste em manobras, significa que menos o Eu (filho) está bem formado. O filho já está com um receio de perder o controle mesmo sem saber o que isso na realidade representa.

Quanto mais a Tu (mãe) foi onipotente na construção desse corredor, até tendo o transformado em túnel, menos pessoas participaram da vida desse bebê, ou seja, menor é o número de pessoas que se tornaram significativas para o bebê. Mesmo que não seja preciso formar outros "Tu", a variedade de pessoas abre o coração do bebê para mais pessoas e, quanto mais restrito for esse contato, mais ele acha normal a sua restrição e até evita conhecer novas pessoas, ou se abrir às novidades do seu entorno.

O clima relacional do recém-nascido, por mais que o envolva, tem que ser mais aberto do que o útero e o cordão umbilical que ele teve antes de nascer. O nenê precisa mais de um corredor com a sua mãe do que de um túnel fechado. Crianças cuidadas dessa forma, têm dificuldade em se relacionar com outras pessoas, como, por exemplo, com professoras da escolinha. Uma das maneiras que tais crianças encontram para resolver esse impasse é ligarem-se somente às professoras e não às outras crianças. Às vezes, elas procuram ficar no colo das professoras, e do colo das professoras pulam para o colo da mãe, retornando ao túnel protetor.

A solução nesses casos não está somente com a criança, mas também com a mãe, que precisa se desfazer desse túnel para estabelecer o fisiológico corredor relacional. Quanto mais ela permitir que o pai entre em ação, mais fácil se torna a formação do relacionamento Eu (pai)-Tu (filho). Naturalmente o homem não faz do corredor um túnel.

A triangulação relacional é uma evolução natural dos relacionamentos em corredor. Como qualquer outra evolução, a triangulação não deveria trazer sofrimento; pelo contrário, uma alegria de evoluir, prazer em adquirir novos conhecimentos e melhoria na qualidade de vida. Os problemas surgem já no estágio anterior quando há falta de preparo para enfrentar o novo estágio.

Temer o novo, apesar de ser algo bastante comum, não é fisiológico e sim uma acomodação no estágio anterior e uma dificuldade de sair dessa "zona de conforto", mesmo que ela já esteja desconfortável. Podemos negar o crescimento, mas com certeza ele não deixará de existir por ser temido.

Quando o Eu (filho) aceita tanto a Tu (mãe) quanto o Tu (pai), torna-se fácil relacionar-se com pai e mãe ao mesmo tempo e usufruir das delícias de viverem os três juntos. É o Eu, Tu e Ele que juntos formam o **nós**. Assim como no relacionamento em corredor não é a soma mas a multiplicação do Eu e do Tu, na triangulação não é uma soma das três pessoas, mas sim a multiplicação simultânea dos três.

Quem permanece somente em relacionamentos em corredor, acaba tendo dificuldades para se socializar na escola ou em qualquer outro lugar no qual não tenha o controle da mãe ou da substituta. A triangulação relacional significa admitir que a criança não consegue controlar tudo. Ela pode ser mais complicada para filho único de mãe única, isto é, que vive em função unicamente do filho.

Quem consegue triangular o relacionamento, rapidamente consegue estabelecer o relacionamento grupal que é o viver em sociedade. Quem não consegue, reduz a sua vida em estabelecer relacionamento em corredor no meio de um grupo. São aquelas pessoas que, para estar em grupos, precisam ancorar-se individualmente em outras, que lhes dediquem atenção total. Sussurram com vizinhas para não falar em grupo.

Há casais que se dão bem em corredor até ter o primeiro filho. Este veio para triangular o relacionamento em corredor formado pelo casal, e tudo pode mudar. É possível que a mãe forme um túnel com o recém-nascido, do qual o pai se sente excluído. O pai fica com ciúme do filho e pode se comportar como filho e não como marido, e muito menos como pai. O pai insiste em manter-se no túnel com a esposa onde não cabe o filho.

Esse pai não está enriquecendo com a chegada do filho, isto é, não ganhou um filho, mas sente que está perdendo a esposa. O que se nota comumente é que esse problema já existia antes de o filho nascer. O nascimento do filho simplesmente desencadeou algo já engatilhado que estava na sua matriz de identidade e apareceu quando ele precisou desempenhar o papel de pai.

Quem consegue crescer para o relacionamento triangular, passa com muita facilidade para o relacionamento grupal com quatro ou mais pessoas ao mesmo tempo. Sobrevive melhor quem se relaciona melhor com as pessoas.

Relacionamento Eu-Isso

Martin Buber (1878 – 1965), filósofo, escritor e pensador austríaco, estudou e publicou o **Eu-Tu e Eu-Isso**. Para o fim que nos interessa, eu exagero resumindo que Eu e Tu são pessoas e Isso é objeto.

Há pessoas que se relacionam com o Tu, transformando-o em objeto ao ignorar sua pessoa, sua psique, sua existência e simplesmente considerando-o um alvo sem vida (sem alma), sem significado para o Eu. Mas o contrário também pode existir, ou seja, uma pessoa apreciar tanto uma coisa, que ela adquire vida como se humana fosse.

Em crianças, por exemplo, é normal atribuir almas a brinquedos. Chamam tais brinquedos pelo nome de pessoas, conversam e lidam com eles como pessoas. Do mesmo modo, tratar animais de estimação como pessoas também podemos entender. O que não podemos aceitar é a coisificação das pessoas, isto é, transformar pessoas em isso. O que não é tão raro.

Há pais prepotentes, arrogantes, autoritários que lidam com seus filhos de maneira a satisfazer seus sonhos e vontades, ignorando totalmente o que se passa com estes. Já atendi pai que impôs ao filho ser médico quando o filho queria ser músico (e possuía inteligência musical e criatividade para tanto). Na verdade, o pai era o empresário que seu pai queria que ele fosse e ele não pôde ser o médico que desejava ser. Frustrou-se, e agora queria que o filho fosse médico. Por que esse pai não começa a fazer medicina agora? Nunca é tarde para começar, o tempo de começar do adulto quem estabelece é o próprio caminhante, que pode mudar de rumo no próximo passo.

Também há professores que tratam os alunos como coisas, e, quanto pior são tratados, mais os alunos querem se manifestar como pessoas, criando conflitos desnecessários principalmente porque o Eu (professor) precisa do Tu (aluno) para ser professor, e o Eu (aluno) precisa do Tu (professor) para ser aluno.

Mas o que mais me incomoda neste país é ver o povo ser coisificado por alguns maus políticos eleitos. Esse mesmo povo que é transformado em eleitor valorizado em vésperas de eleições, na realidade continua coisificado por esses políticos depois de eleitos, numa realidade repetitiva e que todos conhecemos.

Do mesmo modo, há machistas que usam sexualmente as mulheres, e estas deixam-se usar por eles. Se eles soubessem que a vida sexual é muito melhor quando ambos participam ativamente, talvez deixassem de usá-las dessa forma e assim conseguissem multiplicar os usufrutos sexuais.

ALÉM DO CLIMA RELACIONAL

Atualmente os pais precisam estar mais abertos e atentos às informações que o filho está recebendo e com a construção da sua personalidade. Uma das etapas em que os pais têm maior controle sobre o que chega ao filho está no estabelecimento do clima relacional, quando o bebê depende totalmente dos pais.

O clima relacional será a base de praticamente todos os relacionamentos futuros, principalmente os relacionamentos com forte envolvimento afetivo e existencial. Portanto esse clima será evocado em todo momento da vida no qual o filho se envolver emocionalmente. Tal clima corresponde à formação do papel de "ingeridor", isto é, quando atenção e tensão se voltam para a ingestão no seu sentido genérico.

PAPEL DE INGERIDOR

O nenê está "ingerindo" tudo o que existe no seu clima relacional, seja no âmbito material, psíquico, sensorial e/ou afetivo. As estruturas vão sendo enriquecidas com novas vivências, das quais a capacidade de aprendizagem é o maior bem. Podemos aprender durante a vida toda. Quem desenvolve prazer ao aprender, vai gostar sempre

> A subnutrição afetiva desenvolve uma carência, que fará falta na sua autoestima, no apego e na sensação de pertencimento.

de aprender. Se o bebê aprender a dormir e a comer bem, terá grandes possibilidades de não ter problemas para dormir ou se alimentar ao longo de sua existência.

Apesar de o nome estar muito próximo da definição da fase "oral" psicanalítica, conceitualmente o papel de ingeridor é bem diferente. O que define esse papel é a biologia do nenê e se desenvolve conforme o que for oferecido pelo seu ambiente (clima relacional). A sua alimentação principal é vivencial, sensoperceptiva, que tem de ser tão nutritiva quanto o leite materno para compor as primeiras bases da sua matriz de identidade. A subnutrição afetiva desenvolve uma carência, que fará falta na sua autoestima, no apego e na sensação de pertencimento. O nenê pode morrer nessa fase por duas carências: afetiva e/ou nutritiva.

Um dos sinais exteriores de que esse "ingeridor" está começando a produzir em função do que recebeu do ambiente é o sorriso. Todo bebê, por volta dos 3 meses de idade, sorri ao ver um rosto humano sorrir para ele. O sorriso é o produto final um trabalho mental do nenê contando com os estímulos ingeridos. O **sinal sorriso do 3º mês** significa: recebeu um rosto humano, identificou com os dados que já tem na sua rudimentar memória, produziu o sorriso.

Com a mente em desenvolvimento, o foco gasto no papel de "ingeridor" agora evolui para o papel de "defecador", a atenção e a tensão se voltam a responder o que recebe. Não é o papel de "ingeridor" que desaparece, pois continua funcionando, mas agora o interesse, a atenção e a tensão voltam-se para a sua produção. Começa a formação do papel de "defecador".

PAPEL DE DEFECADOR

Dentro de sua mente o bebê estabelece aos poucos uma separação entre o que está fora do corpo dele e o que está dentro. Visto por fora, parece que o bebê está brincando com os seus dedos do pé. Quando essa brincadeira começa, o bebê não tem ideia de que o pé com o qual brinca é dele mesmo.

Um dos sinais de que o bebê está em pleno desenvolvimento do papel de defecador é o surgimento da **angústia do 8º mês** de vida, quando perante rostos estranhos para e observa atentamente. Mas, se uma pessoa estranha se aproxima, ele entra em sofrimento que lembra a expressão de uma angústia e, por isso mesmo, foi chamado desse modo pelo Dr. Spitz.

Nessa fase o nenê já se entretém sozinho, dá gargalhadas, empilha e derruba cubos, põe um copo dentro do outro, tira, etc. Observa nenês da mesma faixa de interesses. Imita os maiores. É um grande aprendizado que nenhuma mãe nem um pai podem prover: a convivência entre iguais. A visão do corpo inteiro de um igual dá uma visão geral do que ele é, como se o outro fosse um espelho. É claro que ele deve ter somente uma curiosidade, sem tantos pensamentos elaborados, mas vê o que não vê num adulto. Ao adulto também parece que em grupo o nenê está se relacionando grupalmente. Mas não está, pois ainda não tem competência e maturidade psíquica para isso.

Alguns nenês mais soltos, como tiveram seus corredores relacionais mais abertos, que permitiram entradas de outras crianças, de fato sentem-se mais à vontade. Os que tiveram túneis relacionais com o Tu (mãe) ou o Tu (pai), e não triangularam, tenderão a ficar no colo do Tu enquanto observa o Ele. Pouco tempo depois já podem sentar junto com eles, mas tendo um Tu bem próximo. Depois que o bebê já tiver triangulado ou aceitado que não tem controle sobre outros relacionamentos, ele se entrosa mais, mas ainda assim é de modo bem precário.

Nessa fase os nenês já aprendem a lidar com iPad, celulares, televisão, somente memorizando as sequências curtas dos procedimentos. Isso é fácil perceber com telas **touch screen**, cujo procedimento básico é o tocar os dedos nos ícones ou mesmo em qualquer lugar da tela para buscar o que se quer. Não raro são vistos nenês encostando o dedinho na tela da televisão da sala para mudar de canal, ainda que ela não disponha dessa tecnologia.

Mesmo de modo precário, é importante para o desenvolvimento do nenê que ele se relacione com outros, pois logo começará a entrar em ação o papel de urinador. Tanto as fases anal e sexual psicanalíticas não têm muito a ver com essa conceituação dos papéis de defecador e de urinador, mesmo que as palavras sejam muito próximas.

Em tal etapa, o que chega ao nenê já não está mais somente no clima relacional, mas também no clima familiar, com um brinquedo de um irmão, por exemplo. Os conhecimentos podem vir do local onde o nenê fica enquanto a sua mãe trabalha. Lá estão outros nenês e pessoas, costumes e comportamentos diferentes, brinquedos diversos de brinquedotecas, etc. São os conhecimentos que já estão na "nuvem regional" que o nenê está absorvendo e que para ele são tão importantes quanto o que os seus pais lhe ensinam em casa.

PAPEL DE URINADOR

Em geral aparece com 18 meses a 2 anos de idade, quando internamente a criança já percebe as diferentes sensações dos seus pensamentos, além da percepção do dentro e fora de si que aflorou desde o papel de defecador. Agora, a criança consegue sentir, pensar a agir de forma mais integrada, ainda que muito primariamente.

Tanto o papel de ingeridor como o de defecador não vão desaparecer totalmente, eles estarão sempre presentes e terão seus momentos de utilização adequados em relação às pessoas e ao

> **Mesmo se o pai ou a mãe disserem para não fazer algo, a criança teimará em fazer, pois sabe que depois de certa insistência um dos dois cederá; ou seja, o não vai virar sim.**

ambiente em que se encontrarem. "Isso é meu, aquilo não é meu" é uma noção importante que o papel de urinador integra, mesmo que ainda tenha de amadurecer muito para viver na sociedade, adquirir um pensamento abstrato, na puberdade, e compreender o mundo em que vive. São conceitos que crianças ainda não entendem, mas têm de ser praticados desde já, pois dão conta das regras mais firmes que os pais têm de estabelecer e os filhos devem ser obrigados a cumprir.

Portanto, **não** e **sim** ganham seus reais significados com o papel de urinador funcionando. Quanto mais o **não** possuir o seu valor legítimo, menos vezes ele terá de ser repetido. Quanto mais uma criança deixar de obedecer ao **não**, maior é o descrédito que ela dá a esse valor. Explicando melhor: mesmo se o pai ou a mãe disserem para não fazer algo, a criança teimará em fazer, pois sabe que depois de certa insistência um dos dois cederá; ou seja, o **não** vai virar **sim**. Dessa forma, o que os pais ensinaram é que o **não** pode ser transformado em **sim**. E todos sabemos que nem sempre isso é possível e que é necessário saber lidar com o **não**, pois assim se aprende a superar as frustrações. O fato é que o **não** sempre frustra algo na criança e ela sofre, mas logo aprende a superar. Em compensação, há adultos que até hoje não sabem lidar com o **não**.

Em outra situação, quando a mãe diz **não** e o pai **sim,** essa contradição revela que os pais não têm **coerência educativa**. Do mesmo modo que se uma hora é **não** e outra é **sim**, torna-se claro que os pais não têm **constância educativa**. E, se o filho não respeita um **não** estabelecido pelos pais e nada lhe acontece, isso significa que os pais não aplicam a **consequência educativa**. Diante de tais circunstâncias, é preciso perceber que, principalmente nessa fase, em que o urinador presta muita atenção em regras, os pais ou educadores têm de manter entre si **o princípio da coerência, constância e consequência educativa.** Pois nessa etapa o filho está aprendendo a adequar as suas sensações e ações no ambiente em que se encontra.

Finalmente, deve-se ressaltar que **consequência** é o efeito de uma ação a ser aplicada e não tem a finalidade de punir ou castigar, mas de educar, para que a criança aprenda com a falha ou erro cometido. Para crianças maiores, de 3 a 5 anos, esse princípio já começa a funcionar bem. Por exemplo, os pais devem colocar um filho folgado a estudar num horário que ele mais rende e deixar o lazer para outras horas.

Estudar somente se aprende estudando. De fato, quanto mais estudar, mais prática terá a criança para estudar. Então, como consequência, ela só poderá partir para o lazer depois de explicar o que estudou para um dos pais (aquele que estiver presente), ou assim que houver o encontro. É preciso ouvir o que o filho estudou, pois, ao explicar aos pais, o filho já está empregando o que estudou. O usar consagra o conhecimento.

Quanto à capacidade de escolha, dê poder a um ignorante e ele mostrará ignorância no poder. Uma criança, por exemplo, demonstra o que não sabe através da escolha do que gosta. Ninguém sente falta do que não conhece. Nesse sentido, é ilógico que uma criança tenha um poder de decisão na família igual ao de um pai ou de uma mãe. As crianças não têm a condição básica de prospectar o futuro, calcular as porcentagens de risco que há nas empreitadas ou passeios, noções de civilidade, capacidade de escolher um jantar saudável para a família e até mesmo decidir se estuda ou não, se vai ou não dormir, etc. Uma criança segue suas vontades segundo a noção

264 Educação Familiar

do prazer que suas escolhas lhe dão e não conforme seja bom ou ruim para sua saúde, para a sua formação.

NASCIMENTO DE UM IRMÃO

Enquanto todas essas situações estão acontecendo com o primogênito, chega o segundo filho. A maneira como este será recebido pelo primeiro depende do gênero, da idade, da diferença de idade entre eles e do preparo que tem o primogênito para receber o irmão.

OCITOCINA GANHA IRMÃ(O) MENOR

Tudo ficaria teoricamente mais fácil se quem nasceu primeiro fosse uma menina. Vou assinalar as diferenças comportamentais mais relacionadas aos hormônios ocitocina do feminino e testosterona do masculino. Já citei muitas vezes em outras partes deste livro as diferenças comportamentais resultantes desses dois hormônios.

As ações da ocitocina tornam a mulher mais cordial, gentil, empática, simpática, receptiva e sensível a sofrimentos alheios que despertam na mulher sentimentos de compaixão e solidariedade, disposta que ela é a compartilhar pertences e sentimentos. Assim, a menina teria muitas boas qualidades para receber bem uma(um) irmã/o recém-nascida/o, desde que bem preparada e bem acompanhada, até que pudesse "adotar" a/o irmãzinha/o e se transformar em "irmãe" dela(e).

Mas essa calorosa receptividade da ocitocina dependerá de como se deu o estabelecimento de o seu primeiro clima relacional, se ele originou mais um hermético túnel do Eu (filha)-Tu (mãe) do que um corredor. Isso porque quem vive no túnel se blinda contra novos relacionamentos, aprisionando um ao outro numa gaiola de ouro. Fica difícil mesmo para ela, com toda a ocitocina, receber uma irmã/o que possa interferir no exclusivo relacionamento estabelecido entre ela e sua mãe.

No entanto, se ela já estiver triangulando relacionalmente, ou seja, relacionando-se com a Tu (mãe) e já vislumbrando o Ele (pai), terá mais facilidade em aceitar também a/o irmã/o.

Se os pais já começaram a interferir no crescimento da filha como preparativo para recepção da/o irmã/o pode haver conflitos familiares. Por exemplo, tirar a primogênita do quarto dela e transferi-la para um menor, ou mais humilde, ou mal localizado; estabelecer regras para ela não gritar, não correr, tomar cuidado com quem vai nascer, etc.

Ou seja, a depender do comportamento dos pais, a chegada do novo só trouxe prejuízos e perdas para a primeira filha. Diante disso tudo, o que seria naturalmente fisiológico e bom fica perturbado pelo túnel e pelas circunstâncias que culminaram no mal preparo da primogênita. Portanto, os erros não são dela, mas de como os pais lidaram com ela.

TESTOSTERONA GANHA IRMÃ/O MENOR

Se o primogênito tem testosterona, a recepção da/o irmãozinha/o pode ser bem diferente na parte hormonal do comportamento.

As ações da testosterona tornam o masculino mais lutador, competitivo, agressivo, violento, impulsivo, irritável, vingativo, reativo, impositivo, mandão, explosivo, castigador, rompedor de limites, conquistador de territórios, mandão e/ou obediente a hierarquias, cruel, vitorioso a qualquer custo, fortalece-se na associação com outro homem, forma bandos e estratégias de ataques e defesas, briga e se mata por poder, etc.

Porém, é preciso ter **calma, muita calma nessa hora**! Tudo isso é o que poderia acontecer se esse querido filhinho primogênito, tão lindinho, crescesse machista. Mas por enquanto os comportamentos dele vão "apenas" apontar para essa direção, caso os pais desde já comecem a aplicar a Educação Sustentável.

Por ora, conforme sua idade, se fosse somente pela testosterona, o primogênito já não gostaria de perder nada; ao contrário, gostaria de obter vantagens. Toleraria muito pouco uma mudança de quarto se viesse a desconfiar que lhe deram uma atividade (ir para escolinha; cursos de natação, inglês, etc.) para não ficar em casa com o irmão menor; se perdesse o privilégio, lugar ou colo para o irmão; se fosse "jogado" para um pai que sempre foi ausente e, portanto, significa quase nada para ele; se ficasse sempre nas mãos de uma babá, não teria como reagir, mas muito brevemente iria lutar tentando eliminar o rival mais novo.

Em razão dessas possibilidades, o primogênito bonzinho pode oferecer de presente o irmãozinho para as visitas o levarem embora para a casa delas e, se pensar um pouco, planejará enfiar um dedo nos olhinhos do irmão. Ao contrário da aceitação plácida e serena que todos os pais gostariam – afinal é a chegada de um irmãozinho – ele pode declarar o bebê um intruso e um forte rival, para manter todo o reinado para si.

Também influirá bastante se o primogênito viveu ou vive ainda num túnel, em vez de num aberto corredor relacional onde possa se movimentar mais livremente, fazer o que quiser, sem perder as sensações de apego e pertencimento ao Tu (mãe).

Nos momentos em que o primogênito reivindicasse atenção, valeria a pena colocá-lo no colo, garantindo o seu reinado, para que juntos, Eu (filhinho) e Tu (mãe), cuidassem do irmãozinho. Esse gesto pode até dificultar um pouco a movimentação física da mãe, mas garante que o primogênito olhe e perceba a fragilidade do irmão. Se, além dessa atitude, a mãe se expressar como se ambos estivessem cuidando do irmãozinho, devolveria a importância do primogênito: "Agora vamos trocar as fraldas dele, tadinho, tão pequenino. Olha como ele olha para nós. Se ele pudesse falar, estaria dizendo que nos ama, etc."

Ajudaria muito também não se incomodar muito com ações do primogênito, como falar alto ou bater portas. Dando bronca, a mãe estaria ensinando o primogênito a perturbar o nenê. Lembre-se de que, se ele não estiver gritando na orelha do nenê, não há mal nenhum que fale alto, o que pode muito bem ser absorvido pelo irmão mais novo.

> Se fosse somente pela testosterona, o primogênito já não gostaria de perder nada; ao contrário, gostaria de obter vantagens.

Capítulo

5

Maconha faz mal

▼

MELHOR QUE O PIOR

"Maconha não prejudica a saúde porque é natural!"
"Maconha faz menos mal que o cigarro!"
"Eu fumo, mas não bebo!"
"Eu fumo maconha porque é bom!"

Muitas pessoas fazem afirmações como essas, principalmente entre os jovens, para justificar o uso da substância. Mas nenhuma delas tem fundamentos científicos. E estes não se sustentam diante de uma reflexão mais equilibrada sobre o que podemos ou não consumir e que traga benefício para o nosso corpo, para o nosso bem-estar.

Basta verificar, por exemplo, que o fato de muitos venenos mortais virem da natureza (cicuta, que provém da planta apiácea que produz belas flores; ricina, derivada da mamona; comigo-ninguém-pode, da planta *Dieffenbachia pictada*, todas muito comuns nos nossos jardins), isso não significa que podemos usá-los indiscriminadamente.

Diante do argumento de que **para ser melhor que o pior basta ser ruim,** só se pode discordar. Longe de ser sustentável, essa ideia é destrutiva pois a referência de vida aqui é uma comparação com o "pior" (no sentido do pior modo de viver), ponto de vista que está na contramão da definição dada por nossa teoria da Alta Performance, que é ser e fazer o melhor possível. Afinal, por que não compararmos com o melhor?

A minha tese em relação às nossas escolhas é que não basta produzir prazer para que algo seja considerado bom. Tem de ser um prazer que alimenta, que desenvolve, que sustenta e não algo devastador, capaz de causar um efeito de destruição no usuário, como acontece com o uso do tabaco ou do álcool.

Entretanto, geralmente a falta de conhecimento científico é tão grande que dá margem à divulgação de falsas verdades, argumentos tão insistentemente alardeados que acabam sendo tomados como verdadeiros e contribuindo para o consumo abusivo dessas substâncias. Diante de tais circunstâncias, a minha proposta para este capítulo é buscar no conhecimento científico informações que possam contribuir para esclarecer as falsas verdades com que sempre nos deparamos ao refletir sobre o assunto.

DROGAS PSICOTRÓPICAS

São drogas que agem no cérebro das pessoas alterando o seu funcionamento. Há três tipos de psicotrópicos: estimulantes, depressores e perturbadores. A maconha pertence à categoria das drogas psicotrópicas perturbadoras porque altera o funcionamento cerebral. A droga psicotrópica da planta *Cannabis sativa* é o delta-9-tetraidrocanabinol ou THC. (http://www.unifesp.br/dpsicobio/drogas/classifi.htm. Visitado em 3/7/13.)

Os transtornos relacionados à *Cannabis* podem ser encontrados nos seguintes manuais: 1) *Manual Diagnóstico e Estatístico de Transtornos Mentais* – 4ª edição – Texto Revisado: DSM-IV-TR – 2003, da American Psychiatric Association e 2) *CID-10: Classificação Estatística Internacional de Doenças e Problemas Relacionados*

272 Educação Familiar

> ## A maconha pertence à categoria das drogas psicotrópicas perturbadoras porque altera o funcionamento cerebral.

à Saúde – Décima Revisão – 1996, da Organização Mundial da Saúde. Acrescento as observações sobre a minha prática clínica em atendimentos psiquiátricos e psicoterápicos a usuários de drogas e suas famílias e que constam dos meus três livros: *Saiba mais sobre maconha e jovens* (esgotado); *Juventude & Drogas: anjos caídos* e *123 Respostas sobre drogas.*

Transcrevo a seguir os diagnósticos usados pelos médicos (psiquiatras, neurologistas, clínicos gerais) que, ao atenderem seus pacientes, são obrigados pela Organização Mundial de Saúde, pelos Conselhos Regionais de Medicina, pelas Instituições de Seguros Médicos e para atender a requisitos de atestados médicos em geral a usar esses diagnósticos como dados de atendimentos. Tais diagnósticos fazem parte das revisões e atualizações médicas da Organização Mundial de Saúde, e os dados que eles fornecem são muito importantes para todos os profissionais, pais, educadores e para os próprios usuários de drogas, estudantes e pessoas interessadas que queiram saber quais os transtornos provocados, especificamente pela maconha, que levam os seus usuários a procurar por atendimento médico.

Pelo Manual DSM-IV, a identificação diagnóstica dos transtornos produzidos pela *Cannabis* recebe uma numeração que é seguida de sua respectiva discriminação:

- ⊙ 292.89: Intoxicação com *Cannabis.*
- ⊙ 292.81: *Delirium* por intoxicação com *Cannabis.*
- ⊙ 292.11: Transtorno psicótico induzido por *Cannabis,* com delírios.

- 292.12: Transtorno psicótico induzido por *Cannabis,* com alucinações.
- 292.89: Transtorno de ansiedade induzido por *Cannabis* e
- 292.9: Transtorno relacionado a *Cannabis,* sem outra especificação.

O manual também procede a uma classificação quanto ao diagnóstico de uso:

- 304.30: Dependência da *Cannabis* e
- 305.20: Abuso da *Cannabis.*

Pela CID-10, que usa semelhante esquema classificatório no qual consta uma letra maiúscula, um número, um ponto, outro número, dois pontos e palavras explicativas para o uso de substâncias canabinoides (maconha), a classificação é a seguinte:

- F12.0: intoxicação aguda pela maconha.
- F12.1: Uso nocivo à saúde.
- F12.2: Síndrome de dependência (conjunto de alterações psíquicas e comportamentais que demonstram a dependência química provocada pela maconha).
- F12.3: Síndrome de abstinência (sofrimento psíquico e físico quando o corpo sente falta da maconha, à qual já está viciado).
- F12.4: Síndrome de abstinência com *delirium* (quando apresenta delírio na abstinência).
- F12.5: Transtorno psicótico (quando a maconha provoca um quadro psicótico no seu usuário).
- F12.6: Síndrome amnésica (perda de memória para fatos recentes e antigos).
- F12.7: Transtorno psicótico residual ou de instalação tardia.
- F12.8: Outros transtornos mentais ou comportamentos e
- F12.9: Transtorno psicótico ou comportamental não especificado.

Acrescento minhas observações clínicas das queixas, problemas e sintomas apresentados pelos meus pacientes desde 1968, quando concluí a Faculdade de Medicina da USP, nos meus livros já citados, específicos sobre a maconha, seu uso e consequências.

Observo que, mesmo se tratando de um livro de Educação Familiar, e não de um livro sobre drogas, o conteúdo especificado aqui se dá pela falta de conhecimento científico dos efeitos da maconha (muito comum entre os educadores e os educandos) e que acaba prejudicando o processo educativo de uma forma geral. Pois, onde não há conhecimentos, todos têm suas razões e crenças, inclusive algumas crendices, que levam a discussões acaloradas das quais saem vencedores quem possui maior poder de convencimento sobre os outros e não os conhecimentos científicos.

A MACONHA VICIA

O que se pode afirmar é que a maconha produz prazer químico ao ser fumada. Esse prazer vai estimular outra área do cérebro a querer repetir aquela mesma ação que trouxe o prazer inicial. Quando o usuário repete o gesto, sente novamente o prazer. Essa condição ativa novamente o sistema de recompensa e todo o ciclo é retomado: procura da maconha e encontro do prazer.

Com o passar do tempo, esse prazer vai diminuindo de intensidade, e o usuário procura aumentar a dose de THC, ou muda para droga mais poderosa. As alterações psíquicas e comportamentais também diminuem sua intensidade, a ponto do usuário aparentar normalidade mesmo tendo fumado maconha.

Quando o quadro de uso repetitivo se instala, pode-se dizer que o fumante está dependente da droga; em resumo, está viciado. Podemos dizer, então, que vício é a busca compulsiva e repetitiva pela busca de prazer. Esse esquema não se estabelece de repente, pois o envolvimento com a maconha vai crescendo aos poucos conforme a quantidade de THC fumada. Esse processo, em que se estabelece o uso diário, já denuncia o vício, mesmo que o usuário afirme o contrário. E pode levar entre um e dois meses a três e quatro anos para se instalar o hábito de fumar um baseado por dia.

Uma pessoa que fume esporadicamente um baseado, fica sob seus efeitos agudos por um período de duas a três horas, período que pode se estender até a seis horas. A intensidade de tais efeitos vai diminuindo à medida que aumenta a frequência de uso, a ponto de o fumante conseguir disfarçar o seu uso e um leigo não perceber nada. Entretanto, não há como controlar totalmente os efeitos pois eles não dependem da vontade do usuário, mas da quantidade de THC ingerida. Na realidade, o organismo acostuma com a maconha e parece ao usuário que ela não faz mais tanto efeito. A esse processo dá-se o nome de **tolerância.**

A diminuição do prazer é o primeiro sinal que justifica o aumento das doses. Essa diminuição do prazer é a primeira das três características que denunciam a instalação do vício. A segunda característica é que o THC provoca **tolerância**, isto é, precisa-se de doses cada vez maiores para se conseguir o mesmo prazer que, por sua vez, diminui cada vez mais. A terceira é a existência da **síndrome de abstinência** pela falta que o THC passa a fazer à psique. Os sintomas da síndrome são: impaciência, ansiedade, agitação, agressividade, violência, impulsividade, irritabilidade, instabilidade, insônia, intolerância, dor de cabeça, náuseas, vômitos, apatia, etc. que desaparecem como que magicamente quando se inala o THC.

O THC contido em um "baseado" (cigarro de maconha feito manualmente) provoca uma série de alterações (ou perturbações ou transtornos) no funcionamento do corpo, do cérebro e da mente. Nas fumadas iniciais e esporádicas, as alterações costumam desaparecer em poucas horas. Mas, quanto mais se usa, as alterações são mais leves e duram menos tempo, a ponto de usuários fumarem dirigindo a caminho da escola ou do trabalho sem praticamente perceber alterações em seu organismo.

Aos não canabistas custa-lhes até perceber que o usuário está canabisado. Entretanto, quanto mais se usa a maconha, mesmo que não se fume naquele dia, mais permanecem os sintomas crônicos que configuram o seguinte quadro geral: *dificuldades de atenção, falta de concentração, memória falha, passividade, distração, esquecer no meio da tarefa o que era para ser feito, não cuidar da própria higiene, não acompanhar as refeições da família, isolar-se no quarto trancado, telefonemas curtos e cheios de códigos, saídas repentinas, troca da convivência com amigos por estranhos, desinteresse geral, etc.*

O uso continuado da substância leva a danos muito difíceis de ser recuperados e a outros que são definitivos, pelo menos diante dos atuais conhecimentos médicos. É de se lembrar, finalmente, que um canabista percebe outro canabista. Como geralmente os pais não são canabistas, essa é uma das razões por que eles não percebem que o filho é usuário de maconha.

PRINCIPAIS ALTERAÇÕES PRODUZIDAS PELA MACONHA

As alterações apresentadas pelo usuário da maconha mais comuns e comprovadas cientificamente são:

- A molécula THC da maconha atinge o cérebro, mais especificamente na região do hipocampo e do cerebelo, os principais responsáveis pelo aprendizado, memória, atenção e a coordenação motora.
- Sensação de torpor, languidez, moleza corporal e mental.
- Diminuição de coordenação visomotora.

- Ilusões: ilusão visual é ver um objeto real alterado, com movimentos, cores, etc.
- Alucinações: ver objetos que não existem.
- Delírios: distúrbios mentais de avaliação e julgamento que fazem acreditar nas alucinações, criar histórias e enredos, dar significado próprio e irreal, colocando-se como personagens reais e tomando atitudes de proteção e reagindo contra personagens, situações e intenções alheias. O delírio mais comum é a paranoia, a falsa percepção de estar sendo vigiado e perseguido.
- Autorreferência, quando o usuário acredita que estão falando mal dele, que está sendo o alvo das conversas alheias, etc.
- Surtos passageiros de psicose muito parecidos com a esquizofrenia paranoide.
- Surtos de fobia, pânico e sensação de morte iminente.
- Engrossamento da voz (torna-se mais grave).
- Diminuição da velocidade da fala.
- A fala torna-se "pastosa".
- Taquicardia, a ponto de dobrar o número de batimentos cardíacos.
- Diminuição drástica da produção de saliva (cospe espuma).
- Nos olhos, a vermelhidão do branco dos olhos; pupilas dilatadas; aumento do tempo para reagir aos estímulos recebidos; pálpebras superiores não sobem completamente ficando meio penduradas.
- Perda parcial (até total) da noção de tempo.

> O uso continuado da substância leva a danos muito difíceis de ser recuperados e a outros que são definitivos.

Educação Familiar

- ⊙ Altera noção de distância e profundidade; consequentemente perde noção de velocidade e provoca acidentes de carro.
- ⊙ Amnésia total do acidente de carro provocado.
- ⊙ Diminuição e perda do desejo sexual.
- ⊙ Aumento da sensação de fome ("bateu a larica"), etc.

Após a "viagem" (período de intoxicação aguda do THC no cérebro), a maioria das citadas alterações praticamente desaparece no usuário, mas pode permanecer uma "ressaca do uso da maconha" representada por:

- ⊙ Cansaço.
- ⊙ Sede.
- ⊙ Fome.
- ⊙ Sonolência e indolência.
- ⊙ Desânimo.
- ⊙ Sensação de cabeça e corpo pesados.
- ⊙ Sem colírio, o branco dos olhos pode continuar vermelho. Com colírio, o vermelho desaparece e o branco dos olhos fica branco demais contrastando com as pálpebras pesadas e o seu piscar lento.

Em longo prazo, as alterações são:

- ⊙ Diminuição dos hormônios sexuais.
- ⊙ Diminuição da excitação sexual.
- ⊙ Diminuição da vitalidade e número de produção de espermatozoides.
- ⊙ Diminuição da vitalidade dos óvulos.
- ⊙ Disfunção sexual (ejaculação precoce, anorgasmia, etc.).
- ⊙ Troca a namorada(o) por novos companheiros, geralmente canabistas.

Maconha faz mal 279

- Perda da capacidade de raciocínio lógico e matemático.
- Dificuldade (até a impossibilidade) de manter a memória de fixação (não se lembra de nada de tantos pensamentos soltos e prazerosos durante o efeito do THC).
- Perde também a capacidade de atenção e concentração.
- Quer parar de estudar, trancar matrícula, mudar para escola de menor exigência de estudo.
- Diminui e pode até perder a volição, que é o ânimo para iniciar uma ação.
- Seu pragmatismo útil, que é a sua capacidade de trabalho mental e físico, diminui drasticamente.
- Pode desenvolver estados psicóticos, de ansiedade, de depressão, de pânico, de desequilíbrio neurovegetativo que precisam ser tratados com medicações psiquiátricas.
- Perde a ambição saudável de querer melhorar o que conseguir, isto é, não se incomoda de viver nas piores condições de vida.
- Síndrome amotivacional (perda generalizada da motivação essencial para qualquer trabalho mental e/ou físico) pode ser provocada pelo uso crônico da maconha e pode levar parar de estudar, de trabalhar, de realizar qualquer tarefa, perdendo até motivação para viver.
- Câncer em diversos órgãos (boca, laringe, pulmão, testículos, etc.).

Até os **filhos dos canabistas são atingidos** pelo THC, pois a substância atravessa a barreira placentária e entra na composição do leite materno caso a mãe continue canabisando. O THC causa as seguintes sequelas na criança:

- Atinge e danifica o desenvolvimento neurológico do feto dentro do útero de mãe que fuma maconha.

- Ao nascer, a criança apresenta baixo peso e tremores e respostas visuais alteradas.
- Na pré-escola tem piores desempenhos de memória, de atenção voluntária e de resolução de problemas comparados com os de filhos de mães não usuárias de maconha.

RELACIONAMENTO USUÁRIO-MACONHA

Essa gama de sensações e efeitos do THC no corpo e na mente depende de cada tipo de organismo (dada a constituição bioquímica), do perfil de personalidade, de que outros tipos de atividade ocupem o cérebro e a mente e do estado psicológico do usuário no momento do uso.

Os usuários sabem que se estiverem depressivos, terão a *bad trip* (má viagem), com sofrimento, desespero, pensamentos horríveis, ilusões aterrorizantes, sensação de morte iminente e uma vontade imensa, mas impossível de realizar, de interromper a viagem para parar de sofrer com os incontroláveis efeitos do THC.

> **Observação importante:** Na *bad trip*, o usuário não consegue perceber que tudo o que acontece é resultado da ação do THC e acredita que está louco ou vai morrer, arrepende-se de ter fumado, reza a Deus que, se melhorar, nunca mais vai fumar maconha. Alguns se afastam da maconha. Outros, logo se esquecem do mal que os fez sofrer e voltam a fumar.

De modo geral, somente a *bad trip* é insuficiente para que o usuário deixe de fumar maconha. Depende de ele querer repetir ou não os efeitos que já sentiu uma vez. A viagem ruim na segunda vez não é tão horrível; assim, na terceira vez, torna-se mais aceitável e

> # Quanto mais intenso for o uso da maconha, mais as alterações se tornam presentes, mesmo se o viciado não estiver mais usando.

na quarta, já é quase desejada. Demonstrando assim que o perfil do usuário, se viciável ou não, também tem que ser levado em conta, além dos efeitos da droga em si.

Quanto mais intenso for o uso da maconha, mais as alterações se tornam presentes, mesmo se o viciado não estiver mais usando. Algumas alterações permanecem e necessitam de tratamento, que também não garante que tudo se recupere. É como escreve Suzana Herculano-Houzel, no livro *Sexo, Drogas, Rock´n´roll... & Chocolate: o cérebro e os prazeres da vida cotidiana*:

> A longo termo, a memória e a atenção podem ficar comprometidas, assim como habilidades verbais e matemáticas (p. 96).

O THC provoca mudanças drásticas no cérebro como a "perda de neurônios em regiões responsáveis pela memória" provocada pela atrofia e diminuição do número de conexões com outros neurônios. Experiências clínicas com neurônios de ratos, que têm estruturas muito semelhantes ao de humanos, demonstram que o THC promove o suicídio dos neurônios do hipocampo.

Sim, a natureza deu um jeito de eliminar neurônios fadados a morrer, fazendo-os cometer suicídio, encolhendo o corpo celular, murchando o núcleo e picando o DNA, para não provocarem prejuízos às células vizinhas. A esse processo de suicídio celular ou morte celular programada se dá o nome de Apoptose Celular.

O poder viciante das drogas depende também da intensidade do prazer provocado. Quanto maior o prazer, mais estimulado fica o sistema de recompensa para procurar a droga. No caso do crack, por exemplo, quando ele entra no cérebro seu usuário nem espera o efeito passar e já procura a próxima dose. Segundo o que afirmam os usuários, para viciar em crack basta experimentar. É o que acontece também com quem sofre de embriaguez alcoólica patológica. Uma vez que se começa a beber, se perde o controle e não se consegue mais parar de beber.

Raramente o usuário crônico de maconha admite estar viciado nela. Minimizam a importância dos sintomas, justificam as suas consequências de mau desempenho escolar com outras causas que não a maconha. Alegam que canabisam porque querem e não porque estão viciados nela e que param quando quiserem. No entanto, nunca querem parar.

Na realidade, um usuário pode não conseguir parar, pois está viciado e usa o argumento de que "não quer" parar de usar. É um truque mental que engana o próprio usuário ao transformar sua impotência ("não consigo") em algo voluntário ("não quero"). O "não consigo" revela a sua impotência. O "não quero" revela o seu poder ("eu é que mando na droga"). Todo viciado tornou-se viciado por causa da sua onipotência ("eu posso usar, eu uso, eu não paro porque eu não quero").

Uma vez viciado, não admite o vício e afirma que usa "às vezes", mesmo que esteja canabisando todos os dias. Quando questionado pelos pais, diz que "experimentou a maconha uma vez ou outra..." É o padrão de respostas que viciados em maconha costumam dar a quem lhes pergunta – negando o vício e minimizando os seus males.

A DIFICULDADE DE PERCEBER SE O FILHO EXPERIMENTOU MACONHA

Dificilmente os pais percebem ou descobrem sozinhos que o filho está envolvido com drogas. É penoso acreditarem que seu filho foi visto usando drogas. Além de mentir, omitir, disfarçar, esconder que usa drogas, o filho questiona, confronta e desafia ativamente os pais usando argumentos a que raramente eles conseguem responder. Nenhuma dessas ações é sustentável, ao contrário, elas são destrutivas.

Se os pais não conhecem as respostas, ao filho parece que quem tem razão é ele, e o que sabe é verdadeiro. Por isso, esse filho acaba desautorizando os pais em tudo. Estes precisam entender, entretanto, que o fato de não saberem as respostas não significa que o filho esteja certo nas suas afirmações. A falta de conhecimentos para se contrapor aos argumentos dos filhos não garante que eles sejam verdadeiros.

É praticamente impossível saber tudo, mas é responsabilidade dos pais buscarem as respostas verdadeiras para não aceitar como verdade o que o filho afirma. Vale a pena, nesse caso, os pais dizerem que não sabem responder e que procurarão ativamente as respostas porque irão consultar especialistas.

Enquanto os pais não tiverem as respostas, o filho ficará sem nenhuma atividade de lazer, que devem ser suspensas até que tudo seja realmente esclarecido. Não há como fazer acordos ou negociações quando se trata de usar drogas. Qualquer vacilo, dúvida, silêncio dos pais pode ser entendido pelo filho como permissão.

PRINCIPAIS ARGUMENTOS E RECURSOS DOS PRÓ-MACONHA

A seguir, os principais argumentos utilizados pelo filho interessado no uso da maconha ou já usuário:

- O filho nega e jura de pés juntos que só experimentou, mesmo que esteja usando frequentemente.
- O filho sabe como disfarçar as alterações físicas que o THC provoca.
- O filho contra-argumenta dizendo que a maconha faz menos mal que o cigarro, que o álcool, etc.
- E também que se fosse tão mau seu uso, por que ela é liberada na Holanda ou nos Estados Unidos?
- Diz igualmente que "todo mundo" ou toda a juventude fuma maconha.
- O filho diz que até um professor da escola é a favor da liberação da maconha.
- Como os pais falam tão mal se nunca fumaram maconha?
- Os pais dos amigos deixam, só vocês são caretas.
- A maconha é usada como remédio.

Para os pais, o importante é educar o filho para o mundo. Os pais podem até abrir as portas do mundo para o filho, mas é o filho que ingressa no mundo caminhando com os seus próprios pés. Não se deve tentar mudar a escola, a sociedade, o mundo para adaptar-se ao filho, nem o filho levar para onde for o "cordão umbilical da mamãe" grudado nele, e muito menos os pais laçarem com o cordão umbilical o filho de volta para útero a cada obstáculo que ele encontrar na vida.

Como disse, vale a pena os pais encontrarem seus próprios argumentos, baseados em conhecimentos científicos comprovados

> Os pais podem até abrir as portas do mundo para o filho, mas é o filho que ingressa no mundo caminhando com os seus próprios pés.

para justificar seu posicionamento contra o uso da maconha. Na alegação da ilegalidade ou não, desfocamos o problema para a área política e jurídica. Pois mesmo os países que a legalizam sabem dos prejuízos causados pelo abuso das drogas; mas estudos mostram que o dinheiro gasto na proibição não traz resultados e que a legalização traz divisas financeiras para o país. O Uruguai legalizou em 2013 a venda da maconha para residentes no país, os Estados Unidos para tratamento médico, mas cada país tem seu interesse político acima da saúde dos seus usuários. Quem geralmente arca com todo o custo financeiro do tratamento da maconha não é nosso país, e sim a família dos usuários.

Portanto, além dos conhecimentos, é preciso ter o ponto de vista de não uso. Quanto mais os pais estudarem sobre a maconha, em fontes com credibilidade médica, mais poderão contra-argumentar. Sugiro que os pais tomem posições claras de que não permitirão o uso de drogas e que tudo farão para que o filho pare caso esteja usando. A seguir, vejamos alguns dados que podem ser usados para contra-argumentar os usuários.

INFORMAÇÕES QUE AJUDAM OS PAIS A CONTRA-ARGUMENTAR

De maneira geral, confiamos nos médicos porque eles são especialistas em sua área de atuação. Aceitamos, por exemplo, que os obstetras entendem muito mais de gravidez e parto do que as próprias grávidas, pois estudaram, praticaram e aprenderam ao cuidar e atender milhares de grávidas e fizeram um número quase igual de partos de praticamente todos os tipos. Do mesmo modo, portanto, devemos confiar no médico que estudou sobre a maconha e tratou milhares de usuários nos mais variados estágios e complicações. Nós não fumamos, portanto, vamos consultar quem pode nos ajudar.

Antes de tudo, porém, tem de ficar sempre claro que os pais são contra o uso das drogas e não há possibilidade de negociação, nem concessões. Nesse ponto, a posição dos pais deve ser claramente assumida e comunicada – não está sujeita a argumentações.

As informações a seguir têm o intuito informativo e visam ajudar os pais a responderem aos argumentos dos pró-canabistas:

- Você já perdeu a nossa confiança quando mentiu para nós. Queremos voltar a confiar porque você é nosso filho e a vida em família sem confiança será desagradável e ruim. Você é que tem de nos provar que não está usando, e não nós investigarmos se você está fumando ou não.

- Os usuários, para se protegerem mutuamente, ensinam uns aos outros como disfarçar todas as alterações provocadas pelo THC e como argumentar a favor do uso, enquanto os pais nem tocam nesse assunto com outros pais. A sugestão aqui é os pais relerem atentamente o tópico exposto anteriormente, que trata das alterações corporais e comportamentais apresentadas pelos usuários.

- Por que o usuário compara o mau com o pior? Sempre haverá alguém em situação inferior, pois essa comparação é uma maneira de ele se sentir psicologicamente superior. Mas para ser melhor que o pior basta ser medíocre. Pensemos na seguinte situação:

  Pai pergunta: "Você tirou nota 3?" Responde o filho: "Muita gente tirou 2!" Retruca o pai: "Mas todo mundo repetiu? Ninguém foi aprovado?" E surge a resposta triunfante do filho: "Pai, mas eles são *nerds*!"... Como se ser *nerd* fosse pior que ser reprovado... A melhor resposta para esse filho seria: "Então, quando for comprar o próximo tênis, ele será o menos pior entre todos. E você pode escolher a garota menos feia da turma para sair, ou o restaurante menos pior da cidade para comer."

- A Holanda havia liberado a venda de maconha, mas os problemas com drogas aumentaram e, arrependido, o país agora apenas tolera a venda para residentes. Com a Suíça aconteceu o mesmo. Quantos países há no mundo? Mais de 190. De todos eles o filho escolhe esses dois arrependidos? Por que você não compara com países que condenam à morte os traficantes e usuários? Num desses países, por exemplo, um jovem turista americano foi pego com drogas e condenado à morte. Não adiantou a interferência diplomática americana, nem a da família americana nem a dos advogados locais. O rapaz executado virou tema de filme; mas a verdade é que aquele jovem usuário está morto.
- A liberação da venda de maconha privilegia outro setor da sociedade. Independentemente de ser legal ou não, o uso da maconha faz mal para a saúde e é insustentável – no sentido de não possuir nem trazer nenhuma sustentabilidade, a não ser agora para os negociantes, e não mais para os traficantes. Dessa forma, o lucro com a venda muda de mãos, mas os prejuízos quem continua pagando é a família, e quem continua sofrendo ainda é o usuário da maconha.
- Quando o filho diz que "todo mundo usa", ele está citando apenas uma minoria em relação a grandes grupos. Os usuários se juntam e acham que o mundo fuma maconha. Se o filho vê todo mundo fumando, significa que ele está cercado de usuários e longe dos não usuários, que são em número muito maior. Isso pode significar que, ou ele está prestes a experimentar a maconha, ou já é usuário.
- Um professor pode ser a favor da liberação da maconha, mas e todos os outros? Acredito que esse professor não gostaria de ter um filho viciado em maconha ou usando outras drogas e parando de estudar. Nunca atendi famílias nem tive conhecimento de pais que ficassem felizes e realizados porque seu filho fuma maconha.

288 Educação Familiar

- Um multiplicador de ideias, um formador de opiniões, uma celebridade, todos eles deveriam ter mais cuidado em se mostrar em público. Principalmente os que são favoráveis à liberação da maconha. Se um dos seus seguidores tornar-se viciado, quem é que arcará com a responsabilidade de um tratamento? Muitos adultos põem trancas nas portas depois de terem sua casa arrombada por ladrões. Se seus vizinhos tinham sido roubados, por que eles não se preveniram? É preciso sofrer na própria pele o problema da maconha para ser contra o seu uso?

- O médico precisa ser diabético para tratar de diabetes? Até há pouco tempo, alguns médicos fumavam cigarros. Hoje praticamente os médicos não fumam, a não ser os viciados. A maioria dos adultos está parando de fumar cigarro, mas o uso está aumentando entre adolescentes e púberes. Mesmo sem fumar tabaco há mais de 10 anos, ainda hoje morrem ex--tabagistas de câncer de pulmão, que teve início com o uso do tabaco.

- Problemas de câncer provocados pelo tabaco continuam matando as pessoas mesmo que tenham parado de fumar por mais de 10 anos. Esses cânceres foram causados pelo tabaco quando seus portadores fumavam seus cigarros. É um efeito tardio que continua matando ex-tabagistas. O THC tem o poder cancerígeno dez vezes maior que o tabaco. O câncer provocado pelo THC é semelhante ao provocado pelo cigarro. Significa, portanto, que existe a possibilidade de o canabista ter começado a desenvolver câncer, mas sua morte pode acontecer décadas depois. Sem dúvida, deve haver ex-canabistas morrendo de câncer, que podem estar diagnosticados como se a doença tivesse sido provocada pelo tabaco.

- O vício é uma doença química que submete a qualidade dos pensamentos para minimizar os prejuízos e alimentar a falsa sensação de poder ("não estou viciado, uso porque quero e pa-

> Problemas de câncer provocados pelo tabaco continuam matando as pessoas mesmo que tenham parado de fumar por mais de 10 anos.

ro quando quiser"). Portanto a opinião do usuário deveria valer quando ele já estivesse livre da doença, da dependência química da droga.

- O usuário fica tão comprometido com a maconha a ponto de não entender que os pais pretendem livrá-lo do problema que certamente terá de enfrentar se entrar pelo caminho das drogas. Pais não são contra os filhos, mas lutam contra o que possa fazer mal a eles.

- Não há notícias de que uma pessoa tenha vencido na vida por usar drogas, nem mesmo a maioria dos traficantes profissionais usa a droga que trafica. Se algum músico é famoso, não é por fumar maconha, mas por ser um excelente músico, "apesar" da maconha. Muitos músicos perderam sua carreira e vida por causa das drogas.

- Pais devem dizer: "Somos responsáveis por você, não pelos seus amigos. Seremos nós, e não os pais dos seus amigos, que iremos pegá-lo na Delegacia, no Pronto-Socorro, no Necrotério, seja lá onde você for parar. Você se sente perseguido por nós? Sim, perseguimos porque queremos você livre das drogas, vencendo na vida, feliz com a sua família, com seus filhos, que serão nossos netos. Os pais dos seus amigos não viverão pelos meus netos. É você que nós amamos e com quem nós vivemos nosso dia a dia."

- "Não queremos que você sofra, mesmo que tenhamos de ir contra o que você queira neste momento. Você quis, você correu, você bateu o carro, você se feriu. Vamos deixar você solto,

290 Educação Familiar

ferido na rua, já que você diz que sabe o que faz? Não, vamos mover o mundo para que você não morra. Falar que a vida é sua é uma grande mentira, pois sua vida também se refere a todos nós, sua família. E a nossa vida também se refere a você, nosso filho."

⊙ "Uma coisa é tomar um remédio com a quantia exata de THC (medida pelo laboratório químico que produz a medicação), indicado para um mal a combater, outra é consumir uma substância totalmente sem controle de qualidade, dosagem certa do THC, acrescida de todas as quase 400 substâncias químicas, das quais 60 são canabinoides, que são queimadas junto. Aliás, tem muita gente fumando cocô de cavalo, pois é o que colocam na maconha para aumentar o volume, além de urinarem em cima, com a intenção de aumentar o cheiro e o peso. Qual a doença que você tem para tomar THC como remédio? Por que então não tomar uma injeção de penicilina no braço, mesmo que não tenha nenhuma infecção? Afinal, também é um remédio..."

DIFÍCIL NÃO PERCEBER QUE UM FILHO ESTEJA USANDO MACONHA

Quanto mais cedo for a interferência dos pais em relação aos filhos que pretendem experimentar ou usar a maconha, melhores serão os resultados, pois ninguém começa a vida viciado. A maioria dos viciados não se sente doente e acha que é uma questão de opção ou crença. Opção de usar não existe, pois ele não consegue ter opção de não usar, daí o seu diagnóstico: dependente químico. A crença que maconha não faz mal é errada, repito, ela faz mal ao viciado, e isso não há como negar. O vício de um filho é suficiente para provocar grandes sofrimentos à família. Socialmente o dependente químico da maconha não é sustentável, pois o uso é autodestrutivo.

Faço uma lista de 30 sinais que os pais podem perceber no filho que esteja usando maconha. Mesmo que essa lista já conste no meu livro *Pais e Educadores de Alta Performance*, pela sua importância, publico-a aqui novamente. Basta conviver com o filho por algum tempo e prestar atenção em tudo o que ele fala e faz. Se você conhecer esses sinais, ficará fácil percebê-los:

- **Respostas rudes**, mal-educadas, agressivas, ofensivas, violentas, dirigidas inicialmente à mãe e depois ao pai.
- **Não querer mais dar satisfações**, atender os telefonemas, responder a recados.
- **Fechar-se** no quarto.
- **Não querer mais** participar do dia a dia da família.
- **Não parar em casa** nos fins de semana.
- **Querer sair** no meio da semana, de repente, a qualquer hora, rapidinho.
- **Omitir aonde vai**, onde esteve, o que fez, o que fará, etc.
- **Perder interesse em estudar**; não conseguir mais acordar cedo para ir à escola.
- **Faltar às aulas** por qualquer motivo, ir à escola, mas não frequentar as aulas.
- **Ser reprovado** na escola, sem "justa causa".
- **Abandonar a escola** por achar horrível ter de estudar.
- **Desinteresse** em vestir-se bem.
- **Descuidar-se** da higiene pessoal.
- **Usar adornos** com folhas de maconha.
- **Achar natural usar piercings**, tatuagens, alargadores, dreadlocks, como rastafári jamaicano – contra os princípios da família.
- **Negar veementemente o uso de drogas**, mas confirmar somente quando está totalmente sem saída; e, mesmo quando confirma, minimiza a quantidade, a importância e o tempo que está usando.

292   Educação Familiar

- **Intolerância às frustrações,** impaciência e reações explosivas.
- **Negar a origem e jurar** que não é dele quando os pais encontram maconha, dichavador, colírio, papel de seda, isqueiros – que compõem o kit maconha.
- **Notas baixas** começam a aparecer; há diminuição de desempenho em outras atividades.
- **Trancar-se no quarto,** inclusive de dia, e demorar a abrir a porta quando solicitado.
- **Ventilador, sprays, incenso,** que não eram hábito anterior são encontrados no quarto pelos pais ou pela empregada.
- **Contra-atacar os pais** quando alguém os alerta de que está envolvido com drogas; gritar furiosamente "que os pais acreditam mais em estranhos que no próprio filho".
- **Receber telefonemas curtos,** sem identificação, a qualquer hora.
- **Defender o uso** de maconha, antecede o uso dela.
- **Mudar de amigos** e não apresentar os amigos novos.
- **Desaparecer na sexta-feira** para aparecer só no domingo à noite ou na segunda-feira.
- **Provocar os pais, desafiando** que façam o exame de urina ou do cabelo para confirmar que não está usando.
- **Afirmar que não vai parar** de usar porque gosta da maconha.
- **Faz "Campanha da Boa Imagem"** a cada conflito que surge, somente para "amaciar os pais feras", demonstrando como ele é um bom filho, que não é viciado.

> Basta conviver com o filho algum tempo e prestar atenção em tudo o que faz e fala.

Um filho que usa geralmente nega o uso. A não ser que promova uma demonstração prepotente e arrogante de enfrentamento, de estabelecimento de conflito (verdadeira guerra), de poder, de independência, de liberdade, de opinião, de conflito de geração, como se fosse uma prova de autonomia comportamental.

A verdadeira autonomia comportamental não precisa ser exuberantemente exibida, pois é uma conquista de valores que se manifestam automaticamente no cotidiano, sem precisar ser imposta a ninguém, muito menos aos próprios pais. Se um filho toma a iniciativa exuberante de demonstrar, exibir e impor aos pais sua autonomia comportamental, é porque não a tem. Um filho somente diz "ninguém manda em mim" quando se sente subjugado por alguém...

SINAIS QUE PERMANECEM APÓS O USO DA MACONHA

- O canabista usa uma técnica especial de aspirar a fumaça diretamente para encher os pulmões, prende o ar o maior tempo possível nos pulmões e depois o solta. Com isso, dá tempo necessário ao alvéolo pulmonar de absorver o THC, passando-o ao sangue que o leva ao cérebro, onde produz os seus efeitos. Dessa maneira, um ar residual é retido no pulmão e normalmente leva mais tempo para ser eliminado. Se o filho acabou de voltar para casa, e os pais suspeitarem que usou maconha, podem pedir para ele expelir todo o ar residual para sentir ou não o cheiro da fumaça da maconha.

- Pedir ao filho que cuspa na sua frente. Como o THC seca a saliva, quem acabou de canabisar cospe espuminha, uma espécie de saliva grossa quase viscosa. Ele pode disfarçar mascando goma ou bala de forte sabor e cheiro.

- Pedir ao filho que una as pontas dos dedos polegar, indicador e médio e cheirá-los é outra opção, pois os dedos que seguram o

294 Educação Familiar

baseado aceso ficam com o cheiro da fumaça do THC. Cheirando-se só um dedo, a concentração existente talvez não seja suficiente para ser percebida, enquanto, ao se juntar os três dedos, o cheiro fica concentrado. O filho pode disfarçar lavando as mãos com sabonete perfumado, ou passar simplesmente um perfume. Não é comum os rapazes usarem perfume somente na ponta dos dedos, então acabam passando também nos cabelos e em outras partes...

- ⊙ O branco dos olhos, a esclerótica, fica vermelha pela dilatação das microartérias que irrigam o globo ocular. Normalmente elas não são visíveis. Quando as artérias se dilatam, torna-se visível o sangue arterial dentro delas e a junção de muitas arteríolas dilatadas dá à esclerótica a cor avermelhada do sangue arterial. Ao mesmo tempo, o coração entra em taquicardia e dobra o número dos batimentos cardíacos, o que leva a um aumento de pressão e à dilatação de praticamente todas as arteríolas do organismo. Provavelmente isso deve acontecer também com a irrigação cerebral.

- ⊙ Quanto mais tolerância o usuário tiver ao THC, ou seja, quanto mais viciado ele estiver, menos efeitos da substância o organismo vai sentir; inclusive os olhos já não se apresentam como faróis vermelhos, e o efeito pode ser facilmente disfarçado com o uso de colírios. Portanto, para quem nunca teve problemas de conjuntivas não há razões para ter colírio entre seus pertences. Se começa a aparecer o colírio, a suspeita pode se tornar quase uma certeza.

- ⊙ Normalmente o filho diz que o colírio é de um amigo. Incrível é que há pais que acreditam nessa mentira. Porém, pais atentos podem perceber que as escleróticas podem estar totalmente brancas, com um branco muito exagerado para aquela hora da madrugada. Qual pai acreditaria nessa desculpa do amigo? Pois há pais aliviados que dizem: "Ainda

bem, pois se fosse seu, você ia ver o que iria lhe acontecer..."
e o filho sabe que não passa de ameaça sem nenhum perigo
de um dia ser cumprida.

- ⊙ Pestanejar ou piscar é abaixar as pálpebras superiores para fechar imediatamente os olhos perante algum perigo imediato. Mesmo para espalhar as lágrimas para não deixar os olhos secarem, pisca-se rapidamente. O THC torna lento esse pestanejamento, como se piscasse em câmara lenta. Não há como disfarçar e apressar a velocidade do piscar de olhos.

- ⊙ As pálpebras ficam abertas ou fechadas conforme as contrações de músculos específicos. Assim como faz com outros, o THC atinge também esses músculos dificultando a permanência dos olhos bem abertos e levando a ficar com as pálpebras a meia altura, parecendo que está com sono. Tal estado também não há como disfarçar, pois não se consegue levantar as pálpebras caídas.

- ⊙ O movimento do globo ocular demonstra que a pessoa está acompanhando com os olhos o objeto que ela está vendo. Após canabisar, esse movimento ocular de rastreamento fica lento e não consegue acompanhar um objeto – o dedo do pai, por exemplo – que se mova rapidamente em vários sentidos. Não há como dissimular.

- ⊙ "Midríase" é a dilatação da pupila para receber mais luz. No escuro, a pupila se dilata e, no claro, ela se contrai para entrar menos luz. O THC dilata a pupila, e o usuário olha direto para uma luz forte ou para o sol para ela se contrair.

- ⊙ "Fumar maconha dá na vista" é uma afirmação bem-humorada e significa que o usuário demonstra pelos seus olhos que acabou de fumar e basta qualquer pessoa olhar para seus olhos para perceber que acabou de usar.

POR QUE O CANABISTA NÃO CONTABILIZA OS SEUS PREJUÍZOS?

Só existe uma situação na qual o canabista alardeia exageradamente o uso da maconha. Nem fumou e mostra-se "chapado", ou deu um pega e mostra-se "chapadaço". Quando age assim, é para ser valorizado, para chamar a atenção. Nessas ocasiões, geralmente está com seus amigos que também usam a droga e entram numa espécie de competição do tipo quem é o melhor para fazer o pior. O que usa mais ganha fama de maior maconheiro da turma. Esse feito não deixa de ser um status entre seus pares, e ele se orgulha de ser comentado por outros jovens, que recorrem até à internet. É, enfim, o conceito corriqueiro e equivocado em que se argumenta "falem mal, mas falem *de mim*". Este *de mim* está acima do bem e do mal.

O que se passa na mente de um jovem (que nem usa tanta maconha), mas aparece em sites de relacionamentos em cenas ou fotos segurando um baseado, ou mesmo fumando maconha, fazendo-se de chapado e desvairado? Ele pensa que está chamando a atenção, somando pontos à sua imagem. É preciso ter uma autoestima muito baixa para se colocar dessa maneira perante a apreciação pública e achar-se "o cara!".

Além disso, é uma atitude totalmente contrária àquela que assume em casa, onde faz de tudo para demonstrar que não é usuário. Há uma contradição entre a sua imagem social e a familiar. Não bastassem todas as consequências do vício em si, com essa atitude, o jovem consegue piorar a sua situação. Pois, ao cair nas redes sociais, a imagem que fica marcada, e de fácil acesso a todos, não desperta nenhuma condição de sustentabilidade, além de afastar qualquer possibilidade de que esse jovem seja considerado capaz de exercer atividade construtiva e de relevância social.

"Isso nunca irá me atingir", pensa o fanfarrão virtual. Mas não, hein? Atendi um rapaz que estava praticamente com uma viagem

> É preciso ter uma autoestima muito baixa para se colocar dessa maneira perante a apreciação pública e achar-se "o cara!".

marcada para um intercâmbio internacional e de repente tudo ruiu, sua bolsa de estudo foi cancelada. Como? Pelo nome do rapaz, a escola chegou a um site de relacionamento no qual tinha uma foto sua de camiseta, com arma, boné virado para trás e um baseado na boca... Tudo o que a escola não queria viu nessa foto, de cuja existência os pais nem desconfiavam. Souberam apenas quando ele foi sumariamente cortado.

Outro rapaz, inteligentíssimo, brilhante, esportista de ponta, foi estudar no exterior. Lá estava indo muito bem nos estudos, era idolatrado por todos, alunos, professores; seus familiares aqui no Brasil estavam felizes porque ele estava brilhando e fazendo a sua escola brilhar, ascender no ranking estadual. Entretanto, resolveu, num final de tarde de domingo, dar um "pega", uma "tragada" no baseado entre a escola e sua casa. Foi pego, e na segunda-feira seguinte já estava expulso do país. Ele fumava esporadicamente no Brasil e não deixou ninguém saber, a não ser seus companheiros usuários de maconha. Nunca um "pega" custou tão caro: detonou um sonho que estava em plena realização, e o rapaz voltou ao Brasil, deslocado, sem ter muito o que fazer, e a família totalmente decepcionada e triste. Por que ele arriscou tudo por um "pega"?

Geralmente o uso da maconha faz o usuário acreditar que nunca será pego, que ninguém vai perceber, que não vicia, que pode parar quando quiser, que a droga não lhe traz nenhum prejuízo, que quem não fuma está por fora, e sempre dará um jeito para fumar seu baseado. Mas em casa, ele, que sempre tinha sido transparente, começa a se esquivar, esconder, mentir, camuflar, etc.

Começa a perder o empenho nos estudos, justifica suas notas baixas, muda de uma escola para outra, abandona os sonhos, perde o foco do futuro que sempre almejou, não se cuida mais, não se dá ao trabalho de alimentar nenhum relacionamento saudável; enfim, torna-se um desmotivado com a vida. De fato, o que aconteceu é que o uso da maconha o despersonalizou; além de ele não perceber isso, encara como natural. De onipotente que era, passa a ser uma pessoa que não se dá a mínima importância, pois chega ao ponto de não ter mais nada a perder.

Se tem uma namorada que não fuma, não a deixa saber dos detalhes e minimiza tanto os prejuízos que ela acaba tolerando e aceitando. Não é raro ele a convencer a fumar com ele. Se ele não fuma, mas a namorada fuma, se for baixo o nível do envolvimento dela com a maconha, ela pode até deixar de canabisar. Eu não vi nenhum rapaz largar o vício motivado por sua namorada. Os que se recuperaram são aqueles que têm pais presentes, que fizeram o que nenhum pai de amigo, vizinho, professor, tio, traficante fez, que é lutar contra o vício que o filho adquiriu para tentar encaminhá-lo para uma vida mais saudável e sustentável.

Assim, o usuário não contabiliza os seus prejuízos, pois está com sua percepção quimicamente alterada para avaliar seus valores, tanto tangíveis quanto intangíveis, a ponto de se achar o único normal naquela "família doida de caretas". Na realidade, ele é aquele que anda na contramão e acha que todos os carros que vêm em sua direção estão errados...

Quando um usuário começar a contabilizar os prejuízos que ele causou a si próprio, com certeza começará a mudar a orientação da sua vida, do rumo autodestrutivo que estava para a saudável sustentabilidade que buscará.

FATORES DE RISCO AO ABUSO DA MACONHA

Alguns fatores de risco são entendidos como condições pré-mórbidas de uma doença. Por exemplo, no caso de duas pessoas diferentes, usando a mesma maconha, fumando da mesma maneira, aquele que tiver mais ou maiores condições pré-mórbidas terá mais chance de ficar viciado. Esses fatores também são conhecidos como condições predisponentes à doença. Basta um pequeno fator desencadeante para começar o vício porque as predisposições já existiam.

ANTECEDENTES FAMILIARES

Se algum familiar consanguíneo tiver alguma dependência química, uma doença provocada pelo consumo constante de drogas ou medicações psicoativas. Entre essas doenças as mais comuns são: alcoolismo, tabagismo, benzodiazepínicos, etc. Quanto mais forte o laço de consanguinidade, maior é a predisposição. Quando pai e mãe são dependentes químicos, tal situação compromete o filho mais do que apenas um deles. É também mais grave quando a doença acomete mais os pais do que os tios. Entre irmãos, quando estes são muito companheiros, frequentam a mesma turma e um defende o outro perante os pais. Com essas condições familiares, uma simples experimentação de maconha poderá estimular a vontade de querer mais.

CARACTERÍSTICAS PESSOAIS NÃO CONTROLÁVEIS

Hiperativos, DDAH (Distúrbio ou Transtorno do Déficit de Atenção e Hiperatividade), Impulsivos, Temerários, Apreciadores de atividades de risco são jovens agitados que não conseguem controlar sua própria agitação e não têm concentração suficiente para completar uma tarefa. Quando canabisam, fazem-no em pequenas quantidades (dois a três "pegas" ou tragadas) e ficam mais sossegados. Geralmente os jovens começam a usar a maconha como um calmante. Dadas as características da maconha, que levam o organismo a criar tolerância, não é raro essas pessoas chegarem ao abuso porque passaram da fase do uso como tranquilizante para a de consumo habitual. E desse estágio para o abuso é somente uma questão de tempo. Nesses casos, acredito que seria muito melhor se tomassem medicação à base de THC, tais como comprimidos cuja quantidade e qualidade seriam mais controladas. Ao fumar, perde-se o controle da quantidade e da qualidade, pois se ingerem inúmeros outros produtos indesejáveis e altamente prejudiciais.

> Geralmente os jovens começam a usar a maconha como se fosse um calmante.

CARACTERÍSTICAS DE MÁ EDUCAÇÃO

Uma pessoa preguiçosa, procrastinadora, sem compromissos, sem responsabilidades, "que não faz nada", "não aproveita a inteligência que tem", "só quer fazer o que lhe interessa" – que é desligada, passiva, desanimada – já apresenta, em menor escala, os sintomas que a maconha provoca no usuário. De fato, o viciado em maconha geralmente apresenta esses sinais, classificados como **Síndrome Amotivacional**, que atinge os canabistas crônicos. Assim, a maconha piora na pessoa o que já estava ruim. Mesmo uma pessoa sem nenhuma das característica descritas, após o abuso da maconha, pode apresentar tais sintomas.

PESSOAS DE BAIXA AUTOESTIMA

Pessoas de baixa autoestima, que não têm o que perder, que absorvem com facilidade os comportamentos alheios, adeptos de novidades, sejam elas quais forem, podem, em circunstâncias especiais, entrar na onda de euforia de uso. Tornou-se frequente, por exemplo, a viagem de formatura do Ensino Fundamental promovida por alunos e com apoio da própria escola. Esses alunos estão se formando com 14, 15 anos de idade e adoram viajar sozinhos, sem nenhum adulto que responda por eles. Muitos desses grupos viajam sem adultos por perto pela primeira vez. É como uma espécie de iniciação à liberdade.

Já atendi jovens que experimentaram fumar maconha pela primeira vez nessas ocasiões. A constatação é fácil de ser feita. Basta fazer uma pesquisa séria entre eles para descobrir que alguns alunos experimentam a maconha durante a estada no local a que se dirigiram e geralmente com colegas que já fumam. Aqueles que já experimentaram maconha, durante a viagem acabam aumentando muito o seu uso. Por sua vez, os que já usavam, abusam muito. O contrário nunca vi: alguém parar de usar maconha por ter feito tal viagem. Em relação ao uso, a maioria dá um passo além daquele em que se encontrava, em direção ao vício.

PESSOAS VICIÁVEIS

São os jovens que já têm algum tipo de vício, responsável por acionar o circuito da recompensa, instalado entre os neurônios. Pode ser o vício de ficar na internet, de dormir tarde, de não estudar, de não controlar seus impulsos de compras, de querer novidades, de colecionismo (insetos, borboletas, selos, figurinhas, etc.).

CANABISAR NÃO É UMA ATITUDE SUSTENTÁVEL

Merece um capítulo especial essa afirmação, que é a minha constatação em todos os atendimentos que dou a adolescentes que usam ou usaram maconha. Nenhum deles progrediu por causa do uso da maconha. Pode parecer ao jovem que ele ganha status de malandro na escola. Mas, se ele não se destacar por qualquer outra característica sustentável, não é pelo uso da maconha que isso vai acontecer. Pelo contrário, em muitos grupos, esse adolescente vai mais é atrapalhar que ajudar.

Virou músico famoso? É porque tem valores musicais independentemente da maconha. O que percebo é que muitos jovens montam seu próprio conjunto ou banda e começam a canabisar nos horários dos ensaios, mas logo passam a interromper os ensaios para continuar se encontrando para fumar maconha.

O número de universitários que frequenta a faculdade como se estivesse no Ensino Fundamental é muito grande. Mas ganham autonomia dos pais por serem já acadêmicos e não raro moram em outras cidades longe da família. A faculdade é mais parceira dos alunos do que dos pais deles se acobertam irregularidades.

Para quem não tem preparo é uma excelente oportunidade para se perder: ninguém o controla; tem mesada fixa, geralmente mais gorda do que necessita; liberdade de estudar ou não; mora sozinho ou com colegas da faculdade; e não presta conta aos seus pais sobre seu avanço acadêmico. Esses jovens escondem reprovações com as programações de cursos obrigatórios e opcionais, com créditos que podem pagar em dois anos (uma dependência em uma matéria que os pais desconhecem). Acabam desistindo no segundo ano para iniciar uma nova faculdade... A maconha está bastante presente na vida desses acadêmicos atrapalhados. Cabe a vocês, pais, mães, famílias, ajudá-los a ficar longe da vida não sustentável.

Por todas essas razões, esta obra pode ser útil a pais, educadores – à família em geral —, pois, como insisto, é dentro da vida Sustentável que se encontra a melhor Educação Familiar para o Presente e o Futuro.

BIBLIOGRAFIA

ARGOV, Sherry. *Por que os Homens Amam as Mulheres Poderosas?* Trad.: Simone Reisner. Rio de Janeiro: Sextante, 2009.

BADINTER, Elisabeth. *Um Amor Conquistado:* o mito do amor materno. Trad.: Waltensir Dutra. Rio de Janeiro: Nova Fronteira, 1985.

BRAIKER, Harriet B. *A Síndrome da Boazinha*. 3ª ed. Trad.: Marcelo Schild. Rio de Janeiro: Best Seller, 2012.

CID 10: Classificação Estatística Internacional de Doenças e Problemas Relacionados à Saúde. 10ª ed. rev. EUA: Organização Mundial da Saúde, 1996.

CHINEN, Allan B. *Além do Herói:* histórias clássicas de homens em busca da alma. Trad.: Beatriz Sidou. São Paulo: Summus, 1998.

COLER, Ricardo. *O Reino das Mulheres:* o último matriarcado. Trad.: Sandra M. Dolinsky. São Paulo: Planeta, 2008.

COLVIN, Geoffrey. *Talent is Overrated:* what really separates world-class performers from everybody else. London: Penguin, 2008.

CORTELLA, Mario Sergio. *Não se Desespere!:* provocações filosóficas. 3ª ed. Petrópolis: Vozes, 2013.

CORTELLA, Mario Sergio; MUSSAK, Eugenio. *Liderança em Foco.* Campinas: Papirus 7 Mares, 2009.

FONSECA FILHO, J. S. *Psicodrama da Loucura:* correlações entre Buber e Moreno. 7ª ed. rev. São Paulo: Ágora, 2008.

FRAIMAN, Leo. *Meu Filho Chegou à Adolescência, e Agora?* Como construir um projeto de vida juntos. São Paulo: Integrare, 2011.

GANDRA, José Ruy. *Coração de Pai.* histórias sobre a arte de criar filhos. 2ª ed. São Paulo: Boa Prosa, 2012.

GEHRINGER, Max. *Pergunte ao Max:* Max Gehringer responde a 164 dúvidas sobre carreira. São Paulo: Globo, 2007.

GLADWELL, Malcolm. *Blink:* the power of thinking without thinking. New York: Little, Brown and Company, 2005.

_____. *Fora de Série.* Rio de Janeiro: Sextante, 2006.

GRETZ, João Roberto. *Superando Limites:* a viagem é mais importante que o destino. Florianópolis: Gretz, 2011.

HERCULANO-HOUZEL, Suzana. *Sexo, Drogas, Rock'n'Roll... & Chocolate:* o cérebro e os prazeres da vida cotidiana. 2ª ed. Rio de Janeiro: Vieira & Lent, 2012.

_____. *Por que o Bocejo é Contagioso?* E novas curiosidades sobre o cérebro. 3ª ed. ampl. Rio de Janeiro: Zahar, 2009.

_____. *Fique de Bem com seu Cérebro:* guia prático para o bem-estar em 15 passos. Rio de Janeiro: Sextante, 2007.

JÚLIO, Carlos Alberto. *A Economia do CEDRO:* uma revolução em curso. Defina o seu papel, as oportunidades e as possibilidades do Brasil neste novo mundo. São Paulo: Virgília, 2011.

KLEIN, Stefan. *The Science of Happiness:* how our brains make us happy. And what we can do to get happier. Trad.: Stephen Lahmann. EUA: Da Capo Press, 2006.

LAMB, Michael E. *The Role of the Father in Child Development.* 5ª ed. New Jersey: John Wyley & Sons, 2010.

MAGALHÃES, Dulce. *Manual de Disciplina para Indisciplinados.* São Paulo: Saraiva, 2008.

_____. *O Foco Define a Sorte:* a forma como enxergamos o mundo faz o mundo que enxergamos. São Paulo: Integrare, 2011.

Manual *Diagnóstico e Estatístico de Transtornos Mentais*. 4ª ed. Texto Revisado: DSM-IV-TR. American Psychiatric Association: 2003.

Marins, Luiz. *Desmistificando a Motivação no Trabalho e na Vida*. São Paulo: HARBRA, 2007.

Marins, Luiz. *Ninguém é Empreendedor Sozinho:* o novo Homo habilis. São Paulo: Saraiva, 2008.

Monteiro, Elizabeth. *Cadê o Pai dessa Criança*: paternidade em tempos difíceis. São Paulo: Summus, 2013.

Mussak, Eugenio. *Caminhos da Mudança*: reflexões sobre um mundo impermanente e sobre as mudanças de dentro para fora. São Paulo: Integrare, 2008.

_____. *Preciso Dizer o que Sinto*. São Paulo: Integrare, 2010.

Najjar, Eduardo. *Empresa Familiar:* construindo equipes vencedoras na família empresária. São Paulo: Integrare, 2011.

Navarro, Leila. *Talento à Prova de CRISE:* entenda, enfrente e vença os diversos tipos de crise que acontecem no mundo e dentro de você. Rio de Janeiro: Thomas Nelson, 2009.

Oliveira, Sidney. *Geração Y:* o nascimento de uma nova versão de líderes. São Paulo: Integrare, 2010.

_____. *Profissões do Futuro:* você está no jogo? São Paulo: Integrare, 2013.

Pais que Mudaram o Mundo: histórias inspiradoras de homens que fizeram a diferença na criação de seus filhos e no mundo. Trad.: Milton A. Meyer Jr. Rio de Janeiro: Habacuc, 2007.

Polito, Reinaldo. *Conquistar e Influenciar para se Dar Bem com as Pessoas*. São Paulo: Saraiva, 2013.

Razera, Graça. *Hiperatividade Eficaz:* uma escolha consciente. 2ª ed. Foz do Iguaçu: Associação Internacional Editares, 2008.

Stengel, Richard. *Os caminhos de Mandela:* lições de vida, amor e coragem. Trad.: Douglas Kin. São Paulo: Globo, 2010.

Rojas-Bermúdez, J. G. *Introdução ao Psicodrama*. Leitura psicológica dos processos evolutivos fisiológicos. São Paulo: Natura, 1970.

Romão, César. *A Semente de Deus*. São Paulo: Academia de Inteligência, 2011.

Educação Familiar

_____. *Só o Amor Não Basta*. São Paulo: Academia de Inteligência, 2009.

SANDBERG, Sheryl. *Faça Acontecer:* mulheres, trabalho e a vontade de liderar. Trad.: Denise Bottmann. São Paulo: Companhia das Letras, 2013.

SAX, Leonard. *Why Gender Matters:* what parents and teachers need to know about the emerging science of sex diferences. EUA: Doubleday, 2005.

SOUZA, César. *A NeoEmpresa: o futuro da sua carreira e dos negócios no mundo em reconfiguração*. São Paulo: Integrare, 2012.

SPITZ, René A. *O Primeiro Ano de Vida*. 2ª ed. Trad.: Erothildes Millan Barros da Rocha. São Paulo: Martins Fontes, 1998.

TIBA, Içami. *Adolescentes: Quem Ama, Educa!* 42ª ed. São Paulo: Integrare, 2010.

_____. *Disciplina: Limite na Medida Certa:* novos paradigmas. 84ª ed. São Paulo: Integrare, 2006.

_____. *Família de Alta Performance:* conceitos contemporâneos de educação. 12ª ed. São Paulo: Integrare, 2009.

_____. *Homem Cobra, Mulher Polvo:* divirta-se com as diferenças e seja muito mais feliz. 4ª ed. São Paulo: Integrare, 2010.

_____. *Juventude e Drogas: Anjos Caídos:* para pais e educadores. 12ª ed. São Paulo: Integrare, 2007.

_____. *Pais e Educadores de Alta Performance*. 4ª ed. São Paulo: Integrare Editora, 2011.

_____. *Puberdade e Adolescência:* desenvolvimento biopsicossocial. 6ª ed. São Paulo: Editora Ágora, 1986. (esgotado)

_____. *Quem Ama, Educa! Formando Cidadãos Éticos*. 32ª ed. São Paulo: Integrare, 2007.

_____. *Saiba Mais sobre Maconha e Jovens*. 6ª ed. São Paulo: Ágora, 1989. (esgotado)

TRAVASSOS, Patricia; KONICHI, Ana Claudia. *Minha mãe é um negócio*: histórias reais de mulheres que abriram a própria empresa para ficar mais perto dos filhos. São Paulo: Saraiva, 2013.

VARELLA, Drauzio. *A Teoria das Janelas Quebradas: Crônicas*. São Paulo: Companhia das Letras, 2010.

ZAK, Paul J. *A Molécula da Moralidade:* as surpreendentes descobertas sobre a substância que desperta o melhor em nós. Trad.: Soeli Araujo. Rio de Janeiro: Campus Elsevier, 2012.

ZEGER, Ivone. *FAMÍLIA: Perguntas e Respostas para Saber DIREITO*. São Paulo: Mescla, 2011.

GLOSSÁRIO REMISSIVO

Alta Performance é fazer o seu melhor possível, comparando seus resultados com o de seus semelhantes, dentro da ética, cidadania, religiosidade, disciplina e sustentabilidade.

Atmosfera Global é a junção de todas as "nuvens regionais", contendo todos os conhecimentos passados e presentes no globo terrestre. O "infinito" corpo de conhecimento dessa atmosfera está sendo continuamente atualizado e alimentado pelos seus usuários através da internet. Ela pode ser acessada em qualquer lugar do mundo onde haja conexão.

Bad Trip é uma "viagem ruim" e sofrida; é quando uma pessoa usa maconha (canabisa) e passa muito mal porque vive sofrimento muito grande; acha que vai morrer, que o coração vai estourar, que está ficando louca de desespero, perde o controle sobre o que acontece, e, então, promete nunca mais usar maconha.

Birra ou Pirraça é uma reação mal-educada, inadequada, agressiva, furiosa, violenta, ofensiva, escandalosa e desrespeitosa de uma criança contra os pais, principalmente contra a mãe, por não aceitar uma resposta negativa da mãe, tentando substituí-la por uma afirmativa.

310 Educação Familiar

Campanha da Boa Imagem é quando uma pessoa agrada exageradamente o outro para conseguir dele o que ela quer. Um filho que se comporta como os pais gostariam até conseguir o que quer, e depois volta a ser o mal-educado de sempre.

Canabisar é fumar o THC (tetraidrocanabinol), princípio ativo da maconha.

Canabista é o usuário da maconha, cujo nome científico é *Cannabis sativa*.

Cidadania Familiar é a que precede a Cidadania Comunitária. É o funcionamento familiar baseado na Educação Sustentável, pela qual nenhum dos familiares pode fazer em casa o que não poderá ser feito fora de casa; pratica-se já na família o que vai ocorrer na sociedade.

Circularização Relacional é a evolução dos relacionamentos triangulares, que chega ao bom e simultâneo relacionamento grupal, a pessoa passa a pertencer tanto a um ou outro grupo, sem se perder e conseguindo realizar os seus intentos.

Clima Familiar é o primeiro clima que o nenê vive, sucedendo ao seu primeiro Clima Relacional. Ele é formado pelos componentes familiares, geralmente pai-mãe-irmãos. Famílias com maior nível de conhecimentos formais (escolares) e gerais (culturais) têm melhores condições de formar um bom clima familiar, desde que seus componentes tenham boa e saudável educação.

Clima Relacional é o campo energético criado por uma mãe e seu filho recém-nascido. É o primeiro relacionamento de que o filho participa na vida e registra corporalmente não só o olhar da mãe mas tudo o que o acompanha, como carinho, tom de voz, cheiro, calor humano, abraço, meiguice, segurança, conforto, bases da formação do apego e pertencimento que darão origem à autoestima.

Compaixão é um sentimento baseado na empatia, que faz com que a pessoa queira ajudar outros. É diferente de pena, pois nesta existe uma classificação relacional, na qual o outro é colocado numa situação de "coitado", de "sofredor", de "inferior".

Educação Sustentável é todo ensinamento educativo aprendido por uma pessoa e que passa a fazer parte de todas as suas ações, visando o bem

Glossário Remissivo 311

e sua preservação através do tempo. Quem sabe ler é muito mais sustentável que o iletrado.

Empatia é a capacidade que uma pessoa tem de perceber o que se passa com a outra pessoa. Faz parte da espécie humana desde o *Homo erectus* e serviu, então, para a formação de grupos para caças perigosas, sem o uso das palavras.

Eu-Isso é quando o Eu transforma o Tu em objeto e o usa como se a pessoa fosse um objeto sem sentimentos nem vida própria.

Eu-Tu é o relacionamento entre duas pessoas em igualdade de condições, mesmo sendo diferentes entre si. Elas se destacam das demais fisicamente ou criando um campo energético próprio, afetivo e produtivo.

Herança Maldita ou Insustentável é deixar herança-problema para os filhos não problemáticos resolverem, por exemplo, um filho problemático, propriedade, relacionamento, herança complicada, situações financeiras e/ou econômicas problemáticas.

Integração Relacional é o campo energético formado entre duas pessoas íntegras cujos valores tangíveis e intangíveis da Educação Sustentável transcendem o aqui (ambiente) e o tempo (agora).

Inteligência Emergencial é a capacidade que uma pessoa desenvolve para resolver adequadamente problemas emergentes que "surgem do nada" e precisam de uma solução imediata.

Inteligências Múltiplas de Howard Gardner são Linguística, Musical, Lógica/Matemática, Visual/Espacial, Corporal/Cinestésica, Interpessoal/Intrapessoal, Naturalista e Existencialista. Cada pessoa nasce com várias inteligências, umas mais desenvolvidas do que outras.

Mapa das Inteligências Múltiplas é um gráfico muito simples que pode ser feito pela própria pessoa, sozinha ou com ajuda das pessoas que a conhecem, quantificando de zero a dez todas as atividades de que mais gosta e que tem mais facilidade para realizar no seu cotidiano, sejam elas curriculares ou não.

Meritocracia é a qualificação de uma pessoa baseada em seus méritos. Um filho que cumpre bem as suas obrigações merece privilégios, mais do

312   Educação Familiar

que aquele que não as cumpre. Se é aniversário de um filho, não tem por que o outro também receber um presente.

Nuvem Local (ou Regional) é uma parte da Atmosfera Global que está diretamente sobre uma região formada pelos Climas Familiares Locais. Contém os conhecimentos que trazem a cultura local, antes transmitidos pela voz, depois pela escrita, e agora também pela internet. Na nuvem estão os costumes, idioma, escola, família, sociedade, religião, compondo a vida dos que vivem em determinada localidade ou região.

Piolhos comportamentais são comportamentos que uma criança "pega" da outra por imitação e passa a ter em casa, provocando coceiras nos familiares. Piolhos devem ser combatidos porque são prejudiciais ao desenvolvimento sustentável.

Puberdade é o período da vida humana que apresenta maior crescimento, desenvolvimento e amadurecimento biológico em tão curto período de tempo. Nas meninas, vai dos 9 aos 12 anos e nos meninos, dos 11 aos 15 anos. Surgem, nessa fase, os pelos pubianos, os óvulos, os espermatozoides, o pensamento abstrato, surge também a vida social, além da escolar e familiar.

Relacionamento em Corredor é o que se estabelece entre duas pessoas numa interdependência relacional que gera, ao mesmo tempo, segurança pelo controle sobre o outro e insegurança pelo receio de perder tal controle. É o primeiro degrau da evolução dos relacionamentos interpessoais.

Relacionamento em Túnel é quando o corredor se fecha a outras pessoas e fica restrito apenas a duas pessoas, blindado às demais. Cada uma delas fica numa extremidade, ambas aprisionando-se mutuamente, num controle absoluto do outro.

Ritmo Circadiano é o ritmo criado pelas alternâncias sequenciais entre o dia e a noite, ocupando as 24 horas da rotação da Terra. No ser humano, o dia é regido pelo cortisol, hormônio do estresse; durante o sono da noite, o cérebro produz a melatonina (antioxidante, rejuvenescedor e energizante), que recompõe o corpo para o dia seguinte.

Simpatia é a irradiação de um sentimento que revela um estado de ânimo favorável ao relacionamento. Pode ser voluntário, quando uma pessoa demonstra interesse em relação a alguém; e espontâneo, quando basta um encontro de olhares para se esboçar um sorriso como manifestação de amizade e bem-estar.

Síndrome do Filho Único é quando pais superprotetores, com filho único, se excedem nos cuidados necessários com o filho, tornando-o mimado ou o centro das atenções; o filho quer e tem tudo, não suporta ser contrariado nem frustrado; tem difícil adaptação com outras crianças. Ele tende a ser apenas um "príncipe herdeiro" e não um Sucessor Empreendedor.

Síndrome Amotivacional é o conjunto de sofrimentos que leva à perda de motivação para iniciar qualquer atividade espontânea ou obrigatória; sob esse estado, o jovem aparenta ser um zumbi desanimado e isso pode ser resultado do uso crônico da maconha.

Sustentabilidade é um conceito ligado à *continuidade* dos aspectos econômicos, socioculturais e ambientais que sejam adequados às sociedades de nosso planeta. É um meio importante de organizar a atividade humana, de tal maneira que todos possam preencher necessidades e ter o maior potencial de vida plena no presente. Ao mesmo tempo, a sustentabilidade pensa em preservar a biodiversidade e os ecossistemas, planejando, assim, a manutenção indefinida, duradoura, desses ideais.

Triangulação Relacional é a evolução natural do Relacionamento em Corredor, com o envolvimento de mais uma pessoa, formando, assim, um triângulo; isso significa um enriquecimento pelo ganho de uma pessoa, apesar da perda do controle do relacionamento que se estabelece entre os dois primeiros relacionados.

Valores Intangíveis são os que não se quantificam pelos números, mas por suas qualidades. Sua presença é muito mais sentida do que mensurada. São eles: a educação familiar, a honestidade, o caráter, a rede de relacionamentos, o amor, a disciplina, etc.

Valores Tangíveis são os que podem ser quantificados numericamente, hierarquizados e qualificados. Valores bastante usados nos currículos escolares, através de certificados e diplomas, que possibilitam um tipo de hierarquia entre diversas pessoas.

SAIBA MAIS SOBRE IÇAMI TIBA

Içami Tiba nasceu em Tapiraí SP, em 1941, filho de Yuki Tiba e Kikue Tiba. Formou-se médico pela Faculdade de Medicina da Universidade de São Paulo em 1968 e especializou-se em Psiquiatria no Hospital das Clínicas da USP, onde foi professor assistente por sete anos. Por mais de 15 anos, foi professor de Psicodrama de Adolescentes no Instituto Sedes Sapientiae. Foi o Primeiro Presidente da Federação Brasileira de Psicodrama em 1977-78 e Membro Diretor da Associação Internacional de Psicoterapia de Grupo de 1997 a 2006.

Em 1992, deixou as universidades para se dedicar à Educação Familiar. Continuou atendendo em consultório particular e dedicou-se inteiramente para que seus conhecimentos chegassem às famílias – levando uma vela acesa na escuridão da Educação Familiar. Para tanto, escreveu livros, atendeu a todas as entrevistas solicitadas, fosse qual fosse o meio de comunicação, e dedicou-se a palestras para multiplicadores educacionais.

Em 2002, lançou o seu 14º livro: *Quem ama, educa!* – que foi a obra mais vendida do ano, e também no ano seguinte, bem como 6º livro mais vendido segundo a revista VEJA. E continua um *long seller*.

Este novo livro, *Educação Familiar: Presente e Futuro* é o seu 31º livro. No total, seus livros chegam, já, a 4 milhões de exemplares vendidos.

Em 2004, o Conselho Federal de Psicologia pesquisou através do Ibope qual o maior profissional de referência e admiração. Doutor Içami Tiba foi o primeiro entre os brasileiros e o terceiro entre os internacionais, precedido apenas por Sigmund Freud e Gustav Jung (pesquisa publicada pelo *Psi Jornal de Psicologia*, CRP SP, número 141, jul./set. 2004).

Desde 2005, mantém semanalmente no ar o seu programa *Quem Ama Educa,* na Rede Vida de Televisão. Desde essa época, mantém-se colunista da Revista Mensal VIVA SA, escrevendo sobre Educação Familiar. Foi capa dessa mesma revista em setembro de 2004 e janeiro de 2012.

Como Psiquiatra, Psicoterapeuta e Psicodramatista já atendeu mais de 80 mil adolescentes e seus familiares. Hoje atende como consultor de famílias em sua clínica particular.

Como palestrante, já ministrou 3.580 palestras nacionais e internacionais para escolas, empresas e Secretarias de Educação. Há nove anos é curador das palestras do 10º CEO'S Family Workshop, realizado por João Doria Jr., presidente do LIDE, Grupo de Líderes Empresariais.

Içami Tiba é considerado por variados públicos um dos melhores palestrantes do Brasil.

Outras Publicações da Integrare Editora

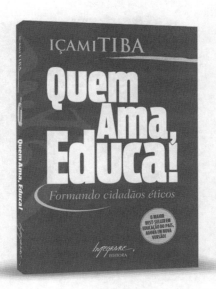

QUEM AMA, EDUCA!

Formando cidadãos éticos

Autor: Içami Tiba
ISBN: 978-85-99362-16-7
Número de páginas: 320
Formato: 16x23 cm

Outras Publicações da Integrare Editora

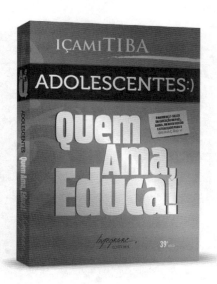

**ADOLESCENTES :)
QUEM AMA, EDUCA!**

Autor: Içami Tiba
ISBN: 978-85-99362-58-7
Número de páginas: 272
Formato: 16X23 cm

Outras Publicações da Integrare Editora

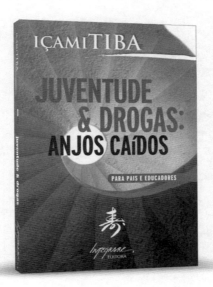

JUVENTUDE & DROGAS:

Anjos Caídos

Autor: Içami Tiba
ISBN: 978-85-99362-14-3
Número de páginas: 328
Formato: 14x21 cm

Contatos com o autor
IÇAMI TIBA
TEL./FAX (11) 3815-3059 e 3815-4460
SITE www.tiba.com.br
E-MAIL icami@tiba.com.br
FAN PAGE www.facebook.com/icamitiba

Conheça as nossas mídias

www.twitter.com/integrare_edit
www.integrareeditora.com.br/blog
www.facebook.com/integrare

www.integrareeditora.com.br